Danilo Zolo
Die demokratische Fürstenherrschaft

Danilo Zolo

Die demokratische Fürstenherrschaft

Für eine realistische Theorie der Politik

Aus dem Italienischen von Moshe Kahn

Steidl

Titel der englischen Originalausgabe:
»Democracy and Complexity. A realist approach«, erschienen 1992
bei Basil Blackwell Limited, Oxford.
Im gleichen Jahr erschien die italienische Ausgabe unter dem Titel
»Il principato democratico. Per una teoria realistica della democrazia«
bei Feltrinelli, Mailand.
Copyright © Danilo Zolo, 1992

1. Auflage März 1997
© Copyright für die deutsche Ausgabe: Steidl Verlag, Göttingen 1997
Lektorat: Ulrike Streubel
Umschlaggestaltung: Klaus Detjen
unter Verwendung eines Fotos der dpa
Alle deutschen Rechte vorbehalten
Satz, Druck, Bindung:
Steidl, Düstere Straße 4, D-37073 Göttingen
Gedruckt auf Öko 2000 Papier zur ökologischen Buchherstellung
(80 Prozent Altpapier, 20 Prozent Durchforstungsholz
aus nachhaltiger Forstwirtschaft)
Ohne Färbung, ohne optische Aufheller
Printed in Germany
ISBN 3-88243-458-9

Ein Fürst unserer Zeit, den man besser nicht nennt, predigt niemals etwas anderes als Frieden und Treue und ist doch der ärgste Feind von beidem; hätte er aber beides gewahrt, so hätte ihn dies mehrmals sein Ansehen oder seine Herrschaft gekostet.

N. MACHIAVELLI, *Der Fürst,* XVIII

Inhalt

Vorwort 9
Vorwort zur deutschen Ausgabe 13
Danksagung 16

I. Allgemeine Standpunkte

1. Komplexität 19
2. Gesellschaftliche Komplexität 23
3. Epistemologische Komplexität 26
4. Zunehmende Komplexität 31

II. Eine realistische Theorie der Politik

1. Die ökonomischen Theorien der Demokratie 37
2. Die empirische Demokratietheorie und das Dilemma der Politischen Wissenschaft 42
3. Eine kantische Version der Fabel des Menenius Agrippa 49
4. Politik als selektives Regulativ gesellschaftlicher Risiken 58

III. Gesellschaftliche Komplexität und Demokratietheorie

1. Angst und Demokratie 75
2. Die klassische Lehre von der Demokratie 90
3. Der Mythos der Repräsentation als Anpassung 102
4. Die neoklassische Lehre von der Demokratie 113

IV. Die evolutiven Risiken der Demokratie

1. Nicht eingehaltene Versprechungen und unvorhergesehene Schwierigkeiten 125
2. Polyarchie und gesellschaftliche Komplexität 139
3. Die Selbstreferenz des Parteiensystems 147

4. Die Inflation der Macht 158
5. Die Neutralisierung des Konsenses 167

V. **Die multimediale Fürstenherrschaft**

1. Die Souveränität des politischen Konsumenten 177
2. Die langfristigen politischen Auswirkungen 188
3. Asymmetrie, Selektivität, Nicht-Interaktion 193
4. Teledemokratie 198
5. Narkotisierung und politisches Schweigen 202

Schlußbetrachtung

1. Ein neues Demokratiemodell? 213
2. Einige Punkte zur Erneuerung der Demokratietheorie 216

Anmerkungen 224
Auswahlbibliographie 251

Vorwort

Nach dem Niedergang des Kommunismus erscheint die westliche Demokratie heute weltweit als eine Staatsform ohne Alternative. Dennoch sind die funktionellen Spannungen, die sich innerhalb der demokratischen Systeme zeigen, meiner Ansicht nach derart groß, daß man durchaus die Brauchbarkeit des Begriffs »repräsentative Demokratie« in Frage stellen kann. Ebenso kommt mir ein Gutteil des Vokabulars der westlichen politischen Theorie wie eine Sammlung leerer Worthülsen vor. Begriffe wie Mitbestimmung, Gemeinwohl, Volkssouveränität, Konsens, Pluralismus, Parteienwettstreit, öffentliche Meinung beziehen sich auf ihre ursprünglichen Werte wie auf eine weit zurückliegende, ungesicherte Grundbedeutung. Und ich habe den Eindruck, daß auch die Klassiker des politischen Denkens in Europa uns inzwischen wenige wirklich brauchbare Informationen übermitteln.

Gleichermaßen schwierig erscheint mir die Lage auf dem Gebiet der politischen Forschung. Die von den verschiedenen Demokratietheorien vorausgesetzten erkenntnistheoretischen Paradigmen – Wirtschaftstheorie, empirische Theorie, die vom Vertrags- oder Nützlichkeitsgedanken abgeleiteten ethisch-politischen Theorien – sind von der allgemeinen Situation der Unsicherheit wissenschaftlicher Wissensgrundlagen und der Krise der Sozialwissenschaften betroffen. Diese Unsicherheit entsteht aus dem Niedergang der Wissenschaftslehre empiristischer Prägung, und man hat sich dahingehend verständigt, diesen Zustand, in Ermangelung eines besseren Begriffs, Postempirismus zu nennen.

Aus all diesen Gründen halte ich eine Erneuerung der demokratischen Theorie für notwendig. Unter demokratischer Theorie verstehe ich einfach die liberaldemokratische Theorie, so wie sie sich innerhalb der europäischen Kultur behauptet hat, ohne jede ausdrückliche Unterscheidung zwischen Liberalismus und Demokratie. Auch wenn mir die philosophische Bedeutung dieser Unterscheidung bewußt ist und die historiographische Kürze, zu der ich bisweilen von meinem Ansatzpunkt her

gezwungen sein werde, hoffe ich dennoch, daß meine theoretischen Schlußfolgerungen diesen letzten Endes überzeugend darstellen werden.
Zweifellos bleibt das demokratische Ideal für viele ein wichtiger Bezugspunkt. In einigen Zusammenhängen stellt das Wort Demokratie an sich schon eine revolutionäre Herausforderung der politischen und militärischen Führungsschichten dar, und das nicht nur in der Dritten Welt. Ich denke insbesondere an die Länder, die wir bis gestern noch als Länder des real existierenden Sozialismus bezeichnet haben. Dort haben die am Leninismus orientierten Theorien und Institutionen der politischen Praxis nicht standgehalten. Nach der demokratischen Revolution Ende der achtziger Jahre und dem Zerfall der Sowjetunion erscheint das kommunistische System jedem als das, was es immer war: nicht eine Überwindung des Formalismus der repräsentativen Demokratie, sondern ein unerträglicher Rückschritt. Dennoch ist es nach dem Fall der Mauer leicht vorhersehbar, daß auch die postkommunistischen Länder, die heute Hymnen auf die demokratischen Freiheiten (und auf die Marktwirtschaft) singen, sehr bald schon den gleichen Problemen gegenüberstehen, die die westlichen Demokratien belasten.

Der Begriff der repräsentativen Demokratie scheint, besonders zu einem Zeitpunkt, wo sich ihre Links-Rechts-Alternativen auflösen, außerstande zu sein, bestimmte politische Systeme der postindustriellen Ära zu beschreiben und sie adäquat von anderen, nichtdemokratischen Systemen zu unterscheiden. Dies gilt insbesondere für den von der, wie ich sie bezeichnen möchte, neoklassischen Theorie herausgearbeiteten Begriff der Demokratie. Ich beziehe mich auf die Theorie des demokratischen Pluralismus, zu der unter anderen Lipset, Dahl, Plamenatz, Aron und Sartori beigetragen haben und die ursprünglich von Joseph Schumpeter entwickelt wurde. Meiner Ansicht nach sind diese Theorien heute nicht weniger elementar und weniger unrealistisch als die klassische Lehre von der Demokratie, der sie immerhin widersprochen und deren Mangel an Komplexität und Realismus sie aufgezeigt haben. Fünfzig Jahre nach *Kapitalismus, Sozialismus und Demokratie* muß man feststellen, daß Schumpeters theoretischer Realismus vom Realismus einer sozialen Wirklichkeit überholt und beinahe überrannt wurde, die unendlich viel komplexer geworden ist. Daher ist es notwendig, noch einmal eine andere Demokratietheorie herauszuarbeiten, die realistischer und komplexer ist als die Theorien, welche die klassische und neoklassische Tradition des Westens uns übermittelt. Wesentlich besser als die klassische Lehre eignen sich zudem die neoklassischen Demokratietheorien für den Gebrauch als eigentliche politische Theodizeen im Dienst des sogenannten Fürsten unserer Zeit. Indem man ihn zum Demokraten erklärt – und mit der Erklärung, daß die pluralistische Demokratie »eines der außergewöhnlichsten Artefakte der Menschheit«[1] ist –, rechtfertigen diese Theorien letzten Endes die moderne Fürstenherrschaft in nahezu allen ihren Formen als die aufgeklärteste aller möglichen Fürstenherrschaften.

Andererseits werde ich es in dieser Studie unterlassen, eine fruchtlose Wiederaufnahme der ethisch-moralischen Rezepte der klassischen Demokratie erneut vorzuschlagen, wie sie eine große Anzahl von Autoren, angefangen bei John Rawls, in den vergangenen zwanzig Jahren innerhalb der angloamerikanischen Kultur wieder vorgetragen hat. Sie wirken auf mich wie das Vermächtnis eines protokapitalistischen, individualistischen und puritanischen Europas, dessen politische Ideale nicht, wie geschrieben wurde, wesentlich über den intellektuellen Horizont eines Eisenwarenhändlers aus dem achtzehnten Jahrhundert hinausgingen.

Ich bin nicht davon überzeugt, daß der klassische Begriff der repräsentativen Demokratie – Souveränität, Rationalität und moralische Autonomie des Individuums – als solcher beibehalten werden kann, und zwar als Voraussetzung und nicht als ein schwierig zu erreichendes Ziel hinsichtlich der politischen Akteure, die in den modernen komplexen Gesellschaften handeln. Ich möchte daher die Herausarbeitung einer postrepräsentativen Theorie des politischen Systems nahelegen, die den komplexen Ebenen entspricht, die die von der Informationsrevolution betroffenen Industriegesellschaften erreicht haben, und die gleichzeitig die evolutiven Risiken, die heute die Demokratie bedrohen, im Bewußtsein behält.

Es ist ein Vorschlag, der sich an die Tradition des politischen Realismus in Europa anlehnt, von Machiavelli über Hobbes bis Marx, an die italienischen Vertreter der Elitetheorie, an Weber und auch an Schumpeter, und deren grundlegende Lehre aufnimmt: das hervorstechende Merkmal der politischen Entscheidung sei ihr Mangel an Unparteilichkeit und ihre explizite moralische Willkür. Gegen den heute in der politischen Philosophie des Westens, vor allem im angelsächsischen Raum herrschenden Moralismus vertrete ich die Ansicht, daß die vorrangige Funktion des politischen Systems darin besteht, die Angst zu vermindern, und zwar mittels einer selektiven Ordnung der sozialen Risiken.

Doch in diesem Spannungsbogen, den ich wahrscheinlich weder auf theoretischer noch auf existentieller Ebene zu lösen vermag, folgt meine Position auch entschieden den klassischen Gründen des Widerstands gegen die Macht, des Kampfs gegen deren Mißbrauch, deren Arroganz und deren Privilegien.

Vorwort zur deutschen Ausgabe

Ungefähr vier Jahre sind seit der ersten englischen Ausgabe dieses Buchs vergangen: ein zu kurzer Zeitraum, um zum Nutzen meiner deutschsprachigen Leser den Versuch einer kritischen Bewertung der Thesen, die ich darin aufgestellt habe, und ihres unterschiedlichen und wechselnden Anklangs zu wagen.[1] Ich will mich darauf beschränken, kurz die beiden wichtigsten Reaktionen auf mein Buch zu nennen, eine negative und eine positive. Die Auswahl beruht darauf, daß ich meine, sie beide nachvollziehen zu können.

Von maßgeblicher Seite ist über mein Buch gesagt worden, es handele sich um »ein furchtbares und furchtbar ernstes Buch«. Vom Ernst einmal abgesehen, hielt man das Buch für »furchtbar«, weil es eine Fülle philosophischer Ansätze aufzeige, weil es sich mit der verheerenden Arbeit der theoretischen Vernichtung beschäftige und weil es einen pessimistischen, wenn nicht gar zynischen Ton habe. Das Buch baue angeblich nur einen minimalen Teil dessen wieder auf, was es unerbittlich zerstört.

Diese kritische Reaktion ist zahlreichen italienischen Rezensenten (angefangen bei Norberto Bobbio) gemeinsam, die mir immerhin recht wohlwollend gesonnen sind, und wird durch die Ansicht eines großen Teils englischer Autoren untermauert, die die englische Ausgabe rezensiert haben, von David Miller über Anthony Arblaster bis Zygmunt Bauman. Im *Times Literary Supplement* hat Bauman sogar die Ansicht vertreten, mein Buch sei ungewollt ein zirkulärer Beweis für seine Kernthese: ein kompliziertes Buch, ohne ›Grundlagen‹ und ohne Richtung, genau so, wie sein Autor die gegenwärtigen ›komplexen Gesellschaften‹ sehe.

Abgesehen von der kleinen Boshaftigkeit der letzten Bemerkung habe ich nicht die Absicht, den Grundgehalt dieser Kritik zurückzuweisen. Ich gebe zu, dieses Buch ist, wie fast alle meine Bücher, sehr ambitioniert. Sein theoretischer Horizont ist außergewöhnlich weit gespannt: er reicht von einem sehr allgemeinen Thema wie der reflexiven Epistemologie bis hin zum Versuch, Hinweise zur institutionellen Planung für die Überwindung der Krise der demokratischen Regime aufzuzeigen. Dazwischen finden sich Thematisierungen der Wissenschaftsphilosophie, der philosophischen Anthropologie, der Systemtheorie, der Politikwissenschaft und weitere mehr. Und ich gebe zu, daß mein Buch weniger hält, als es implizit verspricht: meine Kritik der traditionellen Theorien ist ausgefeilt und eigensinnig, doch der *pars construens* ist möglicherweise allzu vorsichtig. Dennoch kann ich zu meiner teilweisen Entschuldigung sagen, daß es sich um eine beabsichtigte Haltung handelt und meiner Ansicht nach durch die realistische Option bedingt ist, die meine philosophisch-politische Überlegung kennzeichnet.

Zu meinem Glück waren nicht alle Kritiken angelsächsischer Autoren negativ oder ausschließlich negativ. Im Gegenteil, einige Verfasser – unter ihnen erinnere ich mich mit Dankbarkeit an Joseph Femia, Shane Phelan und Michael Saward – haben mein Buch als einen willkommenen Bruch mit dem politischen Moralismus von Rawls und der wortgetreuen Wiederholung seiner Thesen durch die europäischen Theoretiker der öffentlichen Ethik begrüßt. Und es wurde als eine fruchtbare Wiederbelebung der – kontinentalen und insbesondere italienischen und deutschen – realistischen Tradition in der politischen Philosophie begrüßt.

Abschließend sei mir gestattet, daran zu erinnern, daß es in meinem Buch mindestens eine These gibt, die heute allgemein anerkannt, wenn auch nicht notwendigerweise geteilt wird. Sehr vereinfacht dargestellt, besagt die These, daß das Fernsehen der Demokratie schadet. Heute ist es jedem klar, daß dieses Problem existiert und meine These einer aufmerksamen Diskussion wert ist. Auch die berühmten, wiewohl meiner Ansicht nach zu diskutierenden Äußerungen von Karl Popper haben dazu beigetragen, den langfristigen Einfluß der Medien zu einem Thema von philosophisch-politischer Aktualität zu machen. Doch als ich vor vier Jahren dieses Kapitel schrieb, habe ich dem gesunden Menschenverstand getrotzt und den felsenfesten Überzeugungen vieler Freunde und von mir geschätzter Wissenschaftler widersprochen. Die ersten Reaktionen waren äußerst negativ, zuweilen sogar niedermachend. Dann, vor allem nach dem unvermuteten Auftreten eines »multimedialen Fürsten« an der Spitze der italienischen Politik, hat sich ein Chor der Zustimmung erhoben. Leider scheint es, als hätte ich nicht ganz unrecht gehabt.

Jetzt bleibt mir nur, mit besonderem Interesse und einer gewissen Bangigkeit auf die Aufnahme meines Buches bei den deutschen Lesern und Leserinnen zu warten. Sofern jemand von Ihnen unmittelbar mit mir im Internet darüber diskutieren möchte, können Sie dies über meine E-Mail-Adresse tun: tesd ft@cesit1.unifi.it. Ich wäre Ihnen dafür besonders dankbar.

D. Z.
Oxford, September 1996

Danksagung

Ich möchte Richard Bellamy und John B. Thompson danken, die mich gedrängt haben, einige in einer früheren Sammlung von Aufsätzen nur ansatzweise angedeutete Ideen ausführlicher darzustellen. Anthony Giddens, David Held und John B. Thompson verdanke ich nicht nur die Aufforderung, die vorliegende Monographie auf englisch zu schreiben und zu veröffentlichen, sondern auch einige wichtige Hinweise hinsichtlich ihrer Stukturierung. Außerdem bin ich Anthony Giddens dankbar, daß er mich im Herbst 1988 als *visiting fellow* des Social and Political Sciences Committee der Universität Cambridge eingeladen hat. Der Aufenthalt in Cambridge hat mir, auch dank der Freundschaft von Jeremy Butterfield, *fellow* am Jesus College, die Möglichkeit geboten, meine Arbeit unter nahezu idealen Bedingungen zu beginnen.

Während eines kurzen Studienaufenthalts in Bielefeld im Juni 1989 war es mir außerdem möglich, die Quellen der Bielefelder Universitätsbibliothek zu benutzen, vor allem ihrer soziologischen Abteilung, und zwar mit der kompetenten und freundlichen Unterstützung von Elena Esposito.

Wenn ich meine Forschungsarbeit einerseits glücklich an der Universität Cambridge begonnen habe, so habe ich sie andererseits ebenso glücklich an der Harvard University zu Ende gebracht, wo ich den Winter 1989–90 als *visiting fellow* des Minda De Gunzburg Center for European Studies zugebracht habe. Dies war möglich dank der freundlichen Einladung seines *chairman,* Guido Goldman. Der Aufenthalt an der Harvard University hat es mir unter anderem ermöglicht, die außergewöhnlichen Quellen der Widener Library zu benutzen.

Ich habe dieses Buch zwar in englischsprachiger Umgebung entworfen und zu einem Gutteil dort geschrieben, möchte aber durchaus nicht den Beitrag verkennen, den ich zahlreichen italienischen Freunden verdanke, mit denen ich bei verschiedenen Gelegenheiten die Thesen diskutiert habe. Unter diesen möchte ich vor allem Franca Bonichi, Antonio

Cassese, Pietro Costa, Luigi Ferrajoli, Giovan Francesco Lanzara, Giovanni Mari, Virgilio Mura und Mauro Rugiero danken. Außerdem möchte ich den jungen Freunden und Kollegen danken, die im Seminar für politische Philosophie, das ich seit einigen Jahren unter der Mitarbeit von Furio Cerutti und Raimondo Cubeddu in Florenz durchführe, lange mit mir über Fragestellungen der politischen Philosophie diskutiert haben, die im Zusammenhang mit diesem Buch stehen. Unter ihnen gilt meine Anerkennung vor allem Luca Baccelli, Emilio Santoro und Francesco Vertova, die meinen Text Seite für Seite gelesen und kritisch durchleuchtet haben.

Ein ganz besonderer Dank gilt, wie immer, Norberto Bobbio, der explizit, meistens aber verborgen, als ständiger Gesprächspartner in meinem Buch gegenwärtig ist.

Dieses Buch ist Andrea Orsi Battaglini gewidmet.

Florenz, Dezember 1991

I. Allgemeine Standpunkte

1. Komplexität

In seinem Buch *Democracy and Its Critics* vertritt Robert Dahl die Ansicht, daß eine ernsthafte Diskussion über die Probleme der Demokratie damit beginnen müsse, das Thema der verborgenen Standpunkte der Demokratietheorie aufzugreifen. Diese Standpunkte, schreibt er, sind in jeder Vorstellung über Demokratie vorhanden, doch ihre Vertreter neigen dazu, sie zu einer Art unerforschter und nicht anerkannter Schattentheorie zu machen.[1] Es sind vor allem die Kritiker der Demokratie, die mit ihren polemischen Argumenten Licht auf diese Dunkelzone werfen. Ich stimme dieser überraschenderweise von einem amerikanischen Politikwissenschaftler formulierten Beurteilung in einem Maße zu, daß ich unverzüglich die Ansatzpunkte meines Essays deutlich machen und versuchen will, Gründe dafür anzuführen. Soweit es mich angeht, werde ich versuchen, diese Dunkelzone einzugrenzen, auch wenn ich in keiner Weise den Anspruch erhebe, sie ganz beseitigen zu können.

Die allgemeine Prämisse, die den Hintergrund für meine Überlegungen darstellt, ist die These, daß der Begriff der Komplexität – zusammen mit dem eng damit verknüpften Begriff der sozialen Komplexität – eine realistische Analyse der Bedingungen und des Schicksals der Demokratie in den postindustriellen Gesellschaften zuläßt.[2] Und der Begriff der Komplexität verweist, zumindest für den Gebrauch, wie ich ihn vorschlage, auf einen größeren Zusammenhang philosophischer Standpunkte, die nicht als sicher vorausgesetzt werden dürfen. Ich werde, wie wir noch sehen werden, auf eine reflexive Epistemologie und, wenn auch in teilweise kritischer Form, auf die Systemtheorie Bezug nehmen.

Der Begriff Komplexität gehört zu den umstrittensten. Vor zehn Jahren war Herbert Simon bereits in der Lage, nicht weniger als sieben unterschiedliche Bedeutungen aufzulisten, in denen dieser Begriff allgemein Verwendung fand.[3] Es trifft zwar zu, daß in einigen Disziplinen heute strenge Definitionen verfügbar sind: zum Beispiel in der dynamischen Topologie, in der Informationstheorie, in den Studien über künstliche Intelligenz und vor allem in der Informatik, wo der Begriff der *computational complexity* erfolgreich herausgearbeitet wurde.[4] Und doch sind die hier wie anderswo formalisierten Definitionen nützlich in der Mathematik, gestatten allerdings keine nennenswerte Anwendung im Bereich der Gesellschaftswissenschaften. Ihre praktische Anwendung erfordert eine große Zahl zusätzlicher Standpunktbestimmungen und *ceteris paribus* Klauseln, die dazu führen, die logische Strenge des Ausgangsmodells aufzuheben und damit seine Nützlichkeit in großem Maß einzuschränken.

Wenn wir über die Grenzen dieser Disziplinen hinausgehen und in den Bereich der Gesellschaftswissenschaften oder auch in den angrenzenden des politischen und journalistischen Sprachgebrauchs vordringen, haben wir es mit einer ausgesprochenen Kommunikationspathologie zu tun. Hier nimmt der inzwischen weit verbreitete Komplexitätsbegriff die unterschiedlichsten und oftmals banalsten Bedeutungen an. Ein führender europäischer Politiker antwortet auf jede ihm gestellte Frage unweigerlich, daß »die Angelegenheit eigentlich viel komplexer« sei. In vielen Fällen drückt das Wort Komplexität lediglich das psychologische Unbehagen desjenigen aus, der kürzlich die Entdeckung gemacht hat, daß die Welt, in der wir leben, nicht mehr die unserer Großeltern ist.

Auch in seiner subtileren Verwendung bleibt der Komplexitätsbegriff vage und mehrdeutig und übertrifft so die Vagheit und Mehrdeutigkeit der normalerweise in den Gesellschaftswissenschaften (und den Naturwissenschaften) verwendeten Begriffe. Und man muß einräumen, daß die Philosophen der Komplexität sich nicht durch den Versuch ausgezeichnet haben, ihre Theorie den von einer strengen wissenschaftlichen Diskussion geforderten Standards anzugleichen: ich denke da beispielsweise an Edgar Morin oder an den späten Luhmann, ganz zu schweigen von den Befürwortern der Autopoiesis oder der ›zweitrangigen Kybernetik‹ oder von den Propheten eines mystisch-ökologischen Entwurfs der ›neuen Wissenschaft‹ von der Komplexität.[5]

Meine erste Aufgabe wird es also sein, den Begriff von Komplexität darzustellen, auf den ich mich zu beziehen beabsichtige. Aus epistemologischen Gründen, die, so hoffe ich, am Ende dieses Kapitels verständlich sind, werde ich nicht versuchen, eine formale Definition zu geben, die einen gewissen Grad von Verifizierbarkeit (oder Falsifizierbarkeit) im Rahmen einer axiomatisierten Theorie anstrebt. Ich werde mich darauf beschränken, eine mögliche Interpretationslinie vorzugeben. Und ich empfehle sie, *ex post,* nicht wegen ihrer methodologischen Strenge, sondern wegen ihrer Fähigkeit, einige Probleme, die ich für relevant halte, auszuwählen und kohärent darzustellen. Ich hoffe, daß es mir auf diese Weise gelingt, die Prämissen für eine klare und verantwortungsbewußte Kommunikation festzulegen.

Innerhalb meiner theoretischen Terminologie bezeichnet der Begriff Komplexität keine objektiven Eigenschaften von Natur- oder Gesellschaftsphänomenen. Er deutet auf keine komplexen Objekte hin, die einfachen Objekten gegenübergestellt werden sollen. Der Begriff bezieht sich eher auf die Erkenntnislage eines Subjekts, ganz gleich, ob es sich dabei um ein Individuum oder um eine gesellschaftliche Gruppe handelt. Unter gewissen (mehr oder weniger) komplexen Umständen sind es die Beziehungen, die ein Subjekt ›konstruiert‹ und beim Versuch, sich zu orientieren, das heißt zu ordnen, vorauszuschauen, zu planen und zu verändern, auf seine Umgebung projiziert. Und (mehr oder weniger) komplex wird letztendlich das Verhältnis des Subjekts zu seiner Umgebung sein.

Nachdem diese Prämissen festgelegt sind, können die Bedingungen der Komplexität in den vier folgenden Punkten zusammengefaßt werden:

1. Eine Umweltsituation ist um so komplexer, je breiter die Auswahlpalette und je größer die Zahl der Variablen ist, die das Subjekt beim Versuch, Probleme der Erkenntnis, der Anpassung oder der Planung zu lösen, zu berücksichtigen hat. Die großstädtische Umwelt beispielsweise ist komplexer als die ländliche, und zwar auf Grund der von ihr gebotenen größeren Erfahrungsvielfalt. Andererseits hat sich ihre Komplexität weiter gesteigert, seit ihre Bewohner die Möglichkeit entdeckt haben, daß sie von einer großen Vielfalt giftiger Substanzen verseucht werden können. In den westlichen Ländern ist die politische Tätigkeit komplexer geworden, seit man in die Wahlkämpfe Systeme der Meinungsforschung eingeführt hat, die neue Möglichkeiten politischer Information bieten und gleichzeitig die Entscheidungen der Wähler beeinflussen, indem sie Wahlergebnisse antizipieren.

2. Die Umwelt ist um so komplexer, je größer die gegenseitige Abhängigkeit der Variablen voneinander ist, die man zu berücksichtigen hat. Weil die Modifikationen, die auf die Werte einer Variablen einwirken, sich auch auf die anderen Variablen auswirken und umgekehrt, wird die Erkenntnis- (und Handlungs-)aufgabe schwieriger. Eine größere Fülle von Informationen wird nötig, um die Umwelt zu ordnen und zu kontrollieren. Ist eine bestimmte Komplexitätsschwelle überschritten, ändert sich gar die Qualität der Berechnungen, die notwendig sind, um die Auswirkungen der rekursiven Beziehungen vorauszusehen, welche die Umweltfaktoren miteinander verknüpfen; um so ungewisser wird sogar die Analyse der einzelnen Phänomene, weil ihre Zustandsbedingungen und ihre Entwicklung innerhalb der Verflechtung nichtlinearer Zusammenhänge schwer zu isolieren sind.
3. Ein dritter Komplexitätsfaktor ist die Instabilität oder Turbulenz der Umwelt, das heißt die Neigung ihrer Variablen, sich in der Zeit schnell oder unvorhersehbar zu verändern.[6] Diese dynamische Komplexität ist um so relevanter, je enger sie sowohl mit Übergangsprozessen von der Ordnung zur Unordnung (Revolutionen, chaotische Evolutionen, katastrophenartige Richtungsänderungen usw.) als auch und vor allem mit Entstehungsvorgängen der Ordnung aus der Unordnung verbunden ist.[7]
4. Der letzte Aspekt der Komplexität, der die ersten drei rekapituliert und zusammenfaßt, betrifft den Zustand der Zirkularität der Erkenntnis, in welchem sich das Subjekt befindet, das den hohen Komplexitätsgrad seiner Umwelt wahrnimmt. Das Subjekt spürt, daß die Schwierigkeit, welcher es beim Versuch der Erklärung und dem Voraussehen von Umweltphänomenen nach linearen Schemata (monokausalen, monofunktionalen, auf der Grundlage einfacher Gesetze usw.) begegnet, sein gesamtes Verhältnis zur Umgebung konditioniert. Diese Schwierigkeit hängt mit dem Umstand zusammen, daß letzten Endes seine eigene Erkenntnistätigkeit die Umwelt konstruiert, sie genau in dem Augenblick verändert, in welchem es versucht, sie zu beschreiben. (Diese Situation scheint durch die vorherrschenden Interpretationen des Prinzips der Unbestimmtheit bestätigt zu werden.) Es wird sich also darüber klar, daß es nicht in der Lage ist, die Umgebung in objektiven Begriffen zu definieren, indem es die von der eigenen Erkenntnis-

tätigkeit hervorgerufenen Verzerrungen neutralisiert, und daß es, zirkulär, nicht in der Lage ist, sich selbst zu definieren, wenn es von der Umweltkomplexität und der Umweltturbulenz absieht, welche im Lauf der Zeit seine eigenen Erkenntnistätigkeiten konditionieren und verändern. Es befindet sich mithin in einer Situation epistemologischer Komplexität. Hieraus entsteht, wie wir noch sehen werden, das Erfordernis einer reflexiven Epistemologie, die sich auf die Anerkennung der beiderseitigen Erkenntnisverflechtung von Subjekt (oder System) und Umwelt unter den Bedingungen einer höheren Komplexität gründet.

2. Gesellschaftliche Komplexität

Unter gesellschaftlicher Komplexität verstehe ich ein bestimmtes Gefüge gesellschaftlicher Beziehungen innerhalb der postindustriellen Gesellschaften unserer Zeit, soweit dieses von den darin handelnden Subjekten wahrgenommen wird. Dieses Gefüge kann – wie das beispielsweise bei Niklas Luhmann[8] der Fall ist – als das Ergebnis einer sehr allgemeinen Entwicklungstendenz aufgefaßt werden. Die dem zugrunde liegende These ist, daß die Organisationsstruktur der gesellschaftlichen Gruppen dazu neigt, sich im Lauf der Zeit entsprechend einer Logik zunehmender Differenzierung zu verändern. Dies ist eine klassische These, die von zahlreichen Vätern der modernen Soziologie gestützt wird, etwa von Spencer, Simmel, Durkheim, Weber und Parsons, und auf diese Tradition bezieht sich Luhmann.[9]

Historisch, sagt Luhmann, hat sich die soziale Evolution in einer ersten Phase als segmentarische Differenzierung vollzogen, dann als Differenzierung nach sozialen Schichten und schließlich, in der Moderne, als funktionale Differenzierung, und zwar durch Zunahme der Zahl und der Unterschiedlichkeit der funktionalen Untersysteme eines jeden sozialen Systems.[10] Die Untersysteme (Wirtschaft, Politik, Wissenschaft usw.) entwickeln spezifischere Funktionen im Vergleich zum ursprünglichen System, von dem sie sich differenziert haben. Zu diesem Zweck verfügen sie über genau festgelegte Organisationsstrukturen und gehorchen Funktionskriterien – mit Funktionscodes –, die zur Spezialisierung und zur

Verselbständigung tendieren. Ich muß gestehen, daß ich mich, im Unterschied zu Luhmann,[11] nur wenig für die evolutionistische Grundlegung einer Theorie der gesellschaftlichen Komplexität interessiere. Ich habe auch meine Zweifel, daß diese Grundlegung auf einer äußerst allgemein gehaltenen theoretischen Ebene erreicht werden kann, zumal der Versuch auf der Grundlage einer summarischen Kombination zwischen Systemtheorie und darwinistischem Ansatz durchgeführt wird.[12] Im Rahmen meiner Sicht ist die Analyse einiger politischer Systeme unserer Zeit unter zwei Aspekten relevant: ihrem derzeitigen Niveau an Komplexität und der Möglichkeit, daß dieses Niveau in einem Zusammenhang spezifischer Umstände in naher Zukunft zu- oder abnimmt.

Auf der Grundlage dieser Prämissen will ich den Ausdruck gesellschaftliche Komplexität in der allgemeinen Bedeutung verwenden, wie er aus den folgenden Aussagen sichtbar wird:

1. In den postindustriellen Gesellschaften, die von einer hohen Arbeitsteilung und von funktionaler Differenzierung gekennzeichnet sind, äußert sich die soziale Komplexität als semantische Vielfalt und Diskontinuität der Sprachen, der Kenntnisse, der Techniken und der Werte, die innerhalb eines jeden Untersystems und seiner weiteren Differenzierungen zur Anwendung kommen. Jedes Untersystem tendiert dazu, sich zu spezialisieren und auf der Grundlage eindeutiger und eigenständiger funktionaler Codes zu arbeiten. Der Sinn einer innerhalb eines bestimmten gesellschaftlichen Bereichs erlebten Erfahrung – zum Beispiel einer religiösen – ist nicht auf die Begriffe der innerhalb eines anderen Bereichs möglichen Erfahrung übertragbar, beispielsweise eines Sportclubs, eines Büros oder eines atomaren Forschungslaboratoriums. Die jeweiligen Erfahrungen sind daher grundsätzlich nicht meßbar. Entsprechend nehmen die Variablen des sozialen Verhaltens zu, dessen Verständnis und Vorhersehbarkeit schwieriger wird.
2. Zur tendenziellen Eigenständigkeit der funktionalen Codes gesellen sich Phänomene zunehmend gegenseitiger Abhängigkeit zwischen den verschiedenen Untersystemen, was im übrigen eine Bedingung ihrer Fähigkeit darstellt, sich innerhalb des größeren gesellschaftlichen Systems zu koordinieren. Die Morphologie der gegenseitigen Abhängigkeiten weist einen diffusen und polyzentrischen Verlauf auf, mit einer eigentümlichen Neigung zur Überwindung hierarchischer

Strukturen. So unterliegt heute beispielsweise eine politische Kampagne den funktionalen Notwendigkeiten des Mediums Fernsehen, doch das Fernsehen untersteht der Gesetzgebung, welche den politischen Einsatz der Medien diszipliniert, und beide, politische Führungspersönlichkeiten und Fernsehanstalten, müssen sich den Regeln des Werbemarktes unterordnen. Und dieser wiederum unterliegt den Bedingungen sowohl einer allgemeinen Wirtschaftsgesetzgebung als auch einer zunehmenden Konkurrenz, welche die Fernsehwerbung den traditionelleren Werbeformen macht. Herbert Simon und Raymond Boudon haben aufgezeigt, wie im Bereich der Wirtschaft, der Verwaltungswissenschaft und der Soziologie der Zunahme der Interdependenzphänomene eine wachsende Schwierigkeit der Vorausschau und des gesellschaftlichen Eingreifens entspricht. Da Wirtschaftswissenschaftler, Politiker oder Sozialwissenschaftler ohne eine vollständige Information und angemessene Kenntnis der Interaktionslinien zur Vorausschau und zum Planen gezwungen sind, müssen sie sich mit einer beträchtlichen Anzahl unnatürlicher Auswirkungen auseinandersetzen, das heißt mit unvorhergesehenen und unerwünschten Ergebnissen ihres Eingreifens.[13] Im allgemeinen korrespondiert mit dem Anwachsen der funktionalen Interdependenzen eine beachtliche Zunahme der negativen Außeneinwirkungen.[14]

3. Die Differenzierung der Erfahrungen fördert die gesellschaftliche Mobilität. An die Stelle einer zentrierten, organischen Gesellschaft, die mit universellen und unveränderbaren Prinzipien verankert ist, tritt der Pluralismus sozialer Bereiche, die von zufälligen und flexiblen Merkmalen reguliert werden. Die Auflösung traditions-, schicht- und ortsbedingter Bindungen trägt zu einer beachtlichen Beschleunigung des sozialen Wandels bei. Der moralische Polytheismus und ein verbreiteter Agnostizismus hinsichtlich der letzten Dinge treten an die Stelle kollektiver, institutionalisierter und von politischem Zwang belagerter Glaubensvorstellungen.

4. Vom Standpunkt der individuellen Subjekte (oder Systeme) aus gesehen, führen höhere Differenzierungsebenen zu einer größeren Entpersönlichung und Abstraktheit der gesellschaftlichen Beziehungen. Die Verschiedenartigkeit der Erfahrungen nimmt zu, doch sind sie unmittelbarer von funktionalen Notwendigkeiten oder Erwartungen ge-

prägt. Diejenigen Individuen, denen spezielle Leistungen im Rahmen differenzierter Rollen angeboten oder abverlangt werden, handeln im Rahmen dieser Rollen wie austauschbare Elemente. Die Vielfalt möglicher Erfahrungen und die Vertretbarkeit der Leistungen bringen in einem Kontext erhöhter Unsicherheit und Instabilität eine Art selektiver Überfrachtung hervor.[15] Wenn sich das Spektrum der möglichen Entscheidungen vergrößert, wird für jedes Subjekt die Notwendigkeit, sich zwischen Alternativen zu entscheiden und die Komplexität zu verringern, nur noch dringender und riskanter.[16]

3. Epistemologische Komplexität

Mein Ansatz für das Problem der Komplexität (und der sozialen Komplexität) ist natürlich einer von vielen möglichen, er kann nicht für sich in Anspruch nehmen, der einzige wissenschaftlich begründete oder besser als andere zu sein. Ich weiß sehr wohl, daß mein kognitiver Standpunkt kontextabhängig ist, und ich habe darüber hinaus gute Gründe für die Befürchtung, daß er im Hinblick auf eine Wertebestimmung voreingenommen ist. Doch ich mache als besonderes Merkmal für meinen Ansatz den Versuch geltend, die Komplexität der politisch-sozialen Beziehungen innerhalb der postindustriellen Gesellschaften – dies ist die ›Umwelt‹, die ich zu untersuchen beabsichtige – auf der Grundlage eines ebenso komplexen Erkenntnisansatzes darzustellen, das heißt auf der Grundlage einer ›reflexiven Epistemologie‹.

Was ich unter reflexiver Epistemologie verstehe, kann ich ziemlich schnell sagen, wenn ich auf die Metapher zurückgreife, mit der Otto Neurath vor vierzig Jahren die Situation der Forscher in der Nach-Einstein-Ära zum Ausdruck brachte.[17] Es ist eine Metapher, die durch W. V. O. Quine berühmt wurde, weil er sie zum Emblem seiner Kritik am dogmatischen Empirismus erhoben hatte.[18] Neurath sagte, wir seien wie Seeleute, die ihr Schiff auf offener See instandsetzen müssen, ohne es in den Hafen bringen zu können, und sich daher, während sie es instandsetzen, an die alten Strukturen klammern, die vom tosenden Meer bedroht werden.

Der reflexive Charakter dieser Metapher drückt recht gut die Vorstellung von epistemologischer Komplexität aus, auf die ich mich im ersten

Abschnitt zusammenfassend bezogen habe. Denn die Metapher spielt auf eine Erkenntnislage an, die jede Möglichkeit von Gewißheit oder Annäherung an die Wahrheit im Sinne Poppers verwehrt, weil das Subjekt selbst Teil der Umgebung ist, die es mit aller Kraft zum Objekt seiner Erkenntnis machen will. Das Subjekt kann sich zwar kritisch – reflektierend – über die Situation der Zirkularität bewußt werden, in der es sich befindet, aber es kann sich nicht seinem eigenen historischen und sozialen Horizont entziehen, indem es sich von den Präjudizien der wissenschaftlichen Gemeinschaft, der Kultur oder der Zivilisation loslöst, denen es angehört und die seine Selbstwahrnehmung beeinflussen. Es kann sich nicht objektiv erkennen, und genauso wenig kann es seine Umwelt objektiv erkennen, weil es die Umwelt verändert, indem es seine eigenen Präjudizien gerade in dem Augenblick auf sie überträgt, in welchem es mit ihr interagiert, um sie zum Objekt seiner Erkenntnis zu machen.

Das Subjekt ist in der Lage, auf die Situation der Zirkularität zu antworten, indem es sich vorsätzlich in den Bereich der Objekte miteinschließt, die es zu erforschen beabsichtigt, ohne jedoch jemals imstande zu sein, den vollkommenen Kreis der auf Erkenntnis beruhenden Selbsttransparenz zu ziehen, indem es die anthropologischen, semantischen und soziologischen Voraussetzungen seiner intellektuellen Biographie gewissermaßen neutralisiert. Es kann den Versuch unternehmen, die epistemologische Komplexität zu vermindern, es vermag sie aber nicht zu unterdrücken. Und was für die einzelnen Subjekte gilt, gilt um so mehr für die sozialen Gruppen, wie Philosophen, Historiker und Wissenschaftssoziologen postempiristischer Orientierung wie Thomas Kuhn, Ludwik Fleck und die Edinburgher Schule überzeugend dargestellt haben.[19]

Damit sich das Subjekt andererseits aber nicht zu völliger Erkenntnis- und Kommunikationslähmung verurteilt, muß es vermeiden, den gesamten konzeptuellen Apparat in Frage zu stellen, der ihm von der Umwelt zur Verfügung gestellt wird: es muß, wenigstens teilweise, unkritisch und unreflektiert die sprachlichen und theoretischen Voraussetzungen akzeptieren, die ihm von der eigenen volkskulturellen Herkunft auferlegt werden.[20] Es ist daher nicht in der Lage, wieder eine neutrale Position zu erlangen, eine kartesianische *tabula rasa* als methodologischen Anfang für eine objektive Grundlegung der Erkenntnis. Noch können die Individuen den von Edmund Husserl und Edith Stein[21] empfohlenen Versuch unternehmen, wenigstens eine innere Gewißheit zu erlangen, eine Urklarheit am Endpunkt eines inneren Weges zum eigenen Bewußtsein und im phänomenologischen Kontext der ›Lebenswelt‹. Ist die Situation der Zirkularität unüberwindbar, entfällt jede Möglichkeit der Rechtfertigung und der objektiven Grundlegung des Wissens, sei es, entsprechend dem galileischen Wissenschaftskanon, empirischer Art, sei es intuitiver und bewußter Art.

Von diesem ›reflektierenden‹ Standpunkt aus erscheinen die Wissenschaftsphilosophien realistischer und idealistischer Prägung aus entgegengesetzten und symmetrischen Gründen völlig unangemessen: und dies gilt auch für ihre jüngsten und subtileren Versionen wie den sogenannten inneren Realismus oder, auf dem entgegengesetzten Feld, den radikalen Konstruktivismus. Diese philosophischen Richtungen entbehren der Zirkularitätssituation, von der alles Erkennen ausgeht, und legen lineare, kausale, ›direktionale‹ Beziehungen zwischen dem Subjekt und der Umgebung fest. Sie stellen sich naiverweise – das heißt ohne die Fähigkeit, die Komplexität des kognitiven Verhältnisses zu erfassen – Beziehungen vor, welche die Umwelt objektiv widerspiegeln, oder, andersherum, Beziehungen einer subjektiven Hervorbringung der Umwelt.

Es gibt also ausreichend Gründe anzunehmen, daß vor allem der Neopositivismus in unserem Jahrhundert der radikalste Versuch der szientistischen und logizistischen Negierung der epistemologischen Komplexität war. Ich beziehe mich vor allem auf den in Nordamerika entwickelten sogenannten empiristischen *received view,* der von Denkern wie Rudolf Carnap, Carl G. Hempel, Ernest Nagel, Richard B. Braithwaite und Alan Kaplan vertreten wurde und einen tiefgreifenden Einfluß auf die modernen Sozialwissenschaften ausgeübt hat.[22] Unter anderem haben sie, wie wir noch sehen werden, entscheidend zur Entstehung der politischen Wissenschaft und dort zur Ausarbeitung der revisionistischen Theorien der Verfahrensdemokratie beigetragen. Diese Lesart des Empirismus verwies nicht nur auf eine naiv realistische Epistemologie, sondern setzte die Universalität und Unveränderbarkeit der wissenschaftlichen Sprache voraus und begriff sie als ein organisches System von absolut strengen Urteilen, frei (oder befreibar) von jeder Doppelsinnigkeit, metaphorischen Verschwommenheit und jeglichem wertenden Inhalt und daher logisch formalisierbar und kontrollierbar.

Hinsichtlich der Struktur der Theorien verlangte diese Auffassung von Empirismus, daß die Erklärung und die wissenschaftliche Vorausschaubarkeit deduktiv auf universellen Gesetzen gründeten, die für jede mögliche Zeit und jeden möglichen Raum Gültigkeit haben sollten. Und sie zwang Natur- wie Geisteswissenschaftlern die Notwendigkeit auf, die kausalen Zusammenhänge der Phänomene zu entdecken, und zwar nach dem von Popper vorgeschlagenen und von Hempel formalisierten nomologisch-deduktiven Modell der wissenschaftlichen Erklärung.[23]

Es besteht kein Zweifel, daß Wissenschaftsphilosophien dieser Art das Problem der epistemologischen Komplexität grundlegend verkennen: sie versuchen, die Erkenntnis der Umwelt mit ihrer Reduktion auf sehr einfache, lineare und direktionale Erklärungsprinzipien in Übereinstimmung zu bringen, und zwar entsprechend einem Ideal äußerster epistemischer Sparsamkeit und einer Konzeption von Wahrheit als einer Entsprechung linguistischer Aussagen über die Realität. Im Rahmen dieser Perspektive wird das Universum als eine unbewegliche, objektive Struktur gedacht, und nicht als eine Umwelt, die mit dem Beobachter interagiert und sich mit ihm verändert.

Im Gegensatz zum dogmatischen Empirismus vertritt eine reflexive epistemologische Konzeption die Auffassung, daß Ausgangs- und Zielpunkt eines jeden Erkenntnisprozesses die Sätze sprachlicher Kommunikation sind, und nicht die Daten oder Fakten einer der Sprache vorausgehenden und außerhalb von ihr angesiedelten vermeintlichen Objektivität gegenüber der Umgebung. Die symbolische Dimension ist genau der Bereich, in dem die (individuellen und kollektiven) Subjekte die selektiven Strukturen herausarbeiten, die es ihnen ermöglichen, sich die Umwelt vorzustellen, sich ihr anzupassen oder sie zu entwerfen. Als Instrument zur Reduktion der Komplexität der Umwelt kann die Sprache also nicht transzendiert werden, weil es bei weiterer Verwendung linguistischer Instrumente unmöglich ist, der Sprache eine hypothetische außersprachliche Dimension der Umwelt gegenüberzustellen.

Zweitens kann eine reflexive Epistemologie der Möglichkeit einer nomologisch-deduktiven Erklärung der Umwelt sowohl im Rahmen der Naturwissenschaften wie im Rahmen der politisch-sozialen Wissenschaften nur widersprechen. Und die Gründe dafür sind verhältnismäßig einfach. Einerseits kann jedes allgemeine Gesetz nur innerhalb eines besonderen und begrenzten Wirkungsbereichs Gültigkeit beanspruchen und auch dort immer nur mit Ausnahmen und Anomalien. Andererseits kann jedes empirische Phänomen im Licht einer Vielzahl unterschiedlicher und oftmals miteinander unvereinbarer Theorien gedeutet werden. Und dies gilt sowohl für die Soziologie als auch für die Physik.

In diesem Rahmen wird der Unterschied zwischen Naturwissenschaften und Kulturwissenschaften stark abgeschwächt: auch die Naturwissenschaften arbeiten zirkulär. Das heißt, sie können sich nicht auf absolute Begriffe stützen, weil jede Theorie nur innerhalb des Zusammenhangs ihrer sprachlichen Formen, theoretischen Urteile und praktischen Handhabungen, welche zu ihrer Entstehung beigetragen haben, empirisch verifiziert oder falsifiziert werden kann, und nur in bezug darauf hat die Theorie einen Sinn. Im übrigen kann jede epistemologische Untersuchung über die allgemeine Bedeutung wissenschaftlichen Wissens ihren Ausgangspunkt nur von der Selbstdeutung ihrer ureigenen, besonderen symbolischen Welt nehmen – ob nun Paradigma, Fachmatrix, Denkstil oder Denkkollektiv genannt –, die sie wie eine *tabula inscripta* hinnehmen muß. Dies ist letzten Endes auch die große Lektion des europäischen Konventionalismus, von Duhem, Poincaré, Rey bis hin zu Le Roy, Neurath und Fleck.[24]

Doch wenn die theoretischen Urteile nicht streng wertfrei, sondern vielmehr von den Glaubenssystemen (Vorurteile, Interessen, Ideologien usw.) der Gemeinschaften geprägt sind, die sie hervorbringen, könnte man zu dem Schluß gelangen, daß es keinen prinzipiellen Unterschied zwischen theoretischer und präskriptiver Sprache, zwischen wissenschaftlicher Erkenntnis und moralischen Imperativen gibt. Kurz gesagt: die Anerkennung der epistemologischen Komplexität könnte zur Bekräftigung der Gründe des ethischen Kognitivismus, zumindest in seinen schwächsten Ausprägungen, herhalten.

Ich vertrete eine gegenteilige These, wie wir noch sehen werden. Die Annahme, eine wertende Komponente sei im theoretischen Sprachgebrauch immer vorhanden, liefert meines Erachtens einen weiteren und entscheidenden Grund dafür, die Perspektive des moralischen Kognitivismus und der mit ihm verbundenen ethisch-politischen Philosophien zurückzuweisen, wie es beispielsweise bei der Theorie der Gerechtigkeit von John Rawls der Fall ist. Nur auf der Grundlage einer implizit realistischen Metaphysik, welche die Erkenntnis als eine Intuition der Wahrheit oder als Entdeckung der ›Naturgesetze‹ begreift, kann man erwarten, eine Deontologie aus einer darunterliegenden Ontologie zu deduzieren und so Imperative aus Behauptungen, präskriptive Sätze aus observativen Sätzen zu gewinnen. Die Ethik des Naturrechts, wie sie in der Frage der Sexualität von der römisch-katholischen Kirche gepredigt wird – übrigens ohne großen Erfolg –, ist ein typisches Beispiel dafür.

4. Zunehmende Komplexität

Ich kann dieses Kapitel, das sich mit der einleitenden Erklärung meiner theoretischen Ansätze befaßt, nicht abschließen, ohne auf zwei Thesen zu sprechen zu kommen, die implizit viele meiner Gedankengänge über die Krise der politischen Theorie in Europa und insbesondere über die Notwendigkeit einer Rekonstruktion der demokratischen Theorie begründen.

Die erste These ist, daß die Entwicklung der wissenschaftlichen Forschung und die Zunahme der Erkenntnisse, welche diese Entwicklung sowohl im Inneren wie im Äußeren des wissenschaftlichen Untersystems mit sich bringt, die Komplexität der Umwelt in den gegenwärtigen Gesellschaften nicht vermindert, wie anzunehmen wäre, sondern vielmehr vergrößert. Diese These ist eng mit einer Voraussetzung der Wissenschaftsphilosophie und der Wissenschaftsgeschichte verknüpft, auf die unter anderen Thomas Kuhn und Mary Hesse nachdrücklich hingewiesen haben.[25] Die zentrale These ist, daß die weitere Entwicklung des wissenschaftlichen Wissens keinen rationalen Kriterien im Sinn einer logischen Kohärenz und einer organischen Entwicklung der Theorien folgt, sondern segmentär und diskontinuierlich ist.

Bekanntermaßen gibt es innerhalb eines jeden Bereichs empirischer Forschung, angefangen bei der Physik, unterschiedliche theoretische Modelle, die zuverlässige Voraussagen im Rahmen der jeweiligen Forschungszweige ermöglichen, nicht aber auf angrenzende Gebiete anwendbar sind. Nun, nicht nur ist keinerlei Neigung dieser Theorien zu einer Konvergenz auf ein gemeinsames Zentrum hin erkennbar, sondern es ist sogar so, daß schwere Hindernisse jedem Versuch entgegentreten, ihre Vielfältigkeit durch Auflösung der theoretischen Unvereinbarkeiten zu verringern. Das bekannteste Beispiel ist die Unmöglichkeit, mit der es bisher die theoretischen Physiker zu tun hatten, die Quantenphysik und die allgemeine Relativitätstheorie innerhalb einer vereinheitlichten Theorie zusammenzuführen.[26]

Bei diachronischer Betrachtung wiederum ist der Übergang von einer allgemeinen Theorie zur anderen – zum Beispiel von der ptolemäischen zur galileischen Physik, und von dieser zur Relativitätstheorie – eine Art revolutionärer Sprung von einem wissenschaftlichen Paradigma zu einem anderen. Das Bekenntnis zu einem neuen Paradigma, sagt Thomas Kuhn, ähnelt viel eher einem Glaubenswechsel als einer rationalen Überzeugung. Unter diesem Gesichtspunkt ist die Theorie von der Konvergenz der wissenschaftlichen Entwicklung zu Gesamtergebnissen, die fähig sind, zu einer einheitlichen Synthese zu finden, ohne jede Grundlage.[27] Das Gegenteil scheint zu stimmen. Zum Beispiel: alle Kategorien der klassischen Physik – Raum, Zeit, Materie, Energie, Kausalität – haben tiefgreifende Manipulationen in den modernen Entwicklungen der Physik erfahren und erfahren sie noch, ohne daß dies irgendeiner inneren Logik entspräche. Es scheint, als ob der gesamte Bestand der verfügbaren Erkenntnisse bei der Orientierung der wissenschaftlichen Forschung innerhalb der ausgeweiteten Räume sowohl des kosmischen wie des subatomaren Bereichs zunehmend auf Schwierigkeiten stoße und diese Tatsache ständige Paradigmenwechsel verlange.

Die Zunahme der wissenschaftlichen Erkenntnisse erweitert mithin das Spektrum der Erfahrungsmöglichkeiten des *homo sapiens* und verringert seine Unwissenheit. Aber das bedeutet nicht, daß auch seine Gewißheiten größer würden. Im Gegenteil: je mehr sich die theoretischen Kenntnisse ausbreiten und die praktischen Fertigkeiten entsprechend zunehmen, reißen neue Horizonte voller unerwarteter Probleme auf, die gewagtere, durch frühere Erkenntnisse weniger gesicherte Erklärungsversuche fördern. Und dementsprechend nehmen die Ungewißheit und die Komplexität der Umwelt zu.

Mary Hesse vertrat die Ansicht, daß, wenn man die Vorstellung von der Konvergenz und der logischen Transitivität der wissenschaftlichen Theorien aufgebe, dennoch anerkannt werden müsse, daß der Fortschritt der Wissenschaft einem pragmatischen Kriterium gehorche: es sei ein instrumenteller Fortschritt im Sinn einer zunehmenden Voraussage- und Kontrollfähigkeit gegenüber der Umwelt.[28]

Ich glaube, über den ersten Punkt bestehen keine Zweifel, wenn dieser bedeutet, daß die Wissenschaft in der Lage ist, Maximen hypothetischer Art für die Abwägung von Risiken zu liefern, welche mit praktischen, in einer Situation der Ungewißheit getroffenen Entscheidungen verknüpft sind. Und das ist gleichbedeutend mit der Aussage, daß die Wissenschaft im Grunde den technischen Fortschritt erzeugt. Allerdings sollte, mit Raymond Aron[29], hervorgehoben werden, daß es nicht nur im wissenschaftlichen, sondern auch im technischen Fortschritt erhebliche Unregelmäßigkeiten und Diskontinuitäten gibt: in beiden Fällen verzeichnet die europäische Geschichte lang andauernde Phasen des Stillstands und plötzliche Bewegungen. Und vielleicht sollte klargestellt werden, daß sich die Zunahme zur Fähigkeit technischer Voraussicht innerhalb immer spezialisierterer Bereiche vollzieht, die von Kriterien lokaler und begrenzter Rationalität beherrscht werden.

In der Frage der Umweltkontrolle bin ich der Meinung, daß Mary Hesses Formulierung korrigiert werden muß, indem man deutlich darauf hinweist, daß es sich um einen rein potentiellen Fortschritt handelt. Paradoxerweise ist er eng verbunden mit einer dramatischen Zunahme der Anzahl und der Vielfalt der Risiken, die die technisch-wissenschaftliche Entwicklung in einem Maß mit sich bringt, daß vor kurzem der Begriff »Risikogesellschaft«[30] als Deutungskategorie für die postindustrielle Gesellschaft vorgeschlagen wurde. Im technisierten Bereich reduziert man stufenweise das, was Gehlen ›die nicht variierende Reserve kultureller Immobilien‹ nannte: die Subjekte sind gezwungen, unablässig wachsam zu sein, in einer Art chronischen Alarmzustands zu verharren und unvorbereitet jederzeit grundlegende Entscheidungen zu treffen.[31]

Die Entwicklung der technologischen Anwendungen der Wissenschaft erfordert angesichts neuer Risikofaktoren, die von der Entwicklung selbst zirkulär hervorgebracht werden, in der Tat zunehmend komplexe Kontrollstrategien der Umwelt. Man denke nur an die unerwarteten Entdeckungen der letzten zwanzig Jahre: die Grenzen des Wirtschaftswachstums, die mögliche Erschöpfung der Ressourcen, die strengen ökologischen Überlebensbedingungen für die menschliche Spezies im Zeichen rasanter und ungleichgewichtiger Bevölkerungsexpansion, die atomare Bedrohung, die immer größere Ungleichheit der Lebensbedingungen der Menschen. Und es sieht so aus, als würde diese Ungleichheit in den nächsten Jahrzehnten zu enormen Migrationsbewegungen und heftigen Kämpfen bei der Vergabe von Staatsangehörigkeiten sowie zu neuen Formen von Fremdenhaß und Rassendiskriminierung führen.[32]

Die zweite Hypothese kann folgendermaßen formuliert werden: die Entwicklung der Hochtechnologien, insbesondere der Elektronik- und Informationstechnologien, ist nicht nur ein Wachstumsfaktor der sozialen Komplexität, sondern auch ein starker Beschleuniger eben dieses Wachstums. Die Geschwindigkeit des Phänomens ist auf den Umstand zurückzuführen, daß die technologischen Erneuerungsprozesse auf hoher Ebene – Biotechnologie, Gentechnologie, künstliche Intelligenz, neue Materialien und neue Energien – in bisher unbekannter Form und Intensität eine spezifische Fähigkeit zur überlegten Anwendung auf die biologischen, anthropologischen und kognitiven Merkmale des *homo sapiens* darstellen. Eine zentrale Rolle innerhalb dieses ungeheuerlichen Feedbacks spielt die sogenannte Informationsrevolution in ihren vielfältigen Entwicklungen im Hinblick auf Robotertechnik, Telekommunikation und Multimedia.[33]

Die durch die Automatisierung der Produktionsprozesse und durch die Techniken der Selbstbedienung im Dienstleistungsbereich (Banken, Märkte, Apotheken usw.) ermöglichte Verkürzung der Arbeitszeiten, die Einsparung von Energieressourcen und die Erleichterung körperlicher Arbeit setzen ein großes Potential an Energien frei, die auf die Freizeit verlagert werden. Da gleichzeitig die durchschnittliche Lebenserwartung zunimmt, vergrößert sich auch für jedes Subjekt die Bandbreite der Erfahrungsmöglichkeiten, das heißt der Horizont seiner Freiheit. Daher wird die Notwendigkeit immer dringender, auf die größer gewordene soziale Komplexität mit sinnvollen Auswahlangeboten im Rahmen der Vielfalt der Rollen und der differenzierten Funktionen zu antworten.

Zweitens ruft die Entwicklung der Telekommunikation und der Datenverarbeitung ein weltumspannendes Netzwerk ins Leben, das mit annähernder Lichtgeschwindigkeit von Milliarden von Informationseinheiten durchlaufen wird, welche zur unmittelbaren Benutzung jedem beliebigen PC-Besitzer potentiell zur Verfügung stehen. Ein gigantischer

Fluß von Informationen und Anreizen erfaßt die Subjekte und übt einen wachsenden Druck auf ihre Aufmerksamkeit und Auswahlfähigkeit außerhalb der traditionellen Zentren der Vermittlung von Erkenntnissen und Informationen (Familie, Schule, kulturelle Vereinigungen, politische, gewerkschaftliche und religiöse Organisationen usw.) aus. Daraus entstehen schwierige Probleme der Interaktion zwischen der Informationsquelle und der großen Mehrheit der Benutzer, die nicht über angemessene Auswahlraster für die Masse und die Verschiedenartigkeit der Information verfügen. Das Risiko einer schwachen, zufälligen oder gar chaotischen Reduktion der Komplexität bedroht die ›normalen‹ Prozesse bei der Herausbildung einer Identität, und neue Formen der Sozialisation drängen sich in die traditionellen Prozesse der Formung kollektiver Identitäten. Darüber hinaus scheint die Beschleunigung der von den neuen Technologien in die Wege geleiteten Rhythmen der Erfahrung – die Paul Virilio Dromokratie (die Herrschaft der Geschwindigkeit bei der Übertragung von Objekten und Symbolen) genannt hat – für einen zunehmenden Wahrnehmungsverlust der Menschen verantwortlich zu sein.[34]

Drittens rufen die Massenkommunikationsmittel in politischer Hinsicht langfristig nicht nur erhebliche kognitive Wirkungen hervor – darauf gehe ich ausführlich im fünften Kapitel ein –, sondern bieten auch Abbild und Ersatz der Erfahrung an. Das Fernsehen beispielsweise schafft als Alternative zur unmittelbaren Erfahrung einen symbolischen Raum, innerhalb dessen das realisierbar wird, was die ›Sklaverei der Konkretheit‹ anderenfalls unmöglich machen würde. Und der symbolische Genuß des Möglichen neigt dazu, die unmittelbare Erfahrung an den Rand zu drängen, indem sie zu einer Art Sparsamkeitstendenz des persönlichen Handelns verleitet. Langfristig wird auch die Sinneswahrnehmung davon beeinflußt, und zwar derart, daß die symbolische Interaktion mit den Medien die wesentlichen Rahmenbedingungen für die unmittelbare Erfahrung liefert, und nicht umgekehrt.[35]

Damit besteht die Auswirkung der Massenkommunikationsmittel darin, daß sie als nicht real das ausschließen, was nicht mit ihrem Bild von der Wirklichkeit übereinstimmt und eine Art Entmaterialisierung des Lebens und eine umfassende Stilisierung der sozialen Beziehungen bewirkt. Daraus folgt im allgemeinen eine Zunahme der symbolhaften Abstraktheit, der Kontingenz und Plastizität der sozialen Umwelt, die immer weniger als eine objektive, statische und eindimensionale Realität gedacht und erfahren werden kann. Vielmehr stellt sie sich als ein höchst veränderbares Ergebnis der Interaktion zwischen selektiven Vorstellungen einer Realität dar, die das Subjekt nicht mehr kontrollieren kann.[36] Es hat in der Tat jede Möglichkeit verloren, sie kritisch mit etwas zu vergleichen, das nicht eine von den Massenkommunikationsmitteln vermittelte Erfahrung darstellt.

II. Eine realistische Theorie der Politik

1. Die ökonomischen Theorien der Demokratie

Da nun die Schattenzone meiner theoretischen Ansatzpunkte zumindest klar eingegrenzt ist, kann ich den Versuch unternehmen, meine Thesen darzulegen. Ich werde darlegen, daß die reflexive Epistemologie mit den theoretisch-politischen Paradigmen unvereinbar ist, auf die sich einige der heute angesehensten Demokratieentwürfe des Westens gründen. Und ich werde zweitens erörtern, daß diese Epistemologie einige wichtige Prämissen für einen realistischen Demokratieentwurf bietet, der auf einer nichtmetaphysischen Lesart des politischen Realismus basiert.

Im Bereich der Philosophie der Kulturwissenschaften bedingt die Anerkennung des Begriffs der epistemologischen Komplexität eine Kritik des erkenntnistheoretischen Stands einiger Strömungen der Sozialwissenschaften, die sich in der Zeit nach dem Zweiten Weltkrieg unter dem Einfluß des amerikanischen Neoempirismus entwickelt haben. Ich beziehe mich hierbei insbesondere auf das Paradigma der politischen Wissenschaft, einer Disziplin, die sich von Anfang an das Programm der behavioristischen Revolution, das heißt eine der dogmatischsten Äußerungen des Neoempirismus, zu eigen gemacht hat.[1] Und ich habe auch einige angrenzende Bereiche im Blick, wie die Erforschung des *public choice* und ganz allgemein die Theorien der auf die Politik angewandten rationalen Aktion, deren bezeichnendstes Beispiel durch die ökonomischen Theorien der Demokratie geliefert wird.

Eine gesonderte Erörterung müßte für die politische Anwendung der Spieltheorie stattfinden. Auf die Pionierarbeiten von Thomas Schelling folgten in den siebziger Jahren die begeisterten Hoffnungen hinsichtlich der Möglichkeit, daß aus der Zusammenarbeit von Mathematikern und Politikwissenschaftlern eine förmliche politische Theorie entstehen könne.[2] In Wirklichkeit geht, wenigstens für den Augenblick, der Einfluß der Spieltheorie auf die politische Theorie nicht wesentlich über eine mäßige Anwendung von strategischen Grundbegriffen einiger Politologen in

Situationen von interdependenten Entscheidungen hinaus. Und was analog die Mathematiker des Spiels betrifft, ist man über die Formulierung äußerst abstrakter Theoreme nicht hinausgekommen. Daher entbehren sie der *requisite variety*, so daß man sie in keiner Weise auf die Komplexität der politischen Spiele beziehen, geschweige denn als Prämissen für eine politische Entscheidung übernehmen kann.

Was diese disziplinären Bereiche aber jenseits ihrer jeweiligen Thesen, die hier nicht weiter untersucht werden sollen,[3] unter epistemologischem Gesichtspunkt miteinander verbindet, ist eine gefestigte Konzeption des wissenschaftlichen Niveaus der politischen Forschung: sie engagieren sich in der Rigorisierung der politischen Fachsprache, in der Verwendung mathematischer Modelle und, in extremen Fällen, in der Aufstellung axiomatisierter Theorien, die den Anspruch erheben, empirisch verifizierbar zu sein. Mit anderen Worten, diese Disziplinen versuchen, erklärende und in die Zukunft weisende Modelle, die mit Hilfe der mathematischen Ökonomie aus den Naturwissenschaften abgeleitet werden, auf die Politik- und Sozialwissenschaften, einschließlich der Demokratietheorie, anzuwenden.

Insbesondere die ökonomischen Theorien der Politik haben in die Analyse der demokratischen Systeme die der neoklassischen Ökonomie entlehnte Annahme der Rationalität des sozial Handelnden eingeführt. Und dies hat ihnen einen außergewöhnlichen wissenschaftlichen Erfolg gesichert, vor allem im englisch- und deutschsprachigen Kulturbereich.[4] In den drei klassischen Arbeiten von Anthony Downs, *An Economic Theory of Democracy*, Mancur Olson, *The Logic of Collective Action* sowie James M. Buchanan und Gordon Tullock, *The Calculus of Consent*, ist der politische Akteur ein *rational self-interested being*. Nach dem Schema des *homo oeconomicus*[5] maximiert er also die eigene Nutzenfunktion. Man nimmt daher an, daß er die geringste erforderliche Menge an – erklärtermaßen knappen – Mitteln einsetzt, um das bestmögliche Ergebnis in Form von Gewinn, Ansehen und Macht zu erzielen. Vor allem bemüht er sich, die größtmögliche Menge politischer Informationen zu erlangen, die ihm nützlich sind, um die vorteilhafteste Investition im Rahmen des politischen Marktes für sich zu errechnen und zu entscheiden. Und das Sammeln von Informationen wie auch die Teilnahme am Wahlvorgang stellen für ihn reine Kosten dar.

Dabei bleibt es jedoch nicht. Sowohl im Fall von Autoren wie Downs, Riker oder Fiorina wie auch der Virginia School of Public Choice[6] wird die Annahme von Rationalität – typisch für den bei den neoklassischen Ökonomen herrschenden methodologischen Individualismus – auf kollektive politische Subjekte ausgedehnt: auch für Parteien, Regierungen und öffentliche Verwaltungen gilt die Annahme des egoistischen Interesses. Ihr rationales Verhalten ist explizit nach der Denkweise eines Wirtschaftsunternehmers ausgerichtet, der in einem System des freien Wettbewerbs agiert: die Maximierung der politischen Unterstützung durch erhaltene Wählerstimmen oder, im Fall der öffentlichen Verwaltung, der Ausweitung der Dimensionen und des Budgets für die Ämter entsprechen der Maximierung des Profits. Insbesondere die Parteien erarbeiten Vorschläge und legen sie der Wählerschaft vor, zu dem einzigen Zweck, den eigenen politischen Nutzen zu maximieren, und das heißt, Gewinn, Ansehen und Macht ihrer Mitglieder zu maximieren.[7] Dagegen suchen sie keine Wählerunterstützung, um vorher ausgearbeitete politische Programme von vermeintlichem öffentlichen Interesse zu verwirklichen.

Das Geringste, was sich hinsichtlich dieser Versuche sagen läßt, ist, daß sie auf der Grundlage von Mutmaßungen arbeiten und so die Verschiedenartigkeit der Motivationen, der Erwartungen und der Absichten drastisch reduzieren, auf deren Grundlage die eigentlichen politischen Akteure in einem System repräsentativer Demokratie handeln. Und man kann hinzufügen, daß sie nicht nur keinen der grundlegenden Aspekte des politischen Handelns aufgreifen, sondern – und das werde ich noch aufzeigen – sie kennen nicht einmal das spezifisch funktionale Denkmuster der modernen politischen Systeme. Auch wenn man vom Gewicht konservativer Ideologie absieht, wie sie vor allem die Virginia School kennzeichnet, weist der utilitaristische Realismus der ökonomischen Demokratietheorien in die falsche Richtung, weil er, einfach ausgedrückt, die egoistischen Gründe des politischen Handelns mit den egoistischen Gründen des ökonomischen Verhaltens verwechselt.

Tatsächlich aber ist in den modernen Gesellschaften und noch mehr in den hochindustrialisierten Gesellschaften das politische Subsystem klar differenziert von anderen wesentlichen Subsystemen und ihren funktionalen Codes. Und darin liegt, jenseits der in der Fachliteratur angeführten unüberwindbaren technischen Schwierigkeiten, der Hauptgrund, der jeden Versuch der Verhaltensdeutung oder sogar der Verhaltenserklärung des *homo politicus* archaisch macht und grob vereinfacht, denn sie entleihen Kategorien und Erklärungsmodelle beim funktionalen Code der Ökonomie. Dies war für den politischen Realismus von Joseph Schumpeter übrigens völlig klar, der immerhin der erste war, der die Verwendung von Metaphern des Handelns für die Deutung der demokratischen Methode vorschlug, und an dem sich – meines Erachtens irrigerweise – die mathematischen Demokraten meinten orientieren zu sollen.[8] Im Unterschied zu Downs hatte Schumpeter sich gehütet, die orthodoxen Standpunkte der neoklassischen Ökonomie zu seinen eigenen zu machen, und war wenigstens von der These der begrenzten Rationalität und der unvollkommenen Information der ›politischen Konsumenten‹ ausgegangen. Und er war realistisch genug anzunehmen, daß die Präferenzen der Wähler von den manipulativen Auswirkungen der politischen Propaganda unbeeinflußt blieben.[9]

Von meinem epistemologischen Standpunkt aus ist die kognitive Unergiebigkeit der ökonomischen Demokratietheorien auf ihre Neigung zu einem erklärungsarmen Prinzip zurückzuführen, das sich den Instanzen dessen, was ich reflexive Epistemologie genannt habe, radikal widersetzt. Diese Epistemologie leugnet, wie wir gesehen haben, ganz allgemein die Möglichkeit, daß komplexe soziale Phänomene, wie es typischerweise die Phänomene der Politik sind, auf einfache Prinzipien oder allgemeine Gesetze zurückgeführt werden können. Dagegen beschränken sich die empirischen Urteile zumeist darauf, entweder Binsenweisheiten von sich zu geben oder Urteile zu bestätigen, die zu anderen, in methodologischer Hinsicht weitaus weniger ehrgeizigen Theorien gehören, obwohl sie den Anspruch erheben, diese Theorien hinsichtlich von Phänomenen wie Wählerverhalten, Wettbewerb zwischen den Parteien, Funktionieren der Repräsentationssysteme, Mechanismen der öffentlichen Ausgaben usw. zu formulieren.[10] Hier findet die vielsagende Regel ihre Bestätigung, derzufolge ein umgekehrtes Verhältnis zwischen der Komplexitätsebene der sozialen Phänomene und der von den Modellen des methodologischen Individualismus und des rationalen Kalküls eingeräumten hermeneutischen Fähigkeit besteht (ganz zu schweigen von der explikativen und prädiktiven Fähigkeit im engeren Sinn).[11]

Downs zum Beispiel erklärte offen, daß seine Schlußfolgerungen im Vergleich zu den in der berühmten Trilogie von Walter Lippmann dargestellten Thesen über das Verhältnis von öffentlicher Meinung und demokratischer Regierung wenig Neues zu bieten hätten. Doch mit einer sehr persönlichen Interpretation der Aufgaben der Logik und denen der empirischen Forschung nahm er für sich in Anspruch, das logisch bewiesen zu haben, was bei Lippmann und anderen das Ergebnis reiner Beobachtung gewesen sei.[12] Und wiederum bei Downs kann man die besten Beispiele für selbstverständliche Schlußfolgerungen oder für geringe politische Relevanz finden. Ich erinnere hier kurz an einige seiner empirischen Binsenweisheiten, mit denen er seine klassische Arbeit abschließt: die These, nach welcher man eine höhere Wahlbeteiligung hat, wenn die Wahlkosten sinken; die These, daß unter bestimmten Umständen ein rationaler politischer Akteur dazu veranlaßt wird, für eine andere Partei als die zu stimmen, die er gerne an der Macht sehen würde; oder die Vermutung, daß, wenn eine Änderung des Wahlgesetzes die Verteilung der politischen Präferenzen der Wählerschaft verwandelt, möglicherweise neue Parteien entstehen könnten;[13] oder schließlich die bizarre Vorstellung, daß die demokratischen Regierungen, trotz ihrer egoistischen Neigung, dazu tendieren, den Gewinn der reicheren und zahlenmäßig weniger starken sozialen Schichten auf die ärmeren und zahlenmäßig starken sozialen Schichten zu verlagern, und zwar auf Grund einer inneren Logik des politischen Markts.[14] Jedenfalls handelt es sich dabei um Urteile, die in Wirklichkeit niemals empirischer Verifizierbarkeit oder Falsifizierbarkeit zugrundeliegen.

Das gleiche läßt sich meiner Ansicht nach über das *voting paradox* sagen, ein Thema, das eine Fülle wissenschaftlicher Literatur hervorgebracht hat, von Tullock, Riker und Ordeshook bis Mueller und Brams.[15] Wie bekannt, entsteht das Paradox durch die vermeintliche Rationalität der Stimmenthaltung oder durch die gezielte politische Desinformation des demokratischen Bürgers. Angesichts der äußerst geringen Wahrscheinlichkeit, daß seine Stimme, einzeln betrachtet, irgendeinen Einfluß auf das Gesamtwahlergebnis hat, hat der Wähler praktisch keinerlei Interesse, zur Wahlurne zu gehen, und wenn, dann nur, nachdem er sich angemessen über mögliche Gewinne und Verluste informiert hat. Wenn man sich auf das völlig marginale Element der Wahlkosten konzentriert, liefert dieser Ansatzpunkt meiner Meinung nach keinen irgendwie bedeutenden Beitrag zum Verständnis des Problems der Stimmenthaltung oder, umgekehrt, der Wahlbeteiligung bei demokratischen Wahlen.[16] Um dahin zu gelangen, müßten die *rational theorists* auf die Annahme einer ökonomischen Rationalität des politischen Verhaltens verzichten und die ›politischen‹ Motive in Betracht ziehen, auf deren Grundlage ein Teil der Bürger am Wahlritual teilnimmt, andere nicht daran teilnehmen, wieder andere ihre Wahl auf der Grundlage einer genauen Information treffen, noch andere ohne jede ausreichende Information sind. Und schließlich gibt es solche, die sich außerhalb jeder vernünftigen ökonomischen Erwartung für gewalttätige und gefährliche Formen von politischer Intervention entscheiden – das ist der Fall beim Revolutionär oder Terroristen im Kontext der repräsentativen Demokratie –, auch wenn Tullock nicht daran zweifelt, daß ein wirtschaftlich denkender Unternehmer die Persönlichkeit des Revolutionärs und sogar die des Terroristen in sein Modell einbeziehen kann, da er eine Möglichkeit erkannt hat, aus einer Revolution oder einem Attentat persönlichen Gewinn zu ziehen.

2. Die empirische Demokratietheorie und das Dilemma der Politischen Wissenschaft

Die Herausarbeitung einer empirischen Demokratietheorie hat nahezu dreißig Jahre hindurch die amerikanische und die europäische Politikwissenschaft geprägt. Unter empirischer Demokratietheorie haben die Politikwissenschaftler, gemäß den Regeln der behavioristischen Revolution[17] der fünfziger Jahre, die Herausarbeitung eines rein verfahrensmäßigen und nicht normativen Modells der demokratischen Methode[18] verstanden. In direktem Gegensatz zu den philosophischen Entwürfen der Demokratie, unfähig, die wissenschaftliche Feststellung der Tatsachen von ihrer Wertung und normativen Projektion zu unterscheiden, würde eine empirische Theorie der Demokratie sich an die einfache Beschreibung der zu beobachtenden Phänomene[19] oder allenfalls an ihre induktive Verallgemeinerung[20] halten. Unter Vermeidung jeglicher Idealisierung oder philosophischer Rechtfertigung der Demokratie würde die Politikwissenschaft auf diese Weise aufzeigen, wie demokratische

Systeme »in der wirklichen Welt eigentlich funktionieren«.[21] Eine strenge Definition der notwendigen und ausreichenden Bedingungen der Demokratie würde dazu führen, die demokratischen Verhaltensweisen und Phänomene auf der Grundlage einer empirischen Erhebung ihrer allgemeinen Ursachen zu erklären und vorauszusehen.[22]

Heute, in der Mitte der neunziger Jahre, ist dieses ehrgeizige Programm nicht nur ad acta gelegt worden, sondern es ist nicht einmal mehr klar, was man unter Politischer Wissenschaft zu verstehen hat. Es ist also nicht klar, was ihr epistemologischer Status ist, weil sie von einer inneren Spannung zerrissen ist, die ihre theoretische Identität und ihre Daseinsberechtigung als eigenständige Disziplin bedroht, die früher der politischen Philosophie und angrenzenden Disziplinen wie der politischen Soziologie stolz entgegengestellt wurde.

Auf der einen Seite ist so etwas wie eine korporative Trägheit zu beobachten, die vor allem in Kontinentaleuropa die Politische Wissenschaft in einer Haltung anachronistischer Treue zu ihren ursprünglichen Ansatzpunkten verharren läßt, das heißt zu ihrer neoempiristischen Identität. Typisch in diesem Sinn ist die Haltung Giovanni Sartoris, einem der überzeugtesten Vertreter der empirischen Demokratietheorie. Mitte der achtziger Jahre vertrat dieser Autor immer noch die Ansicht, daß die Politische Wissenschaft die einzige Disziplin ist, die in der Lage sei, »ein kontrollierbares politisches Bewußtsein« hervorzubringen, die einzige, welche »die methodologischen Kanons des empirischen Wissens« respektiere. Und diese wurden wiederum kommentarlos mit der logischen Strenge der Definitionen, der empirischen Verifizierbarkeit der Theorien und der Anhäufung der Erkenntnisse gleichgesetzt.[23] Möglicherweise ist das der Grund dafür, daß Sartori durch die Neuauflage seines Werks über die Demokratie, das vor dreißig Jahren Erfolg hatte, heute die Ansicht vertreten kann, daß seine empirische Theorie der Demokratie eine Widerlegung *ante litteram* all dessen enthalte, was inzwischen zum Thema politische Philosophie und Demokratietheorie gedacht und geschrieben worden sei. Und all diesem widmet er in seinem Buch keinerlei Aufmerksamkeit.[24]

Allerdings gibt es – vor allem im angelsächsischen Raum – Autoren, die wahrnehmen, daß diese Art der Treue den bedeutendsten Errungenschaften der modernen Epistemologie zuwiderläuft und daß die Gefahr besteht, diese Disziplin von dem größeren Zusammenhang der politischen Reflexion abzukoppeln, die einen lebhaften Aufschwung der politischen Philosophie gerade in der angelsächsischen Welt verzeichnet.[25] Damit verbunden ist ein Bewußtsein, daß die reduktiven Ansätze und die thematischen Restriktionen, die der Neoempirismus der politischen Wissenschaft aufgezwungen hat, in immer krasserem Gegensatz zur sozialen Welt der hochindustrialisierten Länder stehen, die durch zunehmende Komplexität und Wandelbarkeit sowie zunehmende Unvorhersehbarkeit der politischen Phänomene gekennzeichnet ist.

Es lohnt sich, daran zu erinnern, daß die Politische Wissenschaft vor vierzig Jahren mit einer zweifachen Zielsetzung aufgekommen ist: der expliziten, eine sichere und objektive Erkenntnis der politischen Fakten zu erhalten, weil sie, im Unterschied zum Idealismus und zum marxistischen Historizismus, auf einer empirischen Analyse der sozialen Phänomene beruht; und der impliziten, aber stark motivierenden, den optimierten Standard der demokratischen Institutionen (der Vereinigten Staaten) als Verwirklichung der Freiheit, des Pluralismus und der Chancengleichheit zu beweisen.[26] Das Festhalten an diesem Programm implizierte, dem Credo ihrer Begründer zufolge,[27] zumindest die folgenden Ansatzpunkte, von welchen jeder einem Ziel entsprach, das erreicht werden mußte, damit die Forschungsergebnisse als wissenschaftlich angesehen werden konnten:

- *Erklärung und Prognose auf der Grundlage allgemeiner Gesetze.* Sowohl das Verhalten der politischen Akteure als auch das Funktionieren der politischen Systeme weist beobachtbare Regelmäßigkeiten auf. Die Hauptaufgabe des Politikwissenschaftlers besteht im Entdecken dieser Regelmäßigkeiten und in ihrer Formulierung in Form von allgemeinen Gesetzen kausaler oder statistischer Natur, welche die Erklärung und die Vorhersage politischer Phänomene ermöglichen;
- *empirische Verifizierbarkeit und Objektivität.* Die Gültigkeit der nomologischen Verallgemeinerungen der Politikwissenschaft kann im Prinzip durch empirische Verifizierung ermittelt werden, welche die beobachtbaren Verhaltensweisen der politischen Akteure zum Bezugspunkt hat;
- *Quantifizierung und Messung.* Der Politikwissenschaftler muß sich verpflichten, bei den Phänomenen die Techniken von Quantifizierung und präziser Messung anzuwenden, die bereits innerhalb der exakten

Wissenschaften verbreitet sind und auch in den Sozialwissenschaften Ökonomie und Psychologie Ergebnisse zeitigen;
- *Systematisierung und Akkumulierung.* Die Forschung der Politikwissenschaftler soll systematisch durchgeführt werden: das heißt, sie soll ein ständiges Interagieren zwischen einer logisch strukturierten, kohärenten theoretischen Sprache und einer nach einer streng induktiven Methode ausgerichteten empirischen Forschung implizieren. Die fortschreitende Akkumulierung empirischer Daten ermöglicht eine stufenweise Entwicklung der Theorien und führt so zur Herausbildung eines Kerns allgemeiner Prinzipien, die innerhalb der Gemeinschaft der Politikwissenschaftler gebilligt werden;
- *Wertfreiheit.* Die Erklärung und empirische Voraussage politischer Phänomene soll von den Bewertungen und Vorschriften ethischer oder ideologischer Art streng getrennt gehalten werden. Der Politikwissenschaftler hat daher die intellektuelle Pflicht, sich im Verlauf seiner Forschung jeder Art ethischer oder ideologischer Wertung zu enthalten.

Es wird deutlich, daß dieser methodologische Katalog auf eine Reihe sehr allgemeiner epistemologischer Optionen verweist, die aus dem empiristischen *standard view* abgeleitet wurden. Im Mittelpunkt dieser Optionen stand die Entscheidung, das Studium der Politik in den Bereich der empirischen Wissenschaften aufzunehmen, weil man der Meinung war, es gebe keinerlei entscheidenden Komplexitätsunterschied zwischen den Verhaltensweisen natürlicher Objekte und den individuellen und kollektiven Verhaltensweisen der menschlichen Subjekte.

Nun, der Selbstkritik so angesehener Politikwissenschaftler wie Ed Lindblom, Gabriel A. Almond, David Easton[28] und vor nicht allzu langer Zeit auch David M. Ricci zufolge[29] ist keine dieser Verpflichtungen von der Politikwissenschaft eingehalten worden. Die Verpflichtung, eine (unerreichbare) wissenschaftliche Erkenntnis der Politik zu erlangen – sagt Ricci – lenkt den Politikwissenschaftler von den entscheidenden Problemen der Gesellschaft ab, in der er in erster Linie die Krise der demokratischen Institutionen erlebt, denn diese Probleme können nicht ernsthaft von jemandem angegangen werden, der die politische Neutralität zu seiner Berufsauffassung macht. Daher läuft die Politikwissenschaft Gefahr, sich auf »tragische Weise« selbst zu verleugnen, weil sie eine politisch indifferente Wissenschaft ist.[30]

Gabriel Almond schrieb ironisch, daß der Versuch der Politikwissenschaftler, sich einen strengen Wissenschaftsstatus zu geben, sie dahin geführt habe, eine Art *Cargo-Kult* ins Leben zu rufen: sie mühen sich ab, papierene Imitationen der Handwerkszeuge und Produkte der »harten« Wissenschaften hervorzubringen, und knüpfen daran die Hoffnung, daß ihre Zauberriten die Imitationen in etwas Konkretes verwandeln. Statt ihres »Flirts mit irrigen Metaphern«[31] empfiehlt Almond den Politikwissenschaftlern die Verwendung »schwacher« heuristischer Theorien, die nicht den Anspruch erheben, sich auf der Grundlage ihrer explikativ-vorhersagenden Macht zu legitimieren, sondern sich darauf beschränken, die Politik als einen Prozeß der Anpassung und des Erlangens von Zielen zu deuten und zu verstehen, die im Rahmen von Entscheidungszusammenhängen Beschränkungen unterliegen.[32]

Noch radikaler ist David Easton. In einer sehr genauen, rückblickenden Untersuchung zur Entwicklung der Politikwissenschaft in den Vereinigten Staaten zögert er nicht, den Erfolg der Disziplin (welche die ideologische Neutralität des Politikwissenschaftlers beteuerte) mit dem Mythos vom Ende der Ideologien in Verbindung zu bringen, einem Mythos, der, seiner Meinung nach, nur die unangefochtene Herrschaft der liberal-konservativen Ideologie überdeckte. Nach Eastons Ansicht ist der Mißerfolg der behavioristischen Politikwissenschaft zurückzuführen auf die Unterschätzung der in der amerikanischen Gesellschaft stattfindenden Veränderungen, auf die Unfähigkeit zu sozialen Prognosen, auf die geringe Aufmerksamkeit für die historische Dimension, auf das Vertrauen in einen dogmatischen Entwurf der aus dem Neopositivismus abgeleiteten Wissenschaftsmethode und auf den naiven Glauben an die Wertneutralität der Wissenschaft. Nach der Krise des Behaviorismus mangelt es der amerikanischen Politikwissenschaft, so Easton, an einem gemeinsamen Standpunkt sowie an einem gemeinsamen Ziel, und sie entbehrt der kognitiven Spannung und Phantasie: kurz, sie befindet sich in einer recht schwierigen Phase der Identitätskrise ihres Faches.[33]

Es ist meiner Ansicht nach schwer, diese Selbstkritik nicht zu teilen. Denn im Grunde ist die Politikwissenschaft bis heute nicht in der Lage gewesen, irgendein Gesetz kausaler oder statistischer Art zu formulieren, das eine Erklärung oder eine Vorhersage politischer Phänomene sowohl innerhalb als auch außerhalb der demokratischen Systeme ermöglichen würde. Noch hat sie irgendein logisches oder mathematisches Modell geliefert, das auf das politische System anwendbar wäre und die Grundlage für eine empirische Demokratietheorie bieten könnte. Und ebensowenig steht ein Kernstück von einstimmig geteilten politischen Theoremen oder allgemeinen Prinzipien zur Verfügung. Selbst der bescheidenste Versuch einer einheitlichen politologischen Sprache – ein Versuch, für den Giovanni Sartori sich besonders engagiert hat – hat bis heute nur dürftige Ergebnisse erbracht, wenn es zutrifft, daß Sartori selbst noch immer die babylonische Verwirrung beklagt, die, wie er sagt, nicht nur im Kopf der demokratischen Bürger, sondern auch innerhalb der Politikwissenschaft herrscht.[34]

Im übrigen wären die Verallgemeinerungen der Politikwissenschaft – und einer möglichen empirischen Theorie der Demokratie – in keinem Fall verifizierbar oder falsifizierbar. In der Politik gibt es mehr als anderswo keine beobachtende Sprache, die von der Sprache der Theorien unterschieden werden könnte, und diese letzteren sind immer mit Ideologien, mit allgemeinen Philosophieentwürfen und mit historisch und soziologisch bedingten Weltanschauungen verknüpft. Dies alles ist zudem der Grund für die Vergeblichkeit der Politikwissenschaftler, ihre Sprache zu vereinheitlichen und insbesondere ihrer Verpflichtung treu zu bleiben, sich wertender Urteile zu enthalten, und darin liegt ihre eigentliche *Crux*.

Meiner Ansicht nach ist der Grund all dessen verhältnismäßig einfach: keine der Verpflichtungen der Politikwissenschaft kann beim Studium der politischen Phänomene und bei der Ausarbeitung nicht banaler politischer Theorien eingehalten werden. Sobald man von elementaren Ebenen der Datenklassifizierung zur Ausarbeitung von politischen Theorien auf höchster Ebene übergeht, also zu hinreichend komplexen Theorien, welche auf die Komplexität der Umwelt bezogen und angewandt werden können, kann der Politikwissenschaftler gar nicht anders, als seine methodologischen Verpflichtungen zu verletzen und ihnen zu widersprechen.

Wenn wir uns einige Probleme vor Augen halten, die heute innerhalb der demokratischen Systeme des Westens auftauchen, wie zum Beispiel die Analyse der Mechanismen der »unsichtbaren Macht«,[35] die Rechtfertigung der politischen Verpflichtung in einem pluralistischen Kontext der Werte und Moralvorstellungen, die Krise der repräsentativen Funktion der Parteien, die Regierbarkeit der postindustriellen Gesellschaften, die langfristigen politischen Auswirkungen des Medieneinflusses, wird uns klar, daß es sich um derart komplexe Probleme handelt, daß man unter Beachtung der Regeln des Neoempirismus nicht einmal den Versuch unternehmen kann, sie in sprachliche Begriffe zu fassen.

Und es ist meiner Meinung nach auch kein Zufall, daß die Politikwissenschaft zögert, dies zu problematisieren, denn sie ist zu einer Art ständiger, impliziter Apologie der bestehenden politischen Institutionen des Westens gezwungen. Es scheint mir denn auch unvermeidlich, daß eine Wissenschaft, die als Hommage an ein abstraktes Ideal methodologischer Strenge die Diskussion über die Werte der Politik aus ihrem Tätigkeitsbereich verbannt, um sich ausschließlich mit Fakten zu beschäftigen, letzten Endes nicht mehr in der Lage ist, die Probleme der Politik zu formulieren, und noch viel weniger, zu ihrer Lösung beizutragen. Diese Probleme implizieren immer eine Entscheidung über die Ziele, die Grenzen und den Sinn des politischen Lebens.[36] Und es ist unvermeidlich, daß diese Haltung die unkritische Übernahme der allgemeinen Kategorien der politischen Enzyklopädie des Westens – in erster Linie Repräsentation, öffentliche Meinung, Konsens und Pluralismus – bei den Politikwissenschaftlern legitimiert. Sie neigen dazu, diese Kategorien wegen ihrer neutralen empirischen Untersuchungen über das wirkliche Funktionieren der demokratischen Institutionen als nicht problematisierte Ausgangspunkte hinzunehmen.

Man darf mit einiger Sicherheit die Schlußfolgerung ziehen, daß die verschiedenen Versuche, in die Erforschung der politischen Phänomene, insbesondere der demokratischen Systeme, strenge, wissenschaftliche Modelle einzuführen, bisher zu keinen nennenswerten Ergebnissen geführt hat. Die symbolische Komplexität der politischen Phänomene, deren Akteure selbst Schöpfer und Interpreten der symbolischen Systeme sind, schließt die Zuständigkeit einfacher politischer Erklärungen linearer, kausaler oder statistischer Art aus. Um den menschlichen Verhaltensweisen politische Bedeutung zuzusprechen und sie folglich zu deuten und zu verstehen, muß man sich die politischen Motivationen der Akteure vor Augen halten: symbolische Hinweise, Ideologien, erklärte, latente oder vorgegebene Ziele ihrer politischen Handlungen oder Entscheidungen.[37]

Otto Neurath hatte im Rahmen der konventionalistischen Tradition als erster darauf hingewiesen, daß die Komplexität der individuellen Motivationen gegeben ist, weshalb der Anspruch, im Bereich der Soziologie oder der Politologie mit Methoden der naturwissenschaftlichen Beobachtung und der quantitativen Messung zu arbeiten, schlicht und einfach zu einem wissenschaftlichen Selbstmord führt. Die hohe Unbestimmtheit bei der Entwicklung menschlicher Gruppen, die Unterschiedlichkeit ihrer sprachlichen, kulturellen und organisatorischen Ausdrucksweisen, macht die Formen politischen Wechsels unwahrscheinlich und so gut wie unberechenbar. Auch ungewöhnliche Verhaltensweisen der individuellen Subjekte innerhalb einer Gruppe erweisen sich als statistisch unwahrscheinlich, und zwar auf Grund der Dispersions- und Instabilitätsphänomene, die individuelle Entscheidungen kennzeichnen.[38]

Dies alles gilt in noch weit höherem Maße innerhalb der modernen postindustriellen Gesellschaften, sofern man meine Ausgangsthese akzeptiert, daß diese durch Phänomene wie erhöhte Vielfalt und semantische Diskontinuität der Erfahrungen, Zunahme der funktionalen Interdependenzen, wachsende Kontingenz und symbolische Abstraktheit der Umwelt geprägt sind.

3. Eine kantische Version der Fabel des Menenius Agrippa

Während die reflexive Epistemologie die Möglichkeit einer empirischen Wissenschaft der Politik (und der Demokratie) ausschließt und sich jeder Form erklärender Sparsamkeit widersetzt, stellt sie erneut die Notwendigkeit heraus, eigentliche politische Forschung in theoretischem oder philosophischem Sinn zu betreiben.

Sind die politischen Phänomene komplex und steigern sie ihre Komplexität in entwickelten Gesellschaften immer weiter, ist eine Analyse, die den Anspruch erhebt, sich auf empirisch beobachtbare Phänomene zu beschränken, immer weniger aussagekräftig. Angesichts einer zunehmenden Spezialisierung der politischen Erfahrung erweisen sich auch die Versuche, explikative Modelle aus anderen Subsystemen zu entleihen, als immer weniger plausibel. Statt dessen wird die Notwendigkeit bestehen, die neuen und spezifischeren Funktionen, die das politische System in den komplexen Gesellschaften übernehmen wird, genauer zu betrachten. Und in diesem Zusammenhang wird es nötig sein, umfassend auch die Ziele, die Werte und den Sinn der Politik zu problematisieren. Auf einer höheren Reflexionsebene muß die Untersuchung auch die Ziele, die Werte und den Sinn der Untersuchung selbst über die politische Erfahrung einbeziehen. Vor allem muß sie die Bedeutung und den heuristischen Wert einiger grundlegender Kategorien überprüfen, einschließlich solcher Begriffe wie Politik, politische Verpflichtung und Demokratie.[39]

Unter diesem Gesichtspunkt kann das Wiedererstehen der politischen Philosophie innerhalb der westlichen Kultur nur begrüßt werden.[40] Und das um so mehr, als dieses Revival mit einer Krise des Neoempirismus und des orthodoxen Marxismus zusammenfällt, das heißt zweier Kulturströmungen, die die Legitimität einer Philosophie der Politik rundheraus negierten. Der Neoempirismus schloß die Stimmigkeit einer Annäherung an gesellschaftlich-politische Probleme aus, die nicht reine Faktenbeschreibung und frei von jeder philosophischen oder ideologischen Voraussetzung sei. Der orthodoxe Marxismus vertrat die Theorie vom Absterben der Philosophie und des Staates und verweigerte sich folglich einer politischen Philosophie, die nicht mit der vom revolutionären Prozeß geforderten theoretischen und praktischen Aktivität einhergehe. Und dieser Prozeß würde nach Zerschlagung der ökonomischen, politischen und ideologischen Macht der bürgerlichen Klasse zur kommunistischen Gesellschaft ohne Gesetz und ohne Staat führen.[41]

Der Niedergang dieser dogmatischen Positionen hat der Politiktheorie neue Räume eröffnet. Und dennoch ist diese Öffnung – nicht nur im angelsächsischen Bereich – mit einer Rückkehr großen Stils jener ethisch-politischen Tradition zusammengefallen, die Niklas Luhmann ironisch vetero-europäisch genannt hat. Ich denke an die Rehabilitierung der praktischen Philosophie, die in diesen Jahren innerhalb der deutschen Kultur einen Erneuerungsversuch der aristotelischen Tradition gegenüber dem ethischen Relativismus, dem Formalismus und dem Szientismus darstellte, die polemisch als typische Elemente der Moderne ermittelt wurden.[42] Und ich denke an den nostalgischen Appell zur aristotelischen und republikanischen Tradition der zivilisierten Tugenden, die uns in – unter anderen Aspekten wichtigen – Arbeiten wie *The Machiavellian Moment* von John Pocock oder *After Virtue* von Alasdair MacIntyre begegnen, wobei hinzugefügt werden muß, daß der zuletzt genannte Autor zur breiten Strömung der Kommunitaristen gehört.[43] Doch ich beziehe mich in erster Linie auf das neuerliche Aufleben des liberaldemokratischen Denkens in naturrechtsphilosophischer und kontraktualistischer Lesart in Werken von Autoren wie Ronald Dworkin, Robert Nozick, Bruce Ackerman und in ganz besonderer Weise John Rawls. Hier beziehe ich mich ausdrücklich auf Rawls' Thesen, die ich als beispielhaften Ausdruck des politischen Moralismus unserer Zeit anführe.[44]

Meiner Ansicht nach ist die Aufgabe positivistischer und marxistischer Vorannahmen ein Schritt in die richtige Richtung. Allerdings könnte es auch so sein, daß er nirgendwo hinführt, wenn ihm nicht ein Rehabilitationsversuch des ethischen Ansatzes der Politik folgt, gegen den sowohl der Neoempirismus als auch der Marxismus zu Felde gezogen waren. Wie ich bereits erwähnt habe, stellt sich die These des ethischen Kognitivismus, auf der sich die europäische Tradition des politischen Moralismus begründet, in der Sichtweise einer reflexiven Epistemologie wie eine wirkliche deontologische Täuschung dar. Die verschiedenen Doktrinen der Erkennbarkeit von moralischen Vorschriften neigen nämlich dazu, den eigenen normativen Zwang auf einer vorausgesetzten Ontologie zu gründen. Das Vorhandensein einer natürlichen Ordnung ist es, die mit ihrer Objektivität die normative Forderung der universalistischen Moralentwürfe stützt. Ob, wie im Fall des Aristotelismus oder des Thomismus, eine demonstrative Ontologie vorausgesetzt wird, oder ob es sich, wie im Falle Kants, um eine intuitiv postulierte Ontologie handelt, die universalistischen Moralentwürfe setzen in jedem Fall nicht nur einen tiefen metaphysischen Optimismus, sondern auch eine gnostische Haltung voraus. Immerhin sind die moralischen Werte erkennbar und daher zwingend, weil die Welt objektiv existiert und man über ihre Ordnung präzise Gründe angeben kann. Eine deontologische Ethik kann nicht zugeben, daß sie auf der Kontingenz subjektiver Präferenzen, besonderer Traditionen oder mystischer Überzeugungen beruht.

Andererseits neigt eine reflexive Epistemologie zur Ablehnung des Gegensatzes zwischen einer kognitiven Dimension, die sich auf Fakten beziehen würde, und einer ethisch-wertenden Dimension, die sowohl die subjektiven Präferenzen als auch die moralischen Vorschriften einschließen würde. Hier wird offensichtlich die Meinung vertreten, daß die theoretische Sprache auch auf höchstem wissenschaftlichen Niveau notwendigerweise wertende Elemente mit einschließt. Überdies empfiehlt sie eine eindeutige Unterscheidung zwischen der axiologischen Dimension der Wertungen und der deontologischen Dimension der Vorschriften. Die ersteren bestehen aus Urteilen, die keinerlei Anspruch auf normative Verallgemeinerung nach sich ziehen. Die Präferenzen, die in ihnen zum Ausdruck kommen, sind rein subjektiver Art, und das sollen und wollen sie bleiben, auch wenn natürlich die Frage der indirekt normativen Valenzen offenbleibt, welche die Wertungen in bestimmten Machtzusammenhängen annehmen können, wie Michel Foucault aufgezeigt hat.[45] Die Vorschriften gehen dagegen von der imperativen und oftmals universellen Voraussetzung eines bestimmten Wertesystems aus und schaffen daher die kategorische Erwartung einer mehr oder weniger allgemein verbreiteten Befolgung.[46]

Es wird klar, daß in diesem Rahmen das ursprünglich vom Positivismus entwickelte Gegensatzpaar Fakten/Werte seinen Platz zu Gunsten der Unterscheidung von theoretischer (oder wissenschaftlicher) und präskriptiver Sprache aufgeben sollte. Die erstere schließt notwendigerweise die Werturteile ein, läßt aber die Vorschriften außen vor. Die zweite drückt nicht nur Wertungen aus, sondern verfolgt das Ziel, dem normativen Zwang eines bestimmten Werts oder Wertesystems Geltung zu verschaffen, dessen Universalität, Rationalität und folglich Verpflichtung es *erga omnes* behaupten kann. Und ebenso klar sollte es werden, daß die Anerkennung des unvermeidlich wertenden Charakters der theoretischen Sprache sowohl die Objektivität der wissenschaftlichen Erkenntnisse als auch die Möglichkeit, auf ihnen ein normatives Ethiksystem zu errichten, ausschließt. Denn wenn man einräumt, daß Erkenntnis auch in ihren strengsten Formen nicht wertfrei ist, folgt daraus, daß ihre Verwendung als Grundlage einer moralischen Deontologie nichts anderes bedeutet als die willkürliche Errichtung einer allgemeinen Verhaltensregel aus dem, was das Ergebnis subjektiver Wertungen, Übereinkünfte und methodologischer Entscheidungen darstellt: *stat pro ratione voluntas*. Es handelt sich dabei, wie gesagt, in erster Linie um eine deontologische Täuschung, welche bestimmten Wertungen und Entscheidungen präskriptiven Wert zuspricht, und erst in zweiter Linie um eine naturalistische Täuschung nach dem klassischen Argument Humes, demzufolge der logische Übergang vom ›Sein‹ zum ›Sein sollen‹ nicht erlaubt ist.[47]

Die ethischen Lehren können keinerlei ontologische Grundlage noch irgendeine absolute, zwingende Vernünftigkeit geltend machen: es handelt sich bei ihnen um mehr oder weniger institutionalisierte Glaubenssysteme, die dem Bereich der Gewohnheiten, der praktischen Regeln und der symbolischen Kodizes zuzuordnen sind, welche Individuen und soziale Gruppen zur Grundlage ihres gesellschaftlichen Zusammenlebens machen. Sie sind Bestandteil jener Volkssitten, die durch kulturelle Traditionen von Generation zu Generation weitergegeben wurden. Nicht anders als in jeder anderen sozialen Struktur besteht ihre allgemeine Funktion darin, die Komplexität der Umwelt zu reduzieren, indem sie die Entscheidungsalternativen vorab auswählen und den Subjekten auf diese Weise zusammenhängendere und schnellere Auswahlmöglichkeiten bieten. Ihre besondere Aufgabe besteht darin, standardisierte Motivationen zu liefern, damit die Subjekte bestimmten Verhaltensmustern den Vorzug geben und andere unberücksichtigt lassen, und zwar auf der Grundlage eines besonderen Kodexes: jenem, der jede mögliche menschliche Tat als moralisch erlaubt, verboten oder geboten definiert.

Ein ethisches System hat also keinen anderen Anspruch auf Befolgung als die mehr oder weniger freie und bewußte Entscheidung eines individuellen Subjekts, sein eigenes Verhalten mit gewissen allgemeinen Regeln in Einklang zu bringen. Etwas anders ausgedrückt: die ethischen Systeme – wie im übrigen auch die juristischen und politischen – ermangeln einer grundlegenden Norm, welche für sie verbindlich ist. Und dies gilt sowohl für die von mythischen oder religiösen Kosmologien abgeleiteten Moralvorstellungen als auch und in gewisser Weise noch stärker für die modernen formalethischen Systeme, welche auf der Grundlage eines Leitgedankens des moralischen Bewußtseins gerechtfertigt werden. Otto Neurath bemerkte polemisch, daß die Ethik gleichzeitig mit dem Strafrecht in der Antike aufgekommen sei, und zwar als Theorie von der Sünde, das heißt als Lehre von den göttlichen Verboten. Ein kategorischer Imperativ stellte für ihn daher nicht mehr als ein theologisches Überbleibsel dar: das von seinem Subjekt abgespaltene Gesetz Gottes, und als Gesetz an sich geschaffen – eine logisch willkürliche Konstruktion, so als spräche man von einem Nachbarn an sich, ohne Nachbarn.[48]

Auch die Ethik Kants ist nicht anders als jede andere universalistische Moral eine Ethik ohne Grundlagen: sie kann sich auf keinerlei theoretische oder praktische Vernunft berufen, damit man sie befolgt. Selbst dem strengsten modernen Verfechter des imperativen Charakters der Moral fällt zur Rechtfertigung ihrer Autorität nichts Besseres ein, als sich auf das intuitive Wesen der kategorischen Vorschriften zu berufen. Bei Kant wird die sittliche Eigenschaft der Person im übrigen als ein Postulat der praktischen Vernunft aufgefaßt, in gleichem Maß wie die Existenz Gottes und die Unsterblichkeit der Seele. Es handelt sich dabei um ein Postulat, das Kant selbst auf der Ebene der reinen Vernunft als nicht begründbar ansieht, sich aber dennoch auf den Primat der praktischen Vernunft beruft. Deshalb ist es einem mit Vernunft begabten Wesen nicht erlaubt, die innere Evidenz des kategorischen Imperativs nicht anzuerkennen.

Es überrascht daher, daß der Begründer des angesehensten ethisch-politischen Systems in unserem Jahrhundert, John Rawls,[49] dieser Art dogmatischer Rechtfertigung der Moral nichts hinzuzufügen, geschweige denn etwas gegen sie einzuwenden hat, nachdem die moderne Anthropologie eindrucksvolle Beweise für die historische Relativität ethischer und religiöser Glaubensvorstellungen geliefert hat. Daher stützt sich das gesamte Gebäude des Neokontraktualismus von Rawls, genau wie bei Kant, auf die Urintuition, daß das Menschengeschlecht eine moralische Natur besitzt, das heißt auf den natürlichen Gerechtigkeitssinn, der jedem von uns eigen ist.[50]

Rawls kümmert sich nicht nur nicht um eine Überwindung von Kants Lehre von der Intuition, sondern wird von einer genau gegenteiligen Sorge bewegt: nämlich dem Nachweis, daß seine Position genau mit der von Kant übereinstimmt.[51] Und weil er überzeugt ist, daß die Ethik Kants höher zu bewerten sei als die Ethik Benthams, folgert er daraus, daß der Kontraktualismus höher zu bewerten sei als der Utilitarismus, und er kümmert sich nicht im mindesten darum, neue Antworten auf die realistische und historizistische Kritik zu geben, die seit mindestens zwei Jahrhunderten am Kontraktualismus geübt worden ist, von Hume und Hegel über Marx und Weber bis hin zu Schumpeter.

Die Folge all dessen ist, daß Rawls' Neokontraktualismus sich nicht vom klassischen Kontraktualismus unterscheidet und die Kritikpunkte, die gegen den letzteren vorgebracht wurden, immer noch gültig sind.

Sofern es überhaupt irgend etwas Neues bei Rawls gibt, ist es bestenfalls der Stand der neuesten Grundlagen über Form- und Verfahrenscharakter seiner Rechtfertigung. An die Stelle der argumentativen Annahme eines Naturzustands und einer ursprünglichen Übereinkunft tritt die argumentative Annahme des Urzustandes und des »Schleiers der Unwissenheit«, die Rawls selber als eine Verfahrensdeutung des Kantschen Entwurfs der Autonomie und des kategorischen Imperativs verstanden wissen will.[52]

Wie bekannt, erfordert der »Schleier der Unwissenheit«, daß die ursprünglichen Vertragsparteien zu einer Übereinkunft über die Regeln gelangen, die ihre Lebenspläne lenken sollen, ohne daß sie wissen oder mit Bedacht vorhersehen können, wie ihr Leben aussehen wird. Natürlich entspricht der Kunstgriff der Kantschen Forderung, die empirischen Individuen so weit zu neutralisieren, bis aus ihnen blutleere, mit dem *Nous* begabte Hypostasen, freie und gleiche Subjekte werden, in der Lage, unpersönlich und *sub specie aeternitatis* Entscheidungen zu treffen. Doch fällt es schwer, an ein vernunftbestimmtes Entscheidungsschema zu denken, das mehr ist als das von der eigentlichen Rationalität ferne Schema der politischen Entscheidungen, die in den modernen Gesellschaften getroffen werden. Voraussetzung für eine rationale Entscheidung ist der Versuch, Enttäuschungsrisiken der eigenen Erwartungen zu vermindern, indem man die Unsicherheitsfaktoren von Entscheidungen durch möglichst zuverlässige Informationen abzumildern sucht.

Der rhetorische Kunstgriff, einen Urzustand und den »Schleier der Unwissenheit« anzunehmen, weist eindeutig darauf hin, daß die moralische Entscheidung in der Politik nur unter der Voraussetzung möglich ist, daß man die empirischen Situationen, in denen die Subjekte agieren, außer acht läßt und daß ein jeder die eigene Identität und zugleich die eigene Lage der Ungleichheit und Abhängigkeit außer acht läßt. Erst diese Voraussetzung ermöglicht die universelle Verhandelbarkeit sozialer Antagonismen, damit auch die weniger Begünstigten – wie in der Fabel des Menenius Agrippa – die politischen Institutionen legitimieren, sich als Glieder desselben Körpers fühlen und sich geistig zur gesellschaftlichen Zusammenarbeit innerhalb eines gerechten, demokratischen Systems bereitfinden.[53]

In Wirklichkeit rechtfertigen die gesellschaftlichen Gruppen – zumindest was die Mehrzahl ihrer Mitglieder angeht – ihre eigenen politischen

Strukturen, wobei sie allerdings bei den historischen und soziologischen Voraussetzungen für die Verteilung von Ressourcen, von Vorteilen und von Statuseinrichtungen innerhalb der eigenen Gruppen beginnen. Und die Rechtfertigung, insbesondere in den differenzierten Gesellschaften, hat nur sehr wenig mit den Kategorien einer universalistischen Ethik zu tun, denn sie ist partikularistisch, kontingent und äußerst variabel. Statt sich ein für allemal über allgemeine und unveränderliche Ethikgrundsätze – und die mit ihnen verbundenen Verteilungskriterien[54] – zu verständigen, sind Individuen und organisierte Gruppen unablässig in ein Netz interaktiver Kreisläufe eingebunden, in denen sich das Sicherheitsbedürfnis einer jeden Gruppe artikuliert und sich ständig schwierige Balanceakte zwischen den verschiedenen Systemen von Erwartungshaltungen, deren Träger jedes gesellschaftliche Subjekt ist, vollziehen.

Weit davon entfernt, Kriterien der Verteilungsgerechtigkeit anzuwenden, folgt die Verteilung der Mittel seitens moderner politischer Systeme – besonders der demokratischen Regierungen und der Wohlfahrtsstaaten – der Logik der opportunistischen Verteilung. Die Erwartungen der Gruppen, die vorrangige Interessen des sozialen Gebildes in sich vereinigen und repräsentieren, werden gefördert oder unterdrückt, je nach politischen Gewichtigkeiten. Die Systeme behalten zwar die organisatorischen Fähigkeiten, die Konfliktpotentiale und die funktionale Bedeutung der verschiedenen sozialen Subjekte im Auge, sind aber zugleich nicht im mindesten an deren stärkerer oder geringerer Bevorzugung durch die natürliche oder soziale ›Lotterie‹ interessiert.[55] Der soziale Konflikt wird somit auch in den demokratischsten Systemen durch autoritäres Diktat von Verteilungskriterien reguliert, die nur wenig mit einer ethischen Grundlage der politischen Rechte und Pflichten zu tun haben. Und sogar noch die gewerkschaftlichen Forderungen, die offensichtliche Kriterien für eine soziale Gerechtigkeit darstellen, richten sich eher an dieser segmentierten, nichthomogenen Sozialphänomenologie aus, statt ihr im Namen eines universalistischen Moralkodexes entgegenzutreten.

Vom Problemstandpunkt der sozialen Komplexität aus betrachtet, sind die Einwände nicht weniger relevant. *Eine Theorie der Gerechtigkeit* von Rawls ist eine überzeugende Unterstützung der repräsentativen Institutionen, wohingegen eines der schwerstwiegenden Probleme, das in den demokratischen Ländern des Westens auftaucht, gerade die Krise der

Repräsentation ist; es ist eine Apologie der kooperativen, gut geordneten und an einfachen, klaren, universellen und universell anerkannten ethischen Prinzipien ausgerichteten Gesellschaft,[56] während das Kernproblem im Rahmen der postindustriellen Gesellschaften im Niedergang der Rationalitätsstandards des politischen Handelns liegt, in der Kontingenz sowohl der Pluralität der Werte als auch der sozialen Übernahmen; es ist ein gesellschaftstheoretisches Werk, das den methodologischen Individualismus voraussetzt, während die Soziologie der komplexen Gesellschaften ihre Aufmerksamkeit auf die Einbindung der individuellen Motivationen und Lebensentwürfe innerhalb der entsprechenden Mechanismen der großen Organisationsstrukturen als ihr Hauptthema richtet.

Die Anwendbarkeit eines Schemas der normativen Ethik würde zudem die Transparenz der politischen, ökonomischen und militärischen Institutionen erfordern, ganz abgesehen von einer umfassenden Information über die Voraussetzungen politischer Entscheidungen und einer Vorhersehbarkeit ihrer Auswirkungen. Sie würde erfordern, daß die Kreisläufe der politischen Kommunikation die Bildung einer kompetenten, aktiven und im wesentlichen homogenen öffentlichen Meinung fördern, die in der Lage ist, sich diskursiv den Auswahlkriterien der gemeinsamen Werte zu stellen.[57] Doch diese Voraussetzungen existieren nur in einer idealisierten oder moralisch abstrakten Sicht vom Funktionieren der demokratischen Institutionen. Die nahezu ausschließliche Aufmerksamkeit, die Rawls wie alle Moralisten dem Verteilungsproblem zukommen läßt, geht zudem davon aus, daß die wesentlichen Güter – die er Grundgüter nennt – verteilbar seien, wohingegen in den komplexen Gesellschaften diejenigen zu wesentlichen Gütern zu werden scheinen, die Gegenstand eines diffusen Interesses sind. Immer relevanter werden Umwelt, Energie, Frieden, demographisches Gleichgewicht, Information, wissenschaftliche Erkenntnis, Schutz vor technologischen Gefahren, alles Güter, bei denen man nicht erkennen kann, wie und aufgrund welcher Maßeinheiten eine Verteilung in Quoten möglich sein soll.[58]

Unter Außerachtlassung jedes weiteren Details, dessen Kritik hier nur redundant wäre,[59] reduziert sich die Rawlssche Problematik auf die Metafrage nach der politischen Funktion einer neokontraktualistischen Theorie der Gerechtigkeit. Zu diesem Thema sind, meiner Meinung nach, die marxistische Konzeption der Ideologie oder die von Pareto entwickelte Konzeption der »Derivationen« (Ableitungen), trotz ihres Schematismus, immer noch von einer gewissen Aktualität.[60] Auch wenn der moralistische Ansatz des Neokontraktualismus vom explikativen oder interpretativen Standpunkt aus völlig überflüssig ist – nicht der moralische Konsens hält in politischen Gesellschaften die Menschen zusammen, sondern allenfalls, wie Hume meinte, das Bedürfnis nach Sicherheit, die Furcht und die Not[61] –, ist die neokontraktualistische Doktrin nicht deshalb gleich schon politisch irrelevant. Sie liefert, wenn auch in sehr allgemeinen Begriffen, einen zweifachen Katalog von Gründen und Bedingungen, auf deren Grundlage man die Formen demokratischer Machtausübung – *ex parte principis* wie *ex parte populi* – für rational begründet und bindend halten muß, und erhebt den Anspruch, die politisch-demokratische Verpflichtung in das moralische Bewußtsein der Bürger zu introjizieren.

Wie jede andere mythologische, religiöse oder moralische Legitimierung eines bestehenden Machtgefüges muß der Neokontraktualismus als Leistung innerhalb des politischen Systems angesehen werden: er ist ein Versuch, wenn auch von zweifelhafter Effizienz, des symbolischen Auffangens von Enttäuschungen und der Neutralisierung von Dissens durch eine emotionale Stabilisierung des politisch-demokratischen Kodexes.[62] In Rawls' Fall ermöglicht die versöhnliche *medietas* der Ansatzpunkte die moralische Rechtfertigung all dessen, was politisch durchschnittlich und ›gemischt‹ ist: der Kompromiß zwischen Freiheit und Gleichheit, der soziale Friede, die gemischte Wirtschaft, die Versöhnung der sozialen Gegensätze. Es handelt sich dabei, kurz gesagt, um eine kantische Version der Fabel des Menenius Agrippa.

4. Politik als selektives Regulativ gesellschaftlicher Risiken

Die These, die ich zum Abschluß dieses Kapitels vertreten will, lautet, daß eine Theorie der sozialen Komplexität einen bedeutenden Beitrag zu einem realistischen Politikentwurf zu leisten vermag: einen Alternativentwurf sowohl gegenüber einem falschen Realismus der ökonomischen oder empirischen Politiktheorien als auch gegenüber moralistischen Entwürfen. Im nächsten Kapitel werde ich nachzuweisen versuchen, wie es, von diesem Entwurf ausgehend, möglich ist, eine realistische Vision des Demokratieproblems zu erarbeiten.

Der Kerngedanke des politischen Realismus wird normalerweise mit der Beweisführung des Thrasymachos verbunden. Auch Machiavellis Denken und die Theorien der Elitisten sollen im Grunde genommen auf seine Maxime zurückzuführen sein: Politik wird nicht von Grundsätzen der Gerechtigkeit bestimmt, sondern vom Interesse des Stärkeren. Ja, die Gerechtigkeit ist gleichzusetzen mit dem, was von Mal zu Mal dem nützt, der die Macht in der Stadt innehat, sei dies ein Fürst oder eine Oligarchie. Demnach hat es den Anschein, als ließe sich die Politik auf Fragen von bloßer Stärke, Bedrohung, Amtsmißbrauch und Täuschung zurückführen.[63]

So formuliert, drückt die Beweisführung des Thrasymachos nur zum Teil und sehr verkürzt das aus, was mir der theoretische Kerngedanke des klassischen politischen Realismus zu sein scheint. Was ihn im Wesen kennzeichnet und ihn auch für die modernen Gesellschaften zeitgemäß macht, ist nicht die simple Vorstellung eines Nullsummenvergleichs der Interessen der Regierenden und der Interessen der Regierten. Vielmehr ist es der Konflikt zwischen dem Universalismus des Gerechtigkeitsbegriffs und dem Partikularismus von Interessen, die in der politischen Arena im Spiel sind. Die Politik, sagt der klassische Realismus von der epikureischen Lehre über Machiavelli bis hin zu den Theoretikern der Staatsraison, ist die Stätte der Klugheit, nicht die der Gerechtigkeit. Die Gerechtigkeit verlangt, alle Bürger zu achten, für das Wohl der Allgemeinheit zu sorgen und jedem zu geben, was ihm gemäß dem Grundsatz von der natürlichen Gleichheit der Menschen zukommt. Doch demgegenüber gemahnt die Klugheit den Machtausübenden zu geschicktem, klugem Verhalten, damit er sein egoistisches, partikuläres Interesse schütze und möglichst noch ausweite, nämlich Macht, Reichtum und Prestige der eigenen Gruppe oder der eigenen Stadt.[64]

Hierin liegt der Kerngedanke der klassischen Gegenüberstellung einer pessimistischen Anthropologie, die die Politik als absolut unvereinbar mit der Ethik betrachtet, und einer optimistischen Anthropologie, die den universalistischen Charakter der Politik, die Vereinbarkeit von Politik und Werten und deren Interessenharmonisierung im Hinblick auf das Allgemeinwohl behauptet. Diese zuletzt genannte Haltung ist dem Aristotelismus, dem Thomismus, der protestantischen Naturrechtsphilosophie und der sogenannten Soziallehre der römischen Kirche gemeinsam: eine Tradition, die den politischen Realismus Machiavellis als perfide und nihilistisch brandmarkte und von seinem *Fürst* sagte, er sei »Satanae digito scriptum«.[65]

Es gibt eine implizite Tendenz in der ›vetero-europäischen‹ Tradition – von Platon über Cicero bis hin zu den protestantischen Predigern des 18. Jahrhunderts und den Jesuiten, von Friedrich II. von Preußen bis zu den römischen Päpsten –, die Argumente des politischen Realismus als Ausdruck von Irrationalität oder von Emotivität, als individualistische Negation der moralischen Einheit des Menschengeschlechts oder sogar als Auswuchs eines zersetzenden Machtwillens, der gesellschaftlichen Solidarität und der demokratischen Werte zu betrachten. Im besten Fall – ich denke da an Apel und Rawls – werden die Argumente des Realismus als für die ethisch-politische Diskussion irrelevant außer acht gelassen. Im übrigen vertritt auch Habermas in der Nachfolge von Hannah Arendt die implizite ethische Dimension der politischen Kommunikation: Exponenten politischer Argumente stellen sich damit automatisch in die transzendentale Dimension der praktischen Vernunft.[66] Demnach sähe es so aus, als müßten die Denkansätze des politischen Realismus – weil sie die ethisch-rationale Dimension der politischen Kommunikation negieren – in den Bereich der sich selbst widerlegenden Argumente abgedrängt werden, wie es Salvatore Veca verlangt hat.[67] Nur das Schweigen der Politik, das heißt das durch Apathie oder Terrorismus geprägte Leugnen der Politik, stimme mit der Ablehnung der transzendentalen Dimension der Ethik überein.

Ich selbst glaube nicht, daß die Argumente des politischen Realismus sich selbst widerlegen. Vielmehr bin ich der Meinung, daß sie uns helfen können, die besondere Logik des politischen Tuns zu begreifen und sie von der Logik anderer funktionaler Kodizes, vor allem des moralischen, zu unterscheiden. Und hierin liegt meines Erachtens ihre besondere Aktualität für Gesellschaften, die von immer weiter fortschreitenden gesellschaftlichen Differenzierungs- und Komplexifizierungsprozessen gekennzeichnet werden. Ich bin allerdings von der Notwendigkeit überzeugt, die realistische Position von ihrem traditionellen anthropologischen Pessimismus zu befreien: eine metaphysische Option, die die gesamte Parabel des politischen Realismus – von Augustinus bis Carl Schmitt – durchwandert und auch bei Machiavelli anzutreffen ist. Für Machiavelli, zumindest in *Der Fürst*,[68] ist die Politik der Bereich, in dem sich auf dramatische Weise die potentielle Niederträchtigkeit der Menschen, ihre Verschlagenheit, Doppelgesichtigkeit, Aggressivität und Machtgier äußert. Der Fürst muß immer bedenken, daß die Menschen stets »undankbar, wankelmütig, unaufrichtig, heuchlerisch, furchtsam und habgierig sind«.[69] Gegen den anthropologischen Optimismus der antiken Moralisten und der Humanisten, von Seneca bis Giovanni Pontano, enthüllt die »eigentliche« Politik, wie Machiavelli meint, daß der Egoismus eine nicht zu unterdrückende Komponente des menschlichen Geistes ist. Die Autonomie der Politik ist eine Autonomie der weltlichen Ziele im Gegensatz zu den geistigen Zielen der christlichen Ethik und des Humanismus.

An dieser Stelle wird meiner Ansicht nach eine der Grenzen des klassischen Realismus sichtbar: Reste eines universalistischen Ethikentwurfs, der die Politik weiterhin nach moralischen Maßstäben bewertet, während er gleichzeitig ihre Autonomie feststellt oder verlangt. Und hierin liegt unter anderem die anthropologische Ungeschliffenheit des konservativen Realismus, zu dem sich die Virginia School of Public Choice bekennt, vor allem nachdem das *Self-interest axiom* kürzlich von Gordon Tullock in *Tullock's law* neu formuliert wurde, wonach »die Individuen fünf Prozent ihrer Zeit altruistisch« sind.[70]

Die philosophische Rechtfertigung des politischen Realismus bedarf meines Erachtens nicht der pessimistischen Anthropologie. Ich bin nämlich nicht der Ansicht, daß es entscheidende, auf eine hypothetische Natur des Menschen rückführbare oder aus der historischen Erfahrung ableitbare Argumente gibt, welche die Annahme einer pessimistischen Anthropologie augustinischer Prägung rechtfertigen oder eine optimistische Anthropologie wie etwa die von Rousseau oder die von Kant begründen könnten. Die Geschichte ist reich an Beispielen für bis ins Heroische gesteigerte Großzügigkeit und Selbstlosigkeit, wie auch an Grausamkeiten jeglicher Art, was insbesondere unser Jahrhundert gezeigt hat. Und es ist auch nicht nötig, sich zu einem moralischen Nihilismus zu bekennen, denn es gibt keinen Grund anzunehmen, daß die Absage an die universalistische Ethik die Verneinung jeglicher Art moralischer Erfahrung nach sich zieht. Im Gegenteil, denn zumindest nach der klassischen Lehre des Epikur wird gerade jenseits der Dimension des politischen Ethos die moralische Erfahrung der Freundschaft und der tiefen Verbindung möglich.

Der politische Realismus findet meiner Ansicht nach seine Grundlage innerhalb der modernen Gesellschaften im Prozeß der funktionalen Differenzierung und in der daraus folgenden Zunahme der sozialen Komplexität. In den komplexen Gesellschaften drücken sich Moral und Politik im Rahmen differenzierter Erfahrungen aus und gehorchen solchen Kodizes, die nicht überlagert werden können, ohne den Ablauf und den allgemeinen Sinn zu gefährden. Mit anderen Worten: zwischen dem Bereich der Moral und dem Bereich der Politik existiert eine zunehmende semantische Diskontinuität.

Die einzige auf dieser Grundlage geforderte anthropologische Voraussetzung ist die historisch und nicht natürlich oder ontologisch begründete These von den menschlichen Fähigkeiten, zusammen mit der Anerkennung der höheren Plastizität der menschlichen Subjekte. Unter Plastizität verstehe ich mit Arnold Gehlen die Vielfältigkeit und Unbestimmtheit der Antriebe und damit der Verhaltensweisen des *homo sapiens*, seinen Mangel an instinkthafter Spezialisiertheit und seine Weltoffenheit.[71] Diese Eigenschaft ermöglicht es ihm, die Komplexität der Umwelt durch sehr freie symbolhafte und manipulative Aktivitäten zu reduzieren, die nicht deterministisch an einen Bezug zur unmittelbar bevorstehenden Situation gebunden sind. Diese können ein weites Spektrum von Alternativen abdecken, von anpassungsfähigen, rituellen, ungefährlichen, auf Stabilisierung gerichteten, bis hin zu spielerischen, explorativen, auf Risiko und Erneuerung gerichteten Verhaltensformen. Und hierin kann, wie wir noch sehen werden, der biologische Ursprung der Spannung zwischen der Suche nach Sicherheit und dem Bedürfnis nach Freiheit in der politischen Erfahrung des *homo sapiens* gesehen werden, denn der Mangel an instinkthafter Spezialisierung kann als der tiefe Grund sowohl für seine sonderbare Angst als auch für seinen eigentümlichen Mut bei der freien und gefahrvollen Erkundung gedeutet werden.

Unter diesem Blickwinkel ist meine von der Systemtheorie angeregte realistische These, daß die Kriterien der politischen Entscheidung mit den Kriterien einer allgemeinen Ethik im Kern unvereinbar sind. Um es noch deutlicher zu sagen: die politische Entscheidung ist gekennzeichnet durch einen nicht zu unterdrückenden Mangel an Unparteilichkeit und

Universalität, und einer der auffälligsten Aspekte politischer Macht ist gerade ihre moralische Haltlosigkeit. Doch das bedeutet nicht den Ausschluß ihrer Funktionalität oder die Behauptung, daß sie durch ein irgendwie zu bevorzugendes, weil moralischeres funktionales Äquivalent ersetzt werden kann oder muß, wie es sich eine große Zahl spiritualistischer Philosophieanschauungen herbeigewünscht hat und wie es gar noch die marxistische Theorie vom Absterben des Staates implizit angeregt hatte.

Was sind nun die Funktionen der politischen Macht in den differenzierten und komplexen Gesellschaften? Welche Leistungen erwarten wir heute vom politischen System? Aufgrund welcher Kriterien orientieren wir uns bei der politischen Entscheidung? Mit anderen Worten: Was ist die besondere Funktionalität des politischen Kodexes?

Mein Versuch einer Antwort lautet: in den modernen Gesellschaften besteht die besondere Funktion des politischen Systems darin, die Verteilung sozialer Risiken selektiv zu regulieren und daher die Angst durch die agonistische Zuweisung von Sicherheitswerten zu mindern. Von diesem Standpunkt aus sind die beiden spezifischen Kriterien des politischen Kodexes das Prinzip der Unterscheidung innerhalb/außerhalb und das asymmetrische Verhältnis von Macht/Unterordnung.

In allgemeinen Begriffen bedeutet das, daß politisches Handeln im wesentlichen adaptive Funktionen und Verhaltensformen einschließt, die auf eine kollektive Verminderung der Unsicherheit ausgerichtet sind und sich auf Denkmuster, die das Risiko ablehnen, stützen. In diesem Sinn stellt die Politik einen komplexen Ordnungs- und Stabilitätsfaktor dar. Hier ist das zentrale Thema das des Verhältnisses zwischen Politik und Angst – ein klassisches Thema von Thomas Hobbes über Guglielmo Ferrero[72] bis Franz Neumann[73] –, und wichtig sind vor allem einige neuere Beiträge aus dem Bereich der menschlichen Ethologie und der Anthropologie. Ich denke an Konrad Lorenz,[74] an Irenäus Eibl-Eibesfeldt[75] und vor allem an Arnold Gehlen.

Für Gehlen ist die Angst einer der grundlegenden Triebe des *homo sapiens*, und zwar wegen seiner »Organprimitivismen«. Sein Mangel an instinkthafter Spezialisierung macht ihn freier im Verhältnis zu jedem anderen biologischen Organismus, aber auch besonders ungeeignet fürs Überleben, und bringt ihm damit Bedingungen andauernder Unsicherheit. Und gerade seine vitale Anfälligkeit, die auf einer übermäßigen Exponiertheit gegenüber der Umwelt beruht, ist es, die im *homo sapiens* eine ganz besondere Fähigkeit herausgebildet hat: nämlich die Komplexität der Umwelt zu reduzieren und sie nicht über Prozesse adaptiver Spezialisierung oder ausschließlich im Vertrauen auf die gewohnheitsmäßige Wiederholung kollektiver Verhaltensweisen zu ordnen, sondern durch die freie Hervorbringung selektiver Strukturen von symbolischem Charakter. Das ist jenes Gesetz, das Gehlen Entlastung genannt hat.[76]

Die Angst ist unter diesem anthropologischen Blickwinkel die Reaktion des Subjekts (oder der gesellschaftlichen Gruppe) auf die nicht kontrollierbare Vielfalt der in einer komplexen Umwelt vorhandenen Möglichkeiten.[77] Das Subjekt bemüht sich, Stabilitäts- und Ordnungselemente in die chaotische Flut der Umweltphänomene einzuführen, aber es spürt, daß im Spektrum des Möglichen auch seine Auslöschung mit einbezogen ist. Die Stabilität des Menschen wird ja von keinem Gesetz, von keiner allgemeinen Tendenz garantiert; vielmehr wird sie von der Tendenz der Umwelt zu einem Höchstmaß an Entropie bedroht. Er interpretiert daher seinen selektiven Streß als Kontingenz und Risiko, das heißt als etwas Unvorhersehbares, als Unordnung und potentielles Scheitern.[78] Und er antwortet auf die gefährliche Situation durch die Schaffung homöostatischer Mechanismen, die ihn im Gleichgewicht mit seinem Umfeld halten und ihn rückversichern, indem sie die Quellen der Angst beseitigen oder weniger sichtbar machen.

Und so kann in diesem Kontext das politische System – wie unter anderen Gesichtspunkten die Sprache und sogar das Denken[79] – als homöostatischer Mechanismus zur Abmilderung der Angst interpretiert werden. Das politische System funktioniert wie eine normative Struktur für die Vorauswahl der Möglichkeiten und filtert aus der Gesamtheit der möglichen Fälle einen begrenzten Bereich von Alternativen heraus, wobei es deren Wahrscheinlichkeit erhöht und sie zum Gegenstand sozialer Erwartung macht. Auf der Grundlage allgemein verbindlicher Entscheidungen (in besonderen Fällen durch direktes Eingreifen oder durch Zwangsmaßnahmen) untersagt, gebietet, fördert oder autorisiert die politische Machtstruktur bestimmte soziale Verhaltensweisen, wobei sie gegenteilige Verhaltensweisen mit Sanktionen belegt, die für die verantwortlichen Subjekte unangenehme Folgen haben.

Auf diese Weise werden einige Ereignisse sozial gesehen eher wahrscheinlich, während andere, für weniger wahrscheinlich gehaltene Ereignisse in weite Ferne gerückt oder völlig beiseite geschoben werden. Das politische System erzielt so ein zweifaches Ergebnis. Einerseits schafft es Vertrauen, indem es den sozialen Akteuren ermöglicht, auf der Grundlage stabiler Verhaltenserwartungen, die kollektiven Regeln entsprechen, zu handeln.[80] Die Durchsetzung »vertrauensvoller Beziehungen« erlaubt unter anderem eine beträchtliche Ersparnis an Zeit, Energie und Wachsamkeit, die anderenfalls für ständige Rückversicherungen und für eher konkrete als symbolische Garantieversicherungen verbraucht werden müßten. Andererseits schließt das politische System von den kollektiven Erwartungshaltungen jenen Teil von Risiken und Enttäuschungen aus, die nicht ohne schwerwiegende gesellschaftliche Nachteile (Panik, Gewalt, Mißtrauen, Anomie) auf die Individuen zurückfallen würden, wohingegen es der Fähigkeit der einzelnen – deren Freiheit – die Aufgabe überläßt, jeden einzelnen Fall von funktionell weniger wichtigen Risiken und Enttäuschungen zu neutralisieren.[81] Die modernen politischen Systeme beispielsweise neigen dazu, die Wahrscheinlichkeit, die jeder Bürger hat (oder, besser gesagt, zu haben glaubt), Opfer eines Totschlags zu werden, beachtlich zu reduzieren, während sie es im großen und ganzen den Individuen überläßt, die Enttäuschungen zu verarbeiten, die sich aus dem Bruch einer Freundschaft, einer Liebesbeziehung, eines abhängigen Arbeitsverhältnisses usw. ergeben.

In dieser Hinsicht ist die selektive Regulierung sozialer Risiken, das heißt die Festlegung darüber, welche Risiken politisch gedeckt und von der Machtstruktur absorbiert werden sollen, die grundlegende Variable des politischen Systems. Quantitativ betrachtet, ist es möglich, von dieser Variablen ein typologisches Kontinuum vom Minimalstaat zu einem Interventionsstaat, dann zum paternalistischen und schließlich totalitären Staat zu entwerfen.[82] Hinsichtlich einer komplexeren qualitativen Betrachtung derselben Variablen kann ein Staat beispielsweise als klerikal oder laizistisch, als liberal oder sozial (oder sozialistisch), als konstitutionell oder despotisch gekennzeichnet werden.

Und es leuchtet ein, daß eine höhere Forderung nach Schutz, also einer Reduzierung der sozialen Komplexität, gleichzeitig mit einer umfassenderen kollektiven Wahrnehmung von Risiken und von in der Umwelt vorhandenen Konfliktpotentialen übereinstimmt und umgekehrt. Und ebenso einleuchtend ist, daß unterschiedliche soziale Gruppen, die unterschiedliche Interessen vertreten und daher von unterschiedlichen Risiken bedroht sind, sich politisch einsetzen werden, um bei Konflikten mit anderen Gruppen differierende Strukturen für die quantitative und qualitative Zuteilung der Sicherheitswerte zu erlangen. Das wiederum führt korrelativ zu einer Festlegung unterschiedlicher Strukturen nicht nur der sozial akzeptierten Risiken, sondern auch der politisch zugestandenen Freiheiten: einem umfassenden politischen Schutz entspricht normalerweise nicht nur eine Verminderung der Risiken, sondern auch eine Einschränkung der Freiheiten und umgekehrt. Und im allgemeinen sind es die Gruppen, die über die meisten Ressourcen verfügen, die in einem höheren Maß am politischen Schutz eben dieser Ressourcen interessiert sind, während die weniger privilegierten Gruppen das schützende Eingreifen des politischen Systems verlangen werden, nicht um das Eigentum zu garantieren, sondern um die Möglichkeit des Zugangs zu diesen Ressourcen zu bekommen, und sie werden sich den Gefahren sozialen Wandels weniger ausgesetzt fühlen als die ersteren. Und je dringlicher die kollektive Wahrnehmung den Mangel am Gut Sicherheit feststellen wird, um so kämpferischer wird der Wettbewerb unter den Gruppen sein, denn einer weit verbreiteten sozialen Angst entspricht in aller Regel ein hohes Aggressionsniveau.[83]

Der politische Urmechanismus, der Sicherheit produziert, indem er die Komplexität der Umwelt reduziert, ist die Festlegung einer internen/externen Trennungslinie. Durch die Eingrenzung eines politischen Raums werden über die Grenzen der Gruppen hinaus die Risikofaktoren projiziert, während im Innenbereich Sicherheitsfaktoren aufgebaut werden. Auf diese Weise schließt die soziale Gruppe Subjekte und Verhaltensweisen ein, die mit der eigenen Stabilität vereinbar sind, und fördert durch das, was Schattschneider »die Mobilisierung des Vorurteils« genannt hat,[84] die kollektive Definition der Fremden und der abweichenden Verhaltensweisen, welche sie im Widerspruch zum eigenen Überleben sieht.

Zur eigenen Stabilisierung muß sich die politische Gruppe nicht nur mit Entscheidungsstrukturen ausstatten, die dazu bestimmt sind, zwangsläufig die positiven und negativen Auswahlentscheidungen der Risiken zu bestätigen, sondern muß die breitgefächerte Palette von präselektiven Filtern ordnen, die Bachrach und Baratz vielleicht etwas unangemessen »non decisions« genannt haben.[85] In Wirklichkeit handelt es sich um Selektionsmechanismen, welche dem ritualisierten politischen Entscheidungsprozeß vorausgehen und so etwas wie einen unsichtbaren und unkontrollierbaren Aspekt der Macht darstellen: eine »Vorurteilsstruktur«, welche die Zuweisung der Risiken und der sozialen Sicherheit mittels stillschweigender vorbeugender Definition dessen prädeterminiert, was einer politischen Entscheidung unterbreitet werden kann. So gesehen macht der politische Kodex sein Ausschluß-/Einschlußkriterium wesentlich weniger bei der Auswahl von Alternativen geltend, welche für die politische Entscheidung entwickelt wurden, als vielmehr in der Phase der Entscheidungsfindung, indem er informell und verdeckt bei der Festlegung der politischen Tagesordnung und deren Prioritäten interveniert. Auf diese Weise nimmt die selektive Zuweisung der Risiken Einfluß bei den Erkenntnisprozessen der Willensbildung und politischen Präferenzen, lange bevor sie auf ihre Interessen und Verhaltensweisen einwirkt.[86] Typisch und immer bedeutsamer werden unter diesem Gesichtspunkt die Massenkommunikationsmittel, sei es im Hinblick auf politische Kommunikation im engeren Sinn, sei es vor allem, wie wir noch sehen werden, wegen der langfristigen politischen Auswirkungen der Medienpräsenz.

Diese Dialektik des Einschließens/Ausschließens charakterisiert ausnahmslos die komplexen politischen Gebilde von internationalen Organisationen bis hin zu politischen Parteien, Bewegungen und Geheimbünden. Hierin kommt unvermeidlich eine partikularistische Logik zum Ausdruck, die dahin tendiert, die Gruppe um so enger zusammenzuhalten und folglich gegenüber allem Externen diskriminierend und gegenüber dem eigenen Internen repressiv aufzutreten, je stärker die Wahrnehmung von Risiken in der Umwelt ist. Das kann bis zum funktionalen Paradox gehen, das die politische Gruppe dazu treibt, ihre eigenen inneren oder äußeren Feinde zu erschaffen, gerade aufgrund des Bedürfnisses nach Selbstidentifizierung und Beruhigung. Die Forderung nach Sicherheit schließt, ebenso wie das Schutzangebot, immer auch die Bestimmung von Subjekten oder Gruppen ein, *gegen* die man das politische Handeln nach Verminderung der Angst einfordert oder anbietet; sie hat folglich immer eine ausschließende und diskriminierende Wertigkeit.

Franz Neumann reiht in diese Phänomenologie richtigerweise die Verschwörungstheorien ein und erarbeitet eine genaue Typologie.[87] Diese Logik wird sich wahrscheinlich in hochtechnisierten Gesellschaften noch deutlicher darstellen, wenn man davon ausgeht, daß dort das Gefahrenpotential der Umwelt und die dazugehörige soziale Unruhe stärker werden.

Es ist klar, daß der politische Partikularismus unvereinbar ist mit den allgemeinen ethischen Prinzipien wie etwa der Verpflichtung, nicht zu lügen oder nicht zu töten, ganz zu schweigen von der teleologischen Auffassung der Würde eines jeden Menschen. Die Geheimhaltung beispielsweise, und damit die Verstellung und die Lüge, sind normale funktionelle Regeln in den Beziehungen zwischen Intern und Extern der politischen Gruppen. Es gibt keine Macht ohne Geheimniskrämerei, weil die Transparenz und die völlige Offenlegung ihrer Handlungen sie von gegnerischen Mächten verletzbar machen würde. Wir kennen keine Staaten ohne Polizeiapparate und ohne Geheimdienste, und es gibt keine Polizei und keine Geheimdienste ohne Spitzel und V-Männer in der Welt des Verbrechens, das heißt also Profis im Gebrauch der Lüge, der Täuschung und oftmals auch der Gewalt. Wir kennen auch keine Staaten, die neben den Territorialgrenzen nicht auch innere Grenzen in Form von überwachter Ausgrenzung aus dem legitimierten politischen Bereich festlegen würden. Und der Ausschluß kann bis hin zur Todesstrafe gehen.

Das Verhältnis Macht/Unterordnung – das zweite Funktionskriterium des politischen Kodexes – ist eng mit dem Prozeß verknüpft, durch welchen sich das politische System auf besondere Institutionen konzentriert, um seine regulierende Funktion wahrzunehmen. Dieser Prozeß der institutionellen Machtkonzentration – und der Rollen- und Funktionsunterscheidung zwischen denen, die regieren, und denen, die regiert werden – scheint ausnahmslos solche sozialen Gruppen zu beschreiben, die in der Lage sind, sich zu stabilisieren und sich fortzupflanzen, wie Ergebnisse anthropologischer Forschung belegen.[88] Und es handelt sich um einen Prozeß, der sich besonders ausgeprägt in den westlichen Gesellschaften mit hoher industrieller und technologischer Entwicklung vollzogen hat, in denen die Funktionen der politischen Macht stark differenziert sind (was nicht bedeutet: zentralisiert oder hierarchisch strukturiert). Auch unter diesem Gesichtspunkt scheinen sowohl die kommunistische Theorie vom Ableben des Staates als auch die klassischen und zeitgenössischen

Vorstellungen vom individualistischen Anarchismus, von Max Stirner bis Robert Nozick, wenig überzeugend.[89] Wenngleich sie von gegensätzlichen Beweggründen ausgehen, sind beide Theorien gleichermaßen kompromittiert durch ein Konzept der Vereinfachung sozialer Beziehungen, wofür in den differenzierten Gesellschaften sämtliche Voraussetzungen zu fehlen scheinen: Es würde nämlich auf die Überwindung des asymmetrischen und heteronomen Charakters des Machtverhältnisses zwischen dem, der das Sagen hat, und dem, der gehorcht, hinauslaufen.

Das konzentrierte politische System hat die Fähigkeit, verbindliche Entscheidungen festzulegen, welche letztendlich durch die Anwendung von Gewalt geschützt sind. Auf diese Weise rückt es in den Mittelpunkt eines Netzwerks von asymmetrischen Beziehungen zwischen Macht ausübenden Subjekten und untergeordneten Subjekten, durch welche die Faktoren der sozialen Sicherheit zugeordnet werden. Wer die Macht innehat, ist imstande – und dies um so mehr, je größer seine Macht ist –, die eigene Sicherheit zu gewährleisten und gleichzeitig die Sicherheitserwartungen der untergeordneten und Folge leistenden Subjekte zu regulieren, indem er von Mal zu Mal bestimmte Umverteilungen von Risiken und politischen Zusicherungen beschließt.

Ceteris paribus entspricht einem Maximum an Macht ein Minimum an sozialer Unsicherheit, ebenso wie einem Maximum an Unterordnung ein Minimum an Sicherheit entspricht. Doch das Vorhandensein und das entsprechende Funktionieren behördlicher Institutionen stellt in jedem Fall für alle Mitglieder der Gruppe einen symbolischen Faktor für die Verminderung von Angst dar, weil das politische System in jedem Fall wie eine soziale Struktur funktioniert, und das heißt als ein kollektiver Mechanismus zur Reduktion der Komplexität und zur Herstellung von Sicherheit und Vertrauen. Die unbestimmte Komplexität und die Unvorhersehbarkeit der in der sozialen Umwelt vorhandenen Risiken stimmt nämlich mit einem Höchstmaß an Angst überein, wie Thomas Hobbes als erster erkannt hat.

In dieser Hinsicht erfüllt das politische System eine weit über seine spezifischen Leistungen hinausreichende symbolische Schutzfunktion, und zwar als Apparat für die selektive Regulierung sozialer Risiken. Es besteht kein Zweifel, daß die körperliche Unversehrtheit, der Rechtsschutz von Eigentum und Verträgen, die militärische Verteidigung, die verschiedenen Formen von Versicherungen und Alters- und Krankheitsvorsorge des modernen Sozialstaats und auch die Begrenzung der Interventionsbefugnisse des Staates in die privaten Bereiche der Subjekte, im Sinn der Tradition des *habeas corpus*, als spezifische Mechanismen der Angstverminderung anzusehen sind. Aber vor allem auf symbolischer Ebene befriedigen die staatlichen Institutionen mit ihrer Aufwandmaschinerie für Verfahren, für Rituale, für allegorische Darstellungen, für Mythologien, für normative Vorschriften und sogar noch für Anstandsregeln und Etikette das unterschwellige Bedürfnis nach sozialem Schutz: ein irrationales oder »residuales« Bedürfnis, um Paretos Vokabular der politischen Soziologie anzuwenden.[90] Die politischen Apparate entsprechen dem psychologischen Bedürfnis, sich einer übergeordneten Autorität anzuvertrauen, kollektiven Werten zuzustimmen und sich vom individuellen Verantwortungsbewußtsein zu entlasten, und sie verbreiten gleichzeitig ein befriedigendes Gefühl von Ordnung und Sicherheit. Sogar noch die Führereigenschaft des charismatischen Staatsmannes – man denke nur an die Beispiele »cäsaristischer Identifizierung«[91] im Rahmen repräsentativer Demokratien, wie sie Reagan in den Vereinigten Staaten oder in Europa Thatcher, Mitterrand und Craxi geboten haben – hat ihren Ursprung in dieser Welt symbolischer Interaktionen, in denen rationale und irrationale Elemente tief miteinander verflochten sind, und das weit vor den Erwartungen konkreter utilitaristischer Vorteile, wie die Rationalitätsannahme der Ökonomischen Theorie der Politik so plump vermutet. Bei der Bewertung politischer Verhaltensweisen führt die moralistische Alternative zwischen Egoismus und Altruismus, zwischen der Suche nach dem privaten Vorteil und der Hingabe an das Gemeinwohl, zwischen ›selektiven Anreizen‹ und Solidaritätsmotiven vom Wege ab. In Wirklichkeit ist das, was die funktionelle Rationalität des politischen Systems ausmacht und die Grundlage für die Motivationen der politischen Akteure darstellt, im wesentlichen der Wert der Sicherheit. Und die durch den subjektiven Abneigungsimpuls gegenüber dem Risiko motivierte Suche nach Sicherheit führt zu sozialen Ergebnissen, die, auch wenn sie von den Idealen der Solidarität, der Gerechtigkeit und der Gleichheit weit entfernt sind, zumindest den Nutzen der Stabilität und der Ordnung zu bieten vermögen.

Autoren wie Downs, Buchanan und Tullock scheint völlig zu entgehen, daß die modernen Formen politischer Mitbestimmung, angefangen bei den Ritualen staatlicher Repräsentation, die Funktion der symbolischen Rückversicherung erfüllen. Die Stilisierung und juristische Formalisierung des Konfliktverhaltens – *in primis* die Verfahrensweisen des Wahlkampfs – bietet den Protagonisten des Ritus und der daran teilnehmenden Öffentlichkeit Gelegenheiten zu intensiver symbolischer Gratifikation. Das Engagement für die kollektive Aktion, auf dem die politische Militanz beruht, bewirkt die Identitätsbestätigung der Militanten – eine Wirkung, in deren Genuß die Trittbrettfahrer nicht gelangen können – und die Festigung ihrer Bindungen der sozialen Zugehörigkeit.[92] Individuen, die täglich mit ihren eigenen Angelegenheiten beschäftigt sind und im allgemeinen über keinerlei politische Macht verfügen, werden mit der Möglichkeit belohnt, an einem öffentlichen Ritus teilzunehmen, bei dem man kollektiv über ein gemeinsames Schicksal entscheidet bzw. vorgibt zu entscheiden. Dies ist die institutionelle Fiktion ihrer Souveränität und gleichzeitig ihrer Zugehörigkeit zu einer Gemeinschaft freier und gleicher Entscheidungsträger, die geschlossen an den Solidaritätssinn und das politische Verantwortungsbewußtsein der Wähler appelliert und sie mit der Ausübung der ihnen zukommenden Rolle belohnt. Und darin liegt meiner Ansicht nach der Schlüssel, mit dem man *a contrario* auch das Phänomen des politischen Absentismus und der Stimmenthaltung in den demokratischen Gesellschaften deuten kann: im Sinne eines Mangels an Erwartungen politischen Schutzes. Das Fehlen solcher Erwartungen kann sowohl das Ergebnis eines Übermaßes als auch eines völligen Mangels an Sicherheit im sozialen Rahmen derer sein, die sich dem Ritus der Wahlrepräsentation entziehen. Dagegen scheint die Einschätzung der »Wahlkosten« nicht signifikant zu sein, außer unter besonderen Voraussetzungen, aber auch dann nur völlig marginal.

Es muß wohl kaum betont werden, daß auch im Verhältnis Macht/Unterordnung keine allgemein verbindlichen ethischen Kriterien wirksam sind und auch nicht wirksam werden können. Im Kampf um die Macht spielen jedoch alle Sonderinteressen und Gruppenegoismen eine Rolle: in der Konkurrenz zwischen Verbänden, in den Beziehungen von Führung, Lobbys oder politischem Tauschhandel. Bei diesem Wettbewerb um die Macht geht es innerhalb eines strukturellen Machtmangels um Ressourcen, deren Besitz die Zuteilung jeglicher anderen, politisch zuschreibbaren Ressource ermöglicht.

Dies alles bedeutet nicht, daß die Kategorien der Politik mit dem von Carl Schmitt entwickelten Freund-Feind-Schema übereinstimmen.[93] Schmitts Theorie ist meiner Ansicht nach lediglich eine totalitäre Version und Polemik – ich gebrauche diesen Begriff in dem Sinn, wie ihn Julien Freund vorgeschlagen hat[94] – des partikularistischen und agonistischen Politikentwurfs, der den realistischen Ansatz kennzeichnet. Die Funktionalität der Politik hängt nicht von der Auffassung des Konflikts als binärer Freund-Feind-Polarisierung ab. Im Gegenteil, Politik im modernen Sinn beginnt genau da, wo diese Polarisierung überwunden wird, und die Macht, wie Thomas Hobbes wiederum klar erkannte, die Aufgabe des souveränen Staates übernimmt, das heißt des Leviathans, der den Bürgerkrieg abschafft, indem er den legitimen Gebrauch von Gewalt monopolisiert. Die Politik ist, anders als der Bürgerkrieg, kein Nullsummenspiel, das sich in einem Kampf ohne Regeln, ohne Vermittlungs- oder Kompromißmöglichkeit ausdrückt und eine Lösung nur in der totalen Niederlage findet, das heißt in der gewalttätigen Unterdrückung des Widersachers.

Die funktionelle Rationalität der Politik liegt gerade in ihrem Vermögen, »gemischte Spiele« hervorzubringen, um einen Begriff aus der Spieltheorie zu verwenden.[95] Gemischte Spiele sind keine Nullsummenspiele (und das heißt mit einem totalen Risiko behaftet); sie sind teilweise kooperativ und teilweise konfliktgeladen und umfassen immer Koordinationselemente, die auf einverständlicher Billigung der Spielregeln beruhen, auch wenn dies keineswegs bedeutet, daß es sich hierbei um »freie« Spiele handelt, noch um Spiele, die die Waffengleichheit wahren. Auch wenn der Sieg über den Gegner das Ziel eines jeden Spielers ist – was jedes altruistische oder universalistische Verhalten gegenüber dem Gegner ausschließt –, zieht dieser Sieg für keinen der Spieler einen völligen Verlust nach sich, weil dies ein Risiko ist, das alle Teilnehmer für übermäßig groß halten.

Unter diesen Umständen ergibt sich keineswegs die Notwendigkeit, mit Kant, Apel oder Rawls zu verkünden, daß *pacta sunt servanda*, was bedeutet, daß es eine moralische Verpflichtung der Bürger gebe, zu einem ursprünglich abgeschlossenen Gesellschaftsvertrag zu stehen. Oder noch allgemeiner: politische Verpflichtung hat nicht notwendigerweise ein ethisches Fundament. Es genügt sozusagen anzuerkennen, daß *pacta sunt ser-*

vata. Die Lebensqualität jedes einzelnen und aller würde in Mitleidenschaft gezogen, wenn nach Überschreiten einer bestimmten Schwelle sozialer Spannungen der nach Regeln ablaufende Wettbewerb dem offenen Konflikt Platz machen würde, bis hin zum bewaffneten Kampf und dem impliziten Verzicht auf die Schutzfunktion des Leviathans. Vor allem für die schwächeren und weniger erfahrenen Spieler könnte sich die Verletzung der Verträge politisch als überaus gefährlich darstellen.

Als Beispiel für ein partiell kooperatives, das heißt politisches Spiel denke ich an die Auseinandersetzung zwischen Gewerkschaften und Arbeitgeberverbänden in den Industriegesellschaften kapitalistischer Prägung. Als Beispiel für ein Verweigerungsverhalten gegenüber den Verträgen – und damit der Leugnung der Funktionalität der Politik – denke ich an die Weigerung seitens der Roten Brigaden, das legitime Gewaltmonopol des italienischen Staates anzuerkennen, was, genau im Sinne von Schmitt, die Hinnahme des Risikos eines totalen Kampfes und die Rückkehr der gesamten Gesellschaft zu einem Zustand nicht regulierter Angst zur Folge hatte. Und ich denke als Beispiel für ein ganz und gar kooperatives und damit nicht mehr im engeren Sinn politisches Spiel an den Wettbewerb der Parteien in selbstreferentiellen Demokratien, das heißt, wie ich in einem der folgenden Kapitel darstellen werde, in nahezu allen Fällen pluralistischer Demokratie im Sinne Robert Dahls.

III. Gesellschaftliche Komplexität und Demokratietheorie

> Cesare Borgia galt als grausam; nichtsdestoweniger hat er durch seine Grausamkeit die Romagna geordnet und geeint sowie dort Frieden und Ergebenheit wiederhergestellt.
>
> N. MACHIAVELLI, *Der Fürst*, XVII

1. Angst und Demokratie

Das zentrale Thema dieses Buches ist, wie ich im Vorwort angekündigt habe, das Verhältnis zwischen demokratischen Institutionen und der zunehmenden Komplexität der postindustriellen Gesellschaften. Und die These, die ich zu diesem Thema in den folgenden Kapiteln vertreten werde, lautet: Die uns vorliegenden Demokratietheorien bieten keine ausreichend komplexen[1] konzeptuellen Instrumente, die eine realistische Deutung dieses Verhältnisses zulassen. Auf der Schwelle zum dritten Jahrtausend scheint die politische Theorie des Westens angesichts der enormen Umwandlungen, welche die Informationsrevolution in den primären Subsystemen der Industriegesellschaft mit sich bringt, nicht gewappnet zu sein. Und es hat den Anschein, als seien diese Umwandlungen dazu bestimmt, die funktionalen Spezialisierungsprozesse zu beschleunigen und folglich, entsprechend einer der von mir im ersten Kapitel vorgetragenen Haupthypothesen, eine weitere Zunahme der gesellschaftlichen Komplexität hervorzubringen.

Die Einwirkung dieses Prozesses auf die Mechanismen politischer Repräsentation – dies ist im besonderen meine These – scheint dazu bestimmt, die eigentlichen Voraussetzungen der Demokratietheorie zu unterminieren, und zwar sowohl in ihren klassischen als auch in ihren »revisionistischen« Versionen.[2] Es sieht so aus, als sei die gesamte demokratische Enzyklopädie dazu bestimmt, obsolet zu werden, und zwar mit all ihren grundlegenden Paradigmen: Mitbestimmung, Repräsentation, wettbewerbsfähiger Pluralismus. Vor allem scheint mir die zweifache Übernahme bedroht, welche die modernen Demokratietheorien von der klassisch-christlichen Tradition geerbt haben und die das politische Denken in Europa über lange Zeit herausgearbeitet hat, von Locke über Kant bis Tocqueville und John Stuart Mill. Das ist zum einen die bürgerliche und liberale Vorstellung, wonach die individuellen Subjekte die konstituierenden Elemente und eigentlichen politischen Akteure eines demokratischen Regimes seien. Und das ist zum anderen die puritanische Überzeugung, daß die Grundlage demokratischen Lebens in der Autonomie des Individuums im Sinne von Souveränität, Rationalität und Verantwortlichkeit der sittlichen Person bestehe. Im übrigen kann die derzeitige Wiederbelebung des politischen Moralismus in ihren neobenthamischen und neokantischen Ausprägungen als Versuch einer Antwort auf die dramatische Belastung gedeutet werden, welcher die Eckpfeiler der liberaldemokratischen Tradition des Westens ausgesetzt sind.

Bei einem Ansatz dieser Art erfordert das Thema ›Komplexität und Demokratie‹ eine breit angelegte, vorurteilsfreie und radikale philosophische Diskussion. Diese Diskussion – so lautet mein gezielter theoretischer Vorschlag – muß sowohl von den zeitgenössischen epistemologischen Diskussionsergebnissen profitieren als auch von den Anregungen der anthropologischen und soziologischen Forschung. Und es genügt nicht, daß sie das Wunschdenken der akademischen Prediger und Moralisten beiseite schiebt, die berufsmäßig die ›Ernsthaftigkeit der Politik‹ ignorieren.[3] Sie muß zugleich versuchen, über den positivistischen Horizont der Politischen Wissenschaft und der neoklassischen Lehre vom demokratischen Pluralismus hinauszugehen: sie sind beide auf verschiedenen Ebenen damit beschäftigt, rein deskriptiv ein Bild von den westlichen Demokratien zu bestätigen, das sich nur durch den sehnlichen Wunsch erklärt, deren absolute systematische Überlegenheit zu bekräftigen.[4]

Im Rahmen meiner theoretischen Sichtweise bedeutet dies, daß das Thema der Demokratie im Licht des realistischen Ansatzes überdacht werden muß, den ich im vorhergehenden Kapitel in den Blickpunkt zu rücken versucht habe. Angenommen, die allgemeine Funktion eines modernen politischen Systems sei die Verminderung der Angst durch eine selektive Regulierung der gesellschaftlichen Risiken und einer agonistischen Zuschreibung der Sicherheitswerte; und ebenfalls angenommen, die zentralen Kategorien des politischen Kodexes seien der Grundsatz von Einschluß/Ausschluß und die asymmetrische Beziehung von Macht/Unterordnung, muß die Frage gestellt werden, welches Verhältnis zwischen diesen politischen Kategorien und der Theorie der Regierungsformen besteht.

Die erste theoretische Konsequenz, die im Gefolge von Thomas Hobbes und Robert Michels meiner Ansicht nach gezogen werden kann, ist folgende: grundsätzlich erfüllt eine durch eine monokratische (oder allenfalls oligarchische) Führung gekennzeichnete Regierungsform die Schutzfunktionen des politischen Systems wesentlich linearer und wirksamer als ein demokratisches System, sofern man unter Demokratie in einer ersten Annäherung eine Regierungsform versteht, die dazu neigt, in ihre Entscheidungskreisläufe eine tendenziell hohe Zahl von Subjekten einzuschließen. Das politische System, das die zwingende Macht entsprechend dem (despotischen oder totalitären) Modell der Priester- oder der Väterautorität ausübt, ist das politische System, das seine elementare und eigentliche Funktion erfüllt, welche darin besteht, die Bürger vor Unordnung, Anarchie, offener Auseinandersetzung und Bürgerkrieg zu schützen. Bobbio schreibt dazu, der Staat, der seine Macht »ohne Gesetze noch Bremsen« (Montesquieu) ausübt, »ist der Staat in seinem reinsten Wesen, der Staat im Augenblick seines idealen Ursprungs aus dem Chaos des Naturzustands«.[5] Und das ist auch weiterhin richtig für die politischen Institutionen homogener Gesellschaften, deren Differenzierungsniveau relativ gering ist.

Wenn die Angst die fundamentale Antriebsfeder des *homo sapiens* angesichts einer risikoreichen Umwelt ist, der er sich übermäßig ausgesetzt sieht, und wenn das politische System eine gesellschaftliche Struktur ist, welche die Angst vermindert, indem sie die Komplexität der Umwelt selektiv reduziert, folgt daraus grundsätzlich, daß die politische Macht um so wirksamer ist, je breiter die Reduktion der Komplexität angelegt ist, die sie herbeiführt. Eine politische Macht garantiert sehr hohe Sicherheitsstandards, wenn sie ein sehr breit gefächertes Spektrum von Enttäuschungserwartungen beseitigt. Der einfachste und wirksamste Mechanismus zum Erhalt dieses Schutzresultats ist eine drastische Verminderung der gesellschaftlichen Komplexität.[6]

Durch Erlaß allgemein verbindlicher Verfügungen und der Verwendung disziplinierender symbolischer Apparate kann die politische Macht in großem Stil das Spektrum der Erfahrungsmöglichkeiten einengen, welche von den Mitgliedern der Gruppe ersonnen und umgesetzt werden. Auf diese Weise sorgt sie dafür, daß die Möglichkeiten, die von jedem von ihnen als negativ wahrgenommen werden, weniger wahrscheinlich sind, und sie kann daher müheloser eine friedliche Koordinierung der individuellen Verhaltensweisen und ein Vertrauen förderndes gesellschaftliches Gleichgewicht erreichen. Es wird deutlich – und auch das hat als erster Thomas Hobbes erklärt –, daß, je größer die Reduktion der gesellschaftlichen Komplexität ist, welche dem politischen System obliegt, seine Macht um so umfassender und konzentrierter sein muß. Im Extremfall, beispielsweise bei dem von Carl Schmitt entwickelten »Ausnahmezustand«, entsprechen sich eine Konzentration und eine höchste Intensität der Macht und eine Forderung nach bedingungslosem Gehorsam.[7]

Je schwerwiegender und unkontrollierbarer die Gefahren sind, von denen sich eine gesellschaftliche Gruppe aufgrund interner oder externer Faktoren bedroht fühlt, um so verbreiteter ist die Angst und um so durchdringender und umfassender muß die Interventionsmacht des Leviathans sein. Und ebenso energisch muß der Leviathan das »Schwert« benutzen, denn es flößt Angst ein – das heißt, er hat letzten Endes das souveräne Recht über Leben und Tod der Bürger –, und dadurch gelingt es, die in der Gesellschaft verbreitete Angst zu neutralisieren. Man könnte der Ansicht sein, daß in dieser exemplarischen Geometrie der Angst, aus welcher die politische Theorie von Hobbes besteht, implizit eine Art zweifachen Gesetzes von Machterhalt und Angst zum Ausdruck kommt.[8] Einerseits taucht die ursprüngliche Macht, welcher die Individuen durch das *pactum subjectionis* (den Unterwerfungsvertrag) entsagen, in Form der *potestas absoluta* (absoluten Macht) des Leviathans kondensiert wieder auf. Andererseits wird die Angst, welche von der Schutzfunktion des Leviathans absorbiert wird, neutralisiert, nicht jedoch unterdrückt: sie erscheint wieder als Fähigkeit des ›sterblichen Gottes‹, Disziplin herzustellen, indem sie Angst einflößt. *Metus hominis* (Furcht des Menschen) und *metus reipublicae* (Furcht des Staats) bedingen einander und sind voneinander abhängig.[9]

Nur durch die Androhung einer von höchster Stelle ausgesprochenen Sanktion ist es möglich, die gesellschaftliche Komplexität politisch zu vermindern und die Ordnungs- und Sicherheitserwartungen zu stärken. Und genau diese Fähigkeit, Angst zu vermindern, indem man Angst verbreitet, stellt das Grundparadox der Macht dar, wie der politische Realismus sowohl von Hobbes als auch von Machiavelli klar erkannt hat. Als Symbol für dieses Paradox könnte eine der dramatischsten Gestalten aus *Der Fürst* dienen: Remirro de Orco, der geschickte Einiger und Friedensbringer der Romagna im Dienste Cesare Borgias.[10] Nachdem Borgia ihm »uneingeschränkte Vollmacht« für die Regierung der Region erteilt hat, die damals von »Räubereien, Händeln und jeder Art von Ausschreitung heimgesucht wurde«, beschließt der Herzog, ihn zu vernichten, weil er sowohl die »größte Achtung« fürchtet, die sein Statthalter sich erworben hat, als auch, um den Unwillen des Volkes zu besänftigen. Die zweigeteilte Leiche de Orcos, die auf dem Renaissanceplatz von Cesena zwischen einem Holzblock und einem blutigen Messer zur Schau gestellt wird, drückt die ganze Ambiguität der Macht aus: ihre unabdingbare Ordnungsfunktion und ihre ununterdrückbare Gewalt und Gefährlichkeit.[11]

In diesem Fall dürfte es keinen Zweifel darüber geben, daß die Verwaltung gesellschaftlicher Risiken um so besser garantiert werden kann, je effizienter das politische System seine systemische Funktion von Einschluß/Ausschluß ausübt – je besser es ihm gelingt, die interne Bindung der politischen Treue organisch und exklusiv zu gestalten und sie ins Bewußtsein der Subjekte eindringen zu lassen, unter Umständen sogar bis zu einem kollektiven Vorurteil, ähnlich dem religiösen Glauben oder sogar mit ihm übereinstimmend, wie im beispielhaften Fall des alten Israel oder der modernen islamischen Staaten.

Das gleiche gilt für das Verhältnis der Subordination: je stärker die Macht in Autoritätsinstitutionen konzentriert ist, je mehr ihre Verfügungen sich der Vorrechte der Asymmetrie und der Heteronomie hinsichtlich der Machtbefugnisse und der Willensäußerungen der Untergeordneten bedienen und mithin Gegenstand des Gehorsams sind, um so effizienter ist sie in der Lage, ihre wesentliche Funktion der Verminderung von Unsicherheit auszuüben.

Anderenfalls könnte man nur schwerlich erklären, warum bis heute die monarchisch-theokratische Regierungsform – nicht eingerechnet die Formen rein militärischer Macht – die weitaus vorherrschende in der Erfahrung des *homo sapiens* ist. Und man könnte nicht erklären, daß für nahezu zweitausend Jahre bis an die Schwelle zur Moderne – vor der massenhaften Zustimmung, die sie im Verlauf des zwanzigsten Jahrhunderts erfahren hat – die Demokratie von der Tradition der europäischen Philosophie übereinstimmend als die unvollkommenste und am wenigsten vertrauenswürdige Form der Stadtregierung angesehen wurde.[12]

Tatsächlich muß man, trotz zahlreicher gegenteiliger Auffassungen, das Problem der Demokratie als ein modernes Problem betrachten. Der Ansicht von Max Weber entsprechend, entsteht es in der Frühzeit der industriellen Revolution und nicht vorher. Obwohl man sich in ausladender Rhetorik ergießt, um die Kontinuität der demokratischen Tradition innerhalb der westlichen Zivilisation zu vertreten – von der griechischen Polis zur »Wählerpolyarchie«;[13] von der römischen Republik bis zum florentinischen Republikanismus und dem amerikanischen Föderalismus;[14] vom Athen des Perikles zum Genf Rousseaus und zum Paris der Kommune[15] –, ist die Anschauung richtig, daß sich die demokratische Idee im modernen Europa gegenüber einer Jahrtausende währenden Tradition durchgesetzt hat. Und sie hat sich sogar gegenüber der klassischen, von Platon und Aristoteles entworfenen Konzeption der Politik durchgesetzt, das heißt gegen das organizistische und naturalistische Modell der politischen Stadt – eben der Polis –, welches das klassische politische Denken gekennzeichnet hat.[16] Nicht zufällig stellen die zeitgenössischen Befürworter der Rehabilitierung der praktischen Philosophie, die sich an Leo Strauss und Hannah Arendt orientieren, diese Konzeption nostalgisch den modernen Formen der liberalen Demokratie gegenüber.[17]

Die Regime der totalitären Oligarchien, die in den Stadtstaaten des klassischen Griechenlands einschließlich Athens[18] herrschten – ganz zu schweigen von den Institutionen des republikanischen Roms –, können nicht als bedeutungsvolle Vorläufer der modernen liberaldemokratischen Einrichtungen angesehen werden (sofern man nicht zu behaupten beabsichtigt, daß sich die repräsentative Demokratie im wesentlichen nicht von einer oligarchischen und totalitären Regierungsform unterscheide und ihr gesellschaftlicher Kontext nicht sehr verschieden sei von jenem der antiliberalen, frauenfeindlichen und auf Sklaverei beruhenden der klassischen Zeit). Und ebenso wenig plausibel scheint mir die Darstellung der repräsentativen Demokratie als eine Überarbeitung, die Montesquieu, Madison und John Stuart Mill angeblich aus den Prinzipien der athenischen Demokratie gewonnen haben, die diese als eine Versammlungsdemokratie, d.h. unmittelbare Demokratie verstanden haben, und zwar im Hinblick auf die Notwendigkeit, sie technisch an die durch geographische Vergrößerung und gestiegene Bevölkerungsdichte der nationalen und föderalen Staaten veränderten Merkmale anzugleichen.[19]

Eine realistische Annäherung an das Thema der Demokratie sollte in der Lage sein, das Phänomen der Differenzierung und Autonomisierung des politischen Systems, welches in Europa den Eintritt in die Moderne gekennzeichnet hat – nämlich der Übergang von den organizistischen und korporativen Modellen des ›Ständestaates‹ zum Formalismus des ›repräsentativen Staates‹ –, sehr genau von der aufklärerischen Emphase zu unterscheiden, mit welcher die liberaldemokratischen und radikaldemokratischen Lehren diesen Prozeß theoretisch entwickelt haben.

Die liberaldemokratischen Theorien haben sich in Wirklichkeit als radikale Herausforderung – als umstürzlerisch, wie Bobbio[20] geschrieben hat – gegenüber den Kriterien des politischen Kodexes herausgestellt: als grundsätzliche Ablehnung jeglicher Art von Einschränkung gegenüber dem Bürgerrecht, als drastische Verminderung der Eingriffssphäre des Staates, als unantastbare Autonomie der individuellen Subjekte und, im äußersten Fall, als Verneinung des heteronomen, absteigenden und asymmetrischen Charakters des Machtverhältnisses. In diesem Sinn ist *Le contrat social* ein demokratisches Paradigma par excellence, sofern es stimmt, daß Rousseaus theoretisches Engagement ganz darauf gerichtet ist, die Notwendigkeit einer Überwindung sowohl der Unterscheidung (und der Ungleichheit) zwischen Regierten und Regierenden, als auch des heteronomen Charakters der politischen Verfügungsgewalt zu behaupten. Und in diesem Sinn verkörperte in unserem Jahrhundert, wie wir noch sehen werden, das kommunistische Theorem vom Absterben des Staates mit der tragischen Ambiguität seines anarchischen Radikalismus in unserem Jahrhundert den kohärenten Abschluß der Rousseauschen

Utopie.[21] Doch auch in ihren moderater vorgetragenen Standpunkten, paradoxerweise sogar bei Plamenatz und beim jüngsten Dahl,[22] widerspricht die demokratische Idee von Grund auf dem Grundsatz, den James Burnham, Robert Michels und Max Weber in der Nachfolge von Machiavelli als ›ehernes Gesetz der Oligarchie‹ eines jeden nicht elementaren politischen Systems definiert haben.[23]

Was steckt, historisch gesehen, hinter diesem eindeutigen Aufstand der demokratischen Doktrinen gegen den funktionalen Kodex der Politik? Wenn man es jenseits aller ideologischen Emphase und naturrechtsphilosophischen Einfalt genauer betrachtet, ergibt sich die Feststellung, daß die Schutzleistungen des politischen Systems hohe Kosten im Sinn der Reduktion der gesellschaftlichen Komplexität verursachen, und daß diese Kosten in einem krassen Mißverhältnis zu den Leistungen stehen können, denen sie entsprechen sollen. Und es ist bezeichnend, daß sich diese Entdeckung in ein diffuses politisches Bewußtsein und dann in eine revolutionäre Forderung innerhalb gesellschaftlicher Bereiche verwandelt, die bereits einen sehr hohen funktionellen Differenzierungsgrad aufweisen: nämlich innerhalb der bürgerlichen Gesellschaften Europas zwischen dem 17. und 18. Jahrhundert.

Die große Blütezeit des liberaldemokratischen Denkens läuft nicht nur parallel zum Differenzierungsprozeß des politischen Subsystems vom Kontext des religiösen Universalismus und des korporativen Organismusgedankens ab, sondern setzt auch eine klare Funktionsunterscheidung zwischen den bürokratisch-normativen Apparaten des Nationalstaates und der ›bürgerlichen Gesellschaft‹ voraus.[24] Und nur innerhalb des außerordentlich vielseitigen Netzwerks von kommerziellen, industriellen, finanziellen, wissenschaftlichen, kulturellen, familiären usw. Beziehungen der ›bürgerlichen Gesellschaft‹ entwickelt sich der bürgerliche politische Individualismus. Das europäische Bürgertum ist jene politische und ökonomische Schicht, die zum ersten Mal in der Menschheitsgeschichte für sich als besondere gesellschaftliche Gruppe und für ihre Mitglieder als ›freie und gleiche Bürger‹ eine Freiheit fordert, die nicht mehr, wie Hannah Arendt polemisch beobachtet hat, eine politische Freiheit ist, sondern eine »Freiheit von der Politik«. Es handelt sich, mit anderen Worten, um eine Freiheit, die als individuelle Unterscheidung gegenüber der Gruppe und der ›Stadt‹ begriffen und gefordert und nicht mehr aristotelisch als organische Zustimmung zu ethischen und vernunftbestimmten Formen des kollektiven Lebens verstanden wird. Und dies ist, wenn auch in überaus betonter ideologischer Form, deutlich von Benjamin Constant durch die Gegenüberstellung der »Freiheit der Modernen« zur »Freiheit der Alten« ausgedrückt worden.[25]

Im gleichen Zusammenhang setzt sich die Notwendigkeit einer deutlicher akzentuierten funktionellen Spezifizierung des politischen Systems durch, welches durch einen Prozeß der Abkoppelung von den ökonomischen, religiösen, familiären, verwandtschaftlichen usw. Subsystemen in Form eines geheimen Stimmentscheides und der Gleichstellung der Bürger vor dem Gesetz realisiert werden müßte.[26] Und es wird parallel die Forderung nach einer funktionellen Autonomisierung des ökonomischen Subsystems vorgebracht werden, das, nach einer beachtlichen Verminderung der Schutzbindungen politischer Art, dem freien und risikobehafteten Spiel der Kräfte des Marktes überlassen werden muß. Und für die ethisch-politische Rechtfertigung dieser funktionellen Erfordernisse halten die demokratischen Theorien sogar den Rückgriff auf die alte theologisch-metaphysische Lehre vom Naturrecht für nützlich. Auf seiner Grundlage oder auf der Grundlage einer seiner kontraktualistischen Varianten versucht man, den ursprünglichen und universellen Charakter der individuellen Rechte, die Unverletzbarkeit des Privateigentums und die Freiheit der ökonomischen Initiative zu begründen.

Was sind die Folgen, die zu Lasten des politischen Systems von diesem Prozeß der funktionellen Differenzierung und der entsprechenden Autonomieforderung seitens der bürgerlichen Gesellschaft und ihrer individuellen Mitglieder ausgehen? Wenn die politische Regulierung der Angst eine Reduktion der gesellschaftlichen, ebenfalls von Angst bestimmten Komplexität verlangt und wenn einer hohen Reduktion der Komplexität hohe Grade von Bedrohlichkeit der Macht entsprechen, kann die Forderung, welche differenzierte Subjekte – frei, gleich und besitzend – innerhalb einer komplexer gewordenen Gesellschaft vorbringen, nur die folgende sein: daß die politische Macht, insofern sie selbst ein Risikofaktor und Quelle der Angst ist, Verfahren der kollektiven Regulierung gesellschaftlicher Risiken unterzogen wird. Die Souveränität des Leviathans, funktionell ohne Alternativen, muß allerdings von einer anderen souveränen Instanz ausgeglichen und von ihr in irgendeiner Weise kontrolliert und beschränkt werden: und dies ist die Souveränität des Parlaments, fähig, die Forderungen nach Autonomie der freien, gleichen und besitzenden Bürger zu ›repräsentieren‹, und zwar in des Begriffs strengster Bedeutung. Der Grundsatz *no taxation without representation* sollte als Fundament und Symbol einer allgemeinen Freiheit gelten. Daher müßte ein politisch liberaldemokratisches System gewissermaßen eine schützende Funktion zweiten Grades ausüben: es müßte die Mitglieder der ›bürgerlichen Gesellschaft‹ rundherum vor den Gefahren des politischen Schutzes schützen.[27]

Die Macht, über Methoden und Ebenen der politischen Regulierung zu entscheiden, müßte daher selber einer politischen Regulierung unterworfen werden, und zwar in einem rekursiven Verfahren, indem man für die Adressaten der höchsten Entscheidung eine retroaktive Instanz einrichtet, nämlich die Beteiligung an jener souveränen Entscheidung oder wenigstens die Kontrolle darüber. Auf diese Weise würde die Demokratie wie ein negatives Feedback auf den Ablauf der politischen Macht funktionieren, deren natürliche Dynamik sich als bedrohlich expansiv herausstellte. Hierin liegt die Keimzelle für den Grundsatz der Gewaltenteilung, die nicht als eine bloße segmentarische Differenzierung der Gewaltenfunktionen verstanden werden darf, sondern in einem sehr viel umfassenderen Sinn als Rekursivität und funktionelle Selbstbeschränkung.

Die Macht, auf drastische Weise die Erfahrungsmöglichkeiten der Subjekte mit Hilfe von juristischen oder polizeilichen Zwangsmaßnahmen einzuschränken, oder die Fähigkeit, die Bandbreite der ökonomischen Aktivitäten der Bürger einzuengen, indem bestimmte Verhaltensweisen untersagt oder Teile ihres privaten Vermögens eingezogen werden, müssen auf Grund ihrer außergewöhnlichen Gefährlichkeit den gleichen Ritualisierungen und prozeduralen Einschränkungen unterzogen werden, denen auch die Machtbefugnisse der individuellen Subjekte unterliegen. Und dies um so mehr, als das Monopol des Leviathans die Mitglieder der politischen Gesellschaft der Möglichkeit beraubt hat, sich selber Recht zu verschaffen, und zwar sowohl gegenüber anderen Subjekten als auch gegenüber den Machtinstitutionen. Daraus folgt eine allgemeine Beschränkung der Intensität und der Interventionsbereiche der staatlichen Macht, eine Zunahme der ›legitimen‹ Komplexität der individuellen Entscheidungen und, dementsprechend, eine Verminderung der Schutzfunktionen des politischen Systems, das den individuellen Subjekten die Aufgabe überläßt, eine höhere Quote gesellschaftlicher sowie ökonomischer Enttäuschungen aufzufangen. Die Demokratie bedeutet, mit anderen Worten, die Beibehaltung der größtmöglichen gesellschaftlichen Komplexität und zugleich die kollektive Akzeptanz einer höheren Menge von gesellschaftlichen Risiken und Unsicherheit.[28]

Doch damit die rekursiven Mechanismen der Demokratie tatsächlich funktionieren können – und dies scheint den liberaldemokratischen Theoretikern nicht immer bewußt zu sein –, ist eine tiefgreifende Umwandlung der behördlichen Institutionen und eine grundlegende Veränderung in der Logik des politischen Kodexes notwendig. Die lineare Einfachheit der traditionellen Mechanismen zur Reduktion der Angst muß durch ein Netzwerk von Interdependenzen ersetzt werden, innerhalb dessen die Forderung nach Ordnung und Sicherheit ständig im Gleichgewicht mit der gegenteiligen Forderung nach Erhaltung der Komplexität und der politischen und ökonomischen Freiheiten gehalten werden muß. An Stelle der Strukturen vertikaler Macht müssen politische Mechanismen reflexiver Art wirksam werden, die in der Lage sind, in einem machtvollen retroaktiven Ring den souveränen politischen Willen dem Willen der Bürger (die Begrenzung und demokratische Legitimierung der Macht), und den Willen der Bürger dem höchsten Willen (die bürokratisch-administrative Gewähr für Sicherheit und Ordnung) unterzuordnen. Hierin besteht die große Herausforderung, die die Verteilung der gesellschaftlichen Differenzierung und der bürgerlichen Forderung eines demokratisch-konstitutionellen Staates gegen den Machtanspruch einer unbeschränkten politischen Protektion darstellt, wie zum Beispiel die unbegrenzte Reduktion der Komplexität.

Während die Schutzfunktion des politischen Systems eine Regulierung der gesellschaftlichen Risiken von asymmetrischem und wesentlich oligarchischem, wenn auch nicht streng hierarchischem Charakter erfordert, neigt die demokratische und konstitutionelle Instanz zu einer Auflösung der pyramidalen Struktur der politischen Macht, entsprechend einer Hypothese von der rekursiven Transitivität, der Verbreitung und der Symmetrie der Machtrelationen. Allenfalls fordert Rousseau, wie wir noch sehen werden, auf dem Höhepunkt der ideologischen Emphase des radikalen Demokratismus, daß in einer vollkommenen Demokratie disziplinierende und disziplinierte Souveränität, schützende und legitimierte Macht völlig eins sind. In den Händen eines jeden Bürgers bleibt der Fundus seiner ursprünglichen Komplexität unversehrt erhalten, und jede politische Reduktion dieser Komplexität wird nicht wie ein heteronomer Zwang sein (auch nicht so wahrgenommen), das heißt von außen auferlegt, sondern das Ergebnis einer vollkommen autonomen Entscheidung: wie die Verwirklichung der Freiheit und nicht wie ihre Einschränkung.[29]

Es ist einleuchtend, daß die liberaldemokratische Lehre, wenn sie in diesen realistischen Begriffen rekonstruiert wird, ihre ganze subversive Kraft gegenüber der Struktur und den Funktionen des politischen Systems zeigt, und zwar weit über die Forderungen hinaus, die zur Überwindung des despotischen Organismusgedankens des Ancien régime geführt haben. Und sie zeigt zugleich die Gründe, deretwegen das demokratisch-konstitutionelle Modell sich als die am wenigsten wahrscheinliche, brüchigste und am wenigsten realistische Form für eine politische Stadtstaatenregierung herausgestellt hat, so unwahrscheinlich und so wenig realistisch, daß heute, nach zweihundertjähriger Erfahrung und trotz des ihr gezollten universellen Konsenses, die Demokratie sogar als ein unerreichbares Ziel erscheinen kann, wenngleich auch gerade deshalb immer intensiver gewollt und herbeigesehnt, wie das von John Dunn[30] formulierte Paradox besagt.

Innerhalb meiner theoretisch-politischen Sicht kann dieses Paradox folgendermaßen formuliert werden: es ist die Zunahme der Differenzierung und der gesellschaftlichen Komplexität, welche die Voraussetzungen für die moderne liberaldemokratische Forderung geschaffen hat und noch heute den Anspruch nährt, doch ist es eben diese Zunahme der Differenzierung und der gesellschaftlichen Komplexität, die es wenig wahrscheinlich macht, daß diese Forderung am Ende den Sieg davonträgt. Das ist die grundlegende funktionelle Antinomie, die sich in dem Verhältnis zwischen Komplexität und Demokratie einnistet: eine Antinomie, die, wie ich im nächsten Kapitel entwickeln werde, die heutigen Demokratietheorien offensichtlich außerstande sind wahrzunehmen oder zu ihrer Auflösung beizutragen.

Eben diese zunehmende Differenzierung der Erfahrungsbereiche und mithin der individuellen Erfahrungen – das, was Arnold Gehlen den Prozeß des Subjektivismus genannt hat[31] – bewirkt in den hochentwickelten Industriegesellschaften eine wachsende Forderung nach Autonomie gegenüber der organischen Dimension der Politik und ihrer Schutzkriterien in Bezug auf die Reduktion der Komplexität. Durch die zunehmende Komplexität der Informationsgesellschaften mit ihrer ungeheueren Bandbreite an Erfahrungsmöglichkeiten werden die individuellen Subjekte immer sensibler gegenüber den politischen Verstümmelungen ihrer Existenz und immer weniger geneigt, diese hinzunehmen. In Kontexten vermehrter Kontingenz des menschlichen Befindens und der Instabilität sogar der anthropologischen Merkmale der Spezies – einschließlich der sexuellen Erfahrung, der Beziehungen zwischen den Geschlechtern und der Fortpflanzungsfunktionen – sind die Subjekte scheinbar immer stärker von Wünschen nach individuellem Ausdruck und individuellem Erfolg gelenkt, immer mißtrauischer gegenüber politischen Projekten, welche die alltägliche Dimension der gelebten Erfahrung übersteigen, und lassen sich scheinbar nur widerstrebend von den Ritualen der Homologisierung und der kollektiven Integration vereinnahmen, die für die Politik von vitaler Bedeutung sind. Auch die Feminismusbewegung des Westens mit all ihren wechselnden Erfolgen ist ein beachtlicher Ausdruck dieses Prozesses sozialer Differenzierung und Autonomisierung der Individuen von der romantischen Dimension der Politik.[32]

Doch selbst die Zunahme der Differenzierung des politischen Systems und der allgemeinen Komplexität, die durch die unfaßbare Schnelligkeit der wissenschaftlichen und technologischen Entwicklung ausgelöst wurde, läßt die Demokratie aufgrund der sie bedrohenden ›evolutiven Risiken‹ offenbar unwahrscheinlich werden. Die postindustriellen Gesellschaften sind mit demokratischen Mitteln nur schwer regierbar, und zwar aufgrund der zunehmenden Differenzierung und Autonomie des politischen Systems, der technischen Schwierigkeit der administrativen Probleme, der schwindelerregenden Zunahme der Interdependenzen und negativen Externalitäten, der Vielfalt der Risikofaktoren und der Notstandssituationen, der Veränderlichkeiten der gesellschaftlichen Interessen, des zunehmenden Gefühls von gesellschaftlicher Diskontinuität und persönlicher Ungewißheit.[33] Die aufkommenden Fragen sind politisch immer weniger verhandelbar, und politische Lösungen verlangen nach einem Konsens, der mit formalen Prozeduren immer schwieriger herzustellen ist, weil der ›allgemeine Wille‹ dazu neigt, sich in eine anarchische Vielzahl von Partikularismen und von territorialen und funktionellen Lokalismen zu verlieren und zu fragmentieren. Die individualistische Zersplitterung des gesellschaftlichen Netzes neigt in der Tat dazu, sich nach partikularistischen Solidaritätsmustern rein »adskriptiver« Art wieder zusammenzufügen, die sich auf die Lebensweise, das Alter, den Gesundheitszustand, ethnische, regionale oder familiäre Merkmale, die Formen der Freizeitgestaltung usw. stützen.[34] Das Bedürfnis nach Brüderlichkeit und Vereinigung strebt danach, sich in esoterischen, intimistischen, neoreligiösen Formen darzustellen, die, statt Legitimität zu schaffen, diese der kollektiven Dimension des politischen Lebens entziehen. Das von Hobbes entwickelte Modell des Naturzustands als Ort der radikalen Unsicherheit und der unregierbaren Kontingenz drückt erneut, wie Jean-François Lyotard richtig erkannt hat, die grundlegende anthropologische Charakteristik einer ›postmodernen‹ Gesellschaft aus, in der die Legitimierungsmacht der universalistischen und emanzipativen ›großen Erzählungen‹ einen unumkehrbaren Prozeß der Erosion erfahren hat.[35]

Unter diesen Bedingungen würde die politische Verminderung der Unsicherheit die Ausübung einer zunehmenden Machtfülle erfordern, während es ja gerade die Zunahme der gesellschaftlichen Komplexität mit ihrer engen Verflechtung von Veto-Rechten und der Fragmentation der politischen Willensäußerungen ist, die die ›positive Macht‹ zu einer immer knapper werdenden Ressource macht.[36] Die postindustriellen Gesellschaften sind also der ständigen Gefahr der ›Machtinflation‹ ausgesetzt, bis hin zum Entscheidungsstillstand. Dementsprechend sind sie von der Vorherrschaft anarchischer Impulse und negativer Externalitäten der funktionell differenzierten Bereiche und deren funktioneller Kodizes bedroht, die anscheinend nur eine ›starke‹ politische Regulation koordinieren.

In den postindustriellen Gesellschaften ist die Zukunft der Demokratie nicht aufgrund ihrer traditionellen Alternativen rechter oder linker Fraktionen ungewiß. Im Gegenteil, diese erscheinen heute weniger glaubwürdig und anwendbar als in der Vergangenheit. Eher ist sie es aufgrund einer Evolutionsdynamik innerhalb der demokratischen Systeme – in diesem Sinn spreche ich von evolutiven Gefahren –, die im Namen der Effizienz der politischen Entscheidung, der gesellschaftlichen Sicherheit, der technologischen Entwicklung und vor allem der Ausweitung des Konsums Strategien drastischer Reduktion der gesellschaftlichen Komplexität durchzusetzen scheint, unabhängig von den traditionellen Problemen der Mitbestimmung, der Repräsentation und der Freiheiten.[37] In diesem Sinn können legislative Tendenzen, die kürzlich in Europa und in den Vereinigten Staaten zu beobachten waren und darauf gerichtet sind, subjektive Verhaltensweisen mit strafrechtlichen Mitteln zu unterdrücken, die nicht unmittelbar die Interessen anderer verletzen (der Gebrauch von Rauschgift oder Alkohol, bestimmte sexuelle Verhaltensweisen, Forschungsaktivitäten in Bereichen wie der Gentechnik), als ein vorerst sehr begrenztes Beispiel für freiheitsfeindliche Lösungen herangezogen werden, auf die ein politisches Demokratiesystem zurückgreift, um Abhilfe für seine Unfähigkeit zu schaffen, eine immer komplexer werdende und mit Risiken behaftete Umwelt zu kontrollieren. Und das gleiche könnte man über die antiliberalen und diskriminierenden Normen sagen, die in nationalen Gesetzen (oder in internationalen Vereinbarungen auf europäischer und westlicher Ebene) hinsichtlich der Migrationsbewegungen aus den ärmsten Ländern der Dritten Welt, für die Unterdrückung des Terrorismus, des Waffen- und des Drogenhandels enthalten sind.

Andererseits scheinen die Individuen und gesellschaftlichen Gruppen innerhalb der von der Entwicklung von Hochtechnologien beherrschten Gesellschaften nicht in der Lage, die sozialen Risiken und die ›Verminderung der Angst‹ unabhängig von einem konzentrierten und spezialisierten politischen System handhaben zu können. Nichts bietet Gewähr dafür, auf ›unpolitischen‹ Wegen die ideale »herrschaftsfreie politische Kommunikation« zu verwirklichen, wie sie Jürgen Habermas im Gefolge von Hannah Arendt als wünschenswert betrachtet, dafür, die ethische Dimension des Gemeinschaftslebens innerhalb der von Alasdair MacIntyre beschworenen Stadtstaaten wiederzugewinnen,[38] oder dafür, jene Art von naturalistischem ›Naturzustand‹ wiederherzustellen, den die Strömungen des zeitgenössischen ökologischen Romantizismus als Alternative zur Konsumgesellschaft und zur Herrschaft multinationaler Unternehmen beschwören. In den postindustriellen Gesellschaften tendiert die Möglichkeit, daß spontane gesellschaftliche Zusammenschlüsse in der Lage sind, gesellschaftliche Risiken autonom und lokal zu handhaben, im Gegenteil dahin, eine immer weniger wahrscheinliche Hypothese zu werden, und zwar auf Grund des planetarischen Ausmaßes, das die Risikofaktoren inzwischen angenommen haben: von den Risiken der Ökologie bis hin zu denen der Atomwirtschaft, des Bevölkerungswachstums, der Gesundheit, der Nahrungsmittel, der Finanzen, des Terrorismus und des Rauschgifthandels.[39]

2. Die klassische Lehre von der Demokratie

Auf der Schwelle zum dritten Jahrtausend verfügen die modernen Industriegesellschaften des Ostens wie des Westens im wesentlichen über zwei theoretische Demokratiemodelle, die beide aus der politischen Tradition Europas abgeleitet sind. Das erste Modell können wir in groben Zügen mit dem identifizieren, das Joseph Schumpeter vor fünfzig Jahren im Gefolge von Max Weber[40] als die »klassische Lehre« von der Demokratie definiert hat.[41] Das zweite Modell, das ich ›neoklassisch‹ nenne, ist das, welches seit Schumpeter die westliche Politiktheorie der zweiten Hälfte des 20. Jahrhunderts dominiert und eine ganze Denkschule hervorgebracht hat: den demokratischen Pluralismus oder, wie andere es lieber nennen, den demokratischen Elitismus.

Es besteht kein Zweifel, daß Schumpeters Charakterisierung der klassischen Lehre einigermaßen summarisch ist und Modelle übereinanderlagert, die teilweise nicht miteinander kompatibel sind, insbesondere das utilitaristische und das von Rousseau entwickelte.[42] Graeme Duncan und Steven Lukes haben nicht unrecht mit der Ansicht, daß Schumpeter bei seiner Kritik der klassischen Theorie als unrealistisch dazu neige, die ideale Projektion und normative Struktur der demokratischen Theorien, wie sie von Autoren wie Locke, Bentham oder Rousseau herausgearbeitet wurden, als analytischen Trugschluß anzusehen.[43] Man kann nicht leugnen, daß sich diese Klassiker, angefangen bei Rousseau, vollkommen bewußt waren, daß die Demokratie viel eher als ein ideales Regulativ denn als ein verwirklichtes oder voll zu verwirklichendes politisches System aufgefaßt werden mußte, auch wenn sie sich nicht im geringsten darum kümmerten, eine Scheidelinie zwischen den realistischen Aspekten ihrer Arbeiten und der rein optativen Beschwörung eines utopischen

Entwurfs zu ziehen. Doch wenn man dies anerkennt, scheint mir, daß man die Meinung von Carole Pateman nicht teilen kann, derzufolge Joseph Schumpeter sich eine bequeme ideologische Zielscheibe für seine konservative und antidemokratische Kritik konstruiert habe. Bekanntermaßen ist Pateman der Ansicht, daß die Existenz etwa einer klassischen Lehre der Demokratie in Wirklichkeit ein reiner Mythos sei.[44]

Meiner Ansicht nach besteht der Vorwurf, den man Schumpeter in dieser Hinsicht – abgesehen von seinen persönlichen ideologischen Neigungen – machen kann, vor allem darin, daß er die beiden grundlegenden Versionen der klassischen Lehre aufeinandergepreßt hat: nämlich die partizipatorische und die repräsentative. Und er hat die repräsentative Demokratie für Aspekte kritisiert, die eigentlich die partizipatorische kennzeichnen, ohne sich die Mühe zu machen, eine spezifische Kritik der letztgenannten herauszuarbeiten. Doch das ist meiner Ansicht nach ein außergewöhnlich fruchtbarer Fehler. Indem er diesem Irrtum verfiel, hat Schumpeter einen wesentlichen Aspekt erfaßt, der beide Theorien miteinander verbindet und letztendlich aus der klassischen Theorie der Repräsentation nur eine institutionelle Variante der Mitbestimmungstheorie macht. Es geht dabei um die Idee, daß die Demokratie nicht nur notwendigerweise die Begriffe des Gemeinwohls und des Volkswillens impliziert, sondern daß man sie um so vollkommener verwirklicht, je mehr die Subjekte, die Inhalte und die Kriterien der politischen Entscheidung wiederum mit den Subjekten, den Inhalten und den Kriterien des Volkswillens übereinstimmen. Das ist gleichbedeutend mit der Aussage, daß die Demokratie als direkter oder indirekter Ausdruck des Volkswillens die Verwirklichung des Gemeinwohls ist: mit diesem zuletzt genannten stimmt erklärtermaßen der Gemeinwille des *demos* überein.

In der radikalsten Version der klassischen Lehre – welche von Rousseau zu Babeuf und dann zu Marx, zum Sowjetkommunismus Lenins, zu den Theorien der Räterepublik bei Rosa Luxemburg, zur Selbstverwaltung der Erzeuger bei Gramsci führt und idealerweise in der marxistischen Theorie vom Absterben des Staates endet – ist die Verquickung der Begriffe Demokratie, Volkswille und Gemeinwohl absolut kompakt.[45] Bei Rousseau führt die metaphysische Annahme des unveräußerlichen, unteilbaren und unumschränkten Charakters des Volkswillens zur Negierung der demokratischen Legitimität jedweder institutionellen

Ermächtigung zur Macht. Die demokratische Macht stimmt mit dem unmittelbaren und dauerhaften Ausdruck eines allgemeinen Willens überein, der vor jeder institutionellen Ausübung der Macht existiert, und diese Ausübung ist nur in Form des kommissarischen oder imperativen Mandats legitim und an die öffentliche Stimmabgabe und die finale Rechenschaft gebunden. Unter diesen Voraussetzungen ist eine politische Entscheidung um so demokratischer, je mehr sich die Mehrheit, die sie getroffen hat und sie unterstützt, der Einstimmigkeit annähert, weil in diesem Fall die Übereinstimmung zwischen dem Willen eines jeden Bürgers und dem allgemeinen Willen ihren höchsten Grad erreicht.[46]

Die Demokratie ist also nur dann vollkommen verwirklicht, wenn der Wille eines jeden einzelnen, in Anpassung an die politische Befehlsgewalt, merkt, daß die *ratio* des ›heteronomen‹ allgemeinen Willens mit der *ratio* des eigenen autonomen und sich selbst disziplinierenden Willens übereinstimmt. Hier üben das organizistische Modell der antiken Polis und der Mythos der *ekklesia* als perfekter Verwirklichung der unmittelbaren Demokratie[47] eine dermaßen unwiderstehliche Faszination aus, daß die Instanz des bürgerlichen Individualismus, der immerhin die politische Forschung Rousseaus vorantreibt, am Ende umgestoßen und ausgelöscht wird. Und hier zeigt sich die zirkuläre Struktur der (radikal-)demokratischen Utopie im reinsten Zustand: bei Rousseau verliert die politische Befehlsgewalt jede Entschiedenheit und Richtungsweisung, denn durch die Fiktion der unmittelbaren Übereinstimmung von Gemeinwillen und Einzelwillen werden die Subjekte der Gewaltenverbindung abgeschafft, die in der absoluten Einschließlichkeit und Symmetrie des ›demokratischen‹ Machtverhältnisses aufgenommen wurden. Rousseau zeigt, daß er mehr als jeder andere demokratische Utopist übersieht, daß die oberste Funktion der politischen Macht – nämlich ihre ordnende und schützende Funktion – nicht vom diskriminierenden und heteronomen Charakter der politischen Führung getrennt werden kann.[48]

Für den jungen Marx, der Hegels Philosophie des Staatsrechts kritisiert, wie auch für den reifen Marx, der die Ereignisse der Pariser Kommune enthusiastisch kommentiert, führt die Erklärung der Antinomien innerhalb der repräsentativen Demokratie genau wie bei Rousseau zu einer eindeutigen Negierung des modernen politischen Kodexes.[49] Sie führt zu der Vorstellung, das jede politische Form, die anders ist als die unmittelbare Fähigkeit des *demos*, sich selbst zu repräsentieren und sich selbst zu regieren, einen rein institutionellen Formalismus darstellt, unter dem sich der klassenabhängige, bürokratische und despotische Charakter des modernen Staates verbirgt.[50] Für Marx bedeutet ›wahre Demokratie‹, entsprechend Proudhons anarchistischer Instruktion der Pariser Kommune, die Unterdrückung jeder stabilen bürokratischen und parlamentarischen Struktur. Die administrativen Funktionen, wobei keine Unterscheidung zwischen legislativer und exekutiver Gewalt getroffen wird, sollen teilweise von in allgemeiner Wahl gewählten Funktionären wahrgenommen werden, welche unmittelbar ihren Wählern verantwortlich sind und jederzeit abberufen werden können; zum anderen Teil werden sie der unmittelbaren Verwaltung durch das Volk übertragen, und dies betrifft vor allem die richterlichen und polizeilichen Funktionen und die militärische Verteidigung.[51] Marx verfolgt deutlich das Ziel, jede Trennung von bürgerlicher Gesellschaft und politischem Staat zu überwinden, und zwar nach einem Gemeinschaftsplan, der de facto dem Differenzierungsprozeß der modernen Gesellschaft den klassisch-mittelalterlichen Organismusgedanken und seine universalistische Konzeption der Politik entgegenstellt. Die dem zugrunde liegende Anthropologie ist zweifellos die auf Aristoteles zurückgehende Vorstellung vom totalen Bürger, die eine grundsätzliche Ablehnung des Unterschieds zwischen *bourgeois* und *citoyen* nach sich zieht.

Ihrerseits erarbeiten Engels und Lenin, als Erben eines zentralen Aspekts der apolitischen und industrialistischen Ideologie von Saint-Simon, eine Theorie vom Absterben des Staates als Absterben der proletarischen Demokratie. Die Verwirklichung des Kommunismus ist für sie gleichbedeutend mit dem Verschwinden jeglicher Machtbefugnis, die ein Mensch über einen anderen Menschen hat, einschließlich der demokratischen Macht. Jede politische Funktion wird überflüssig, und der Staat stirbt spontan ab, wenn – sind die kapitalistischen Produktionsformen erst einmal abgeschafft und die von ihnen hervorgebrachten gesellschaftlichen Klassen erst einmal verschwunden – die gesellschaftliche Entwicklung durch einfache Verfahren in der Verwaltung der Güter und die Leitung der Produktionsprozesse gesichert werden kann.[52]

Für Lenin und die sowjetischen Rechtsgelehrten der dreißiger Jahre, die sich an den Thesen von *Staat und Revolution* orientieren wie P. I.

Stučka und E. B. Pašukanis, ist der »Schlummer des Staates« gleichbedeutend mit einer Situation, in welcher alle Bürger spontan »die einfachen und grundlegenden Regeln einer jeden menschlichen Gesellschaft« einhalten, und zwar ohne jeden Eingriff normativer und repressiver Apparate.[53] Um an diese Schwelle universeller Selbstdisziplinierung zu gelangen, sind Prozesse größter Sozialisierung und Ausweitung der Politik notwendig, so daß gewaltige Volksmassen in einen ununterbrochenen Prozeß der Umwandlung und Selbsterziehung einbezogen werden. Dagegen können die repräsentativen Verfahrensweisen und die rechtlichen Sicherheiten als Erbschaft des bürgerlichen Konstitutionalismus beiseite geräumt werden.

Und auch Gramsci zeigt in seinen *Gefängnisheften*, daß er die Engelssche und Leninsche Version der apolitischen Utopie von Saint-Simon teilt, und spricht ihr außerdem ein starkes pädagogistisches und organizistisches Gewicht zu. Ein sozialistischer Staat mit ideologischer Vorherrschaft muß sich als fähig erweisen, die neuen Generationen moralisch und physisch nicht nur durch einen repressiven, sondern auch belohnenden pädagogischen Gebrauch der rechtlichen Instrumente und der schulischen Institutionen zu formen.[54] So wie sich die Zustimmung und die Selbstdiziplin der Bürger nach und nach durchsetzen, werden der Staat und das Recht sich stufenweise aufheben, da sie ihre Funktionen erfüllt haben und der »regulierten Gesellschaft« oder dem »ethischen Staat« Raum geben. In diesem Prozeß nimmt der ›moderne Fürst‹, nämlich die kommunistische Partei, »im allgemeinen Bewußtsein die Stelle der Gottheit oder des kategorischen Imperativs ein«, weil jeder Akt nur dann »als nützlich oder schädlich, als tugendhaft oder verwerflich aufgefaßt wird, wenn er den modernen Fürsten zum Beziehungspunkt hat und dazu dient, seine Macht zu vergrößern oder sich ihm zu widersetzen«.[55]

Der sowjetische Jurist A. J. Vyšinskij, einer der treuesten Willensvollstrecker Stalins, gibt dieser regressiven Utopie eine beispielhafte Deutung, wenn er auf ihrer Grundlage die Notwendigkeit rechtfertigt, »ein gigantisches Vorbeugungssystem zu schaffen, das dazu dient, die neue sozialistische Gesellschaft zu disziplinieren und zur Achtung vor den Normen zu erziehen«. Erst auf dem Höhepunkt eines Prozesses zunehmender Repression sei in seiner Sicht der Staat dialektisch in sein Gegenteil gewendet, das heißt in die kommunistische Gesellschaft ohne Gesetz und ohne Staat. In ihr hätten die längst an Gehorsam gegenüber den sozialistischen Normen gewohnten Bürger die Regeln des gesellschaftlichen Zusammenlebens respektiert, ohne jede Notwendigkeit der Prävention und der strafrechtlichen Nötigung.[56]

Wenn dies alles stichhaltig ist, dann, denke ich, kann man behaupten, daß die allgemeinen Ansätze, auf die das radikal-sozialistische Modell[57] verweist, zumindest die folgenden drei sind:

1. Das politische System ist aristotelisch als das allgemeine Gesellschaftssystem konzipiert, das jede mögliche Erfahrungsdimension in sich einschließt. Politisches Handeln ist die Bedingung der Rationalität und Sittlichkeit der Bürger, und die Politik ist eine architektonische Wissenschaft, dazu bestimmt, jeden Aspekt des individuellen und gesellschaftlichen Lebens entsprechend einem Ideal des ›guten Lebens‹ zu gestalten, das die Rationalität des universellen Nomos und die objektive Ordnung der Welt widerspiegelt. Es handelt sich, kurz gesagt, um einen metaphysischen Entwurf, der durch eine Vorstellung von organizistischer und stark expansiver Politik gekennzeichnet ist.

2. Man ist der Ansicht, daß die Beteiligung einer größtmöglichen Zahl von Bürgern am Entscheidungsprozeß ein moralisches Gut an sich ist. Das ist sie, weil, wie es im übrigen auch John Stuart Mill sah und Carole Pateman[58] noch heute so sieht, die politische Mitbestimmung heilsame erzieherische Wirkungen auf den ausübt, der sie praktiziert. Doch vor allem ist sie es, weil sie die Bedingung und die Gewähr für die Verwirklichung des Gemeinwohls ist: nämlich die Durchsetzung der mit der Ur-Freiheit, der Ur-Güte und der Ur-Gleichheit verbundenen Werte der Menschen. Insofern die Demokratie die politische Form ist, in der die Überwindung des heteronomen Charakters der politischen Befehlsgewalt möglich wird, ist sie der Beweis dafür, daß die Macht eine entbehrliche gesellschaftliche Funktion darstellt. Daher ist eine menschliche Gemeinschaft vorstellbar, in der keinerlei gesellschaftlicher Bezug mehr die Merkmale der Exklusivität und der Asymmetrie aufweist, die dem politischen Verhältnis eigen sind.

3. Schließlich und endlich herrscht allgemein die Vorstellung der Aufklärung vor, daß der zivile Fortschritt und die gesellschaftliche Emanzipation nicht zu höherer Komplexität und Spezialisierung in den gesell-

schaftlichen, politischen und ökonomischen Beziehungen führen, sondern zu deren stufenweisen Vereinfachung. Der junge Marx wünscht das Aufkommen einer Gesellschaft herbei, in der es keine Aufteilung der Arbeit in gesellschaftliche und technische mehr gibt. Lenin behauptet sogar, daß, wenn die Gesellschaften erst einmal vom Kapitalismus befreit sind, die Industriegesellschaften ein derartiges Niveau von Transparenz und Einfachheit erlangen können, daß selbst eine Köchin die Funktionen eines Staatsoberhaupts wahrzunehmen vermag. Daher dürfen alle Bürger reihum zu Aufgaben der gesellschaftlichen Verwaltung und Kontrolle bestimmt werden, weil zu deren Erfüllung keinerlei Fachkompetenz notwendig ist.

Wenn das in Grundzügen eine zuverlässige Rekonstruktion der politischen Thesen und philosophischen Ansätze der radikalsozialistischen Version der klassischen Lehre ist, denke ich, muß man ihre Zugehörigkeit zu den differenzierten und komplexen Gesellschaften des postindustriellen Westens ausschließen. Diese Version stellt ein Modell gesellschaftlichen Zusammenlebens dar, das auf der unmittelbaren Interaktion zwischen den Gruppenmitgliedern gründet, deren Rationalität, wie Weber geschrieben hat, »der primitiven, gerontokratischen oder patriarchalischen Gemeinschaft sehr sehr nahe ist«.[59] Sie widerspricht den Ansätzen und Hypothesen einer realistischen Sicht des Verhältnisses zwischen Komplexität und Demokratie in so eindeutiger Weise, daß ich dazu neige, ihr jeden zielgerichteten Wert abzusprechen.

Vor allem scheint mir innerhalb der nicht elementaren und differenzierten Gesellschaften – wie es nicht einmal das Athen des Perikles und ganz sicher nicht das Genf Rousseaus gewesen sein konnten – die aristotelische Anschauung von der Zentralität, Universalität und völligen Inklusivität des politischen Systems unzulässig. In den modernen Gesellschaften, vor allem in den industriell hochentwickelten Gesellschaften, nimmt das politische System keine zentrale Stellung in der gesellschaftlichen Reproduktionsstrategie ein. Es ist ein funktionelles Subsystem neben anderen und übt differenzierte Funktionen gegenüber anderen primären Subsystemen aus. Es ist darüber hinaus, wie wir noch sehen werden, von besonderer Langsamkeit und von besonderen Antinomien betroffen, die andere Subsysteme, allen voran das wissenschaftlich-technologische, nicht im geringsten zu kennen scheinen.

Zweitens bin ich der Meinung, daß die aristotelisch-thomistische Vorstellung des Gemeinwohls, die Rousseau implizit zu seiner eigenen macht – was im übrigen viele unserer verspäteten zeitgenössischen Aristoteliker machen, angefangen bei Hannah Arendt –, eine Art ethisch-metaphysischer Überrest der organizistischen und solidaristischen Konzeption der antiken Polis und der mittelalterlichen Stadt ist. Wie Schumpeter einleuchtend dargestellt hat, nimmt die Vorstellung von der Existenz eines Gemeinwohls als Objekt des Volkswillens (und folglich als wesentliche Voraussetzung der partizipativen Demokratie) an, daß jedem erwachsenen und normalen Bürger das Verständnis dessen, was das Wohl für ihn und für die anderen ist, leicht zugänglich sei. Und sie setzt voraus, wie auch heute noch Rawls, Apel und Habermas annehmen, daß es mit den Mitteln der Argumentation, der Diskussion und der rationalen Überzeugung möglich sei, wenn schon nicht einen allgemeinen politischen Konsens, so doch wenigstens eine Übereinkunft moralischer Art über die grundlegenden Postulate der Gerechtigkeit oder der gesellschaftlichen Gleichheit zu erlangen.

Darüber hinaus impliziert dieses solidaristische Verständnis von Demokratie die Vorstellung, daß alle Bürger, die eine Vorstellung vom Gemeinwohl haben, auch danach trachten, es auf Grund ihres natürlichen Gerechtigkeitssinns dauerhaft zu erstreben. Auch hier wirkt implizit die Rousseausche Fiktion von der in einer vollkommenen Demokratie herrschenden natürlichen Übereinstimmung zwischen dem Gemeinwohl und den konkreten Erwartungen eines jeden Mitglieds der politischen Gemeinschaft nach sozialer Gratifikation. Erklärtermaßen impliziert die Unterstützung des Bürgers für Forderungen von allgemeinem Interesse keinerlei Spannung mit seinen eigenen Interessen. Und wo doch, wird er normalerweise zum Opfer bereit sein. Und wenn er in Ausnahmefällen nicht dazu bereit sein sollte, wird er »gezwungen, frei zu sein«.

Das, was meiner Ansicht nach in diesem radikal demokratischen Entwurf nicht vorkommt, ist vor allem die Wahrnehmung der Vielfalt, des Partikularismus und der gegenseitigen Unvereinbarkeit der gesellschaftlichen Erwartungen innerhalb nicht-elementarer Gesellschaften. Nicht vorhanden ist der strukturell dürftige Charakter sowohl der gesellschaftlichen Ressourcen als auch der Befugnisinstrumente für die Zuteilung der politisch zuschreibbaren Ressourcen. Die gesellschaftlichen Ressourcen – Sicherheit, Eigentum, Ansehen, Geld, Macht, Zeit, Information usw. – sind strukturell dürftig, weil sie die entsprechenden Erwartungen gemäß fundamentaler Werte nicht absolut erfüllen, sondern nur im Verhältnis zum Kontext der den anderen Subjekten oder gesellschaftlichen Gruppen vorbehaltenen Bedingungen. Daher gibt es keine Schwelle, jenseits derer sich die Nachfrage nach einem wesentlichen gesellschaftlichen Gut als erfüllt betrachten könnte.

In Wirklichkeit stimmt die Dimension der Politik genau mit der agonistischen Sphäre von Dissens, Konflikten und jener Antagonismen überein, die *nicht* auf argumentativem Weg eingeebnet werden können, und noch viel weniger nach Maßgabe universeller Kriterien der Unparteilichkeit oder der verteilenden Gerechtigkeit. Bei Strafe seiner Auslöschung kann kein politisches System *alle* Erwartungen erfüllen und *allen* konkurrierenden Standpunkten freien Lauf lassen,[60] wenn es stimmt, daß die Exklusivität und Asymmetrie der Befugnisgewalt die grundlegenden Prinzipien des politischen Kodexes sind. Angesichts einer agonistischen Vielfalt gesellschaftlicher Erwartungen wählt das politische System gebieterisch auf der Grundlage einer bloßen Entscheidung aus. Und diese Entscheidung ist genau in dem Maße eine politische Verfügung, in der sie nicht durch moralische oder rationale Kriterien gerechtfertigt wird, sondern durch kontingente und opportunistische Stabilitätserfordernisse des Systems: *auctoritas, non veritas facit legem*. Damit wird deutlich, daß die radikal demokratische Position mit der grundlegenden Anschauung des politischen Realismus kollidiert, derzufolge der politische Konflikt zwar beigelegt und neutralisiert, nicht aber überwunden werden kann. Und nicht durch Logik, Vernunft oder Gerechtigkeit kann er neutralisiert werden, sondern durch eine Macht, die in der Lage ist, ›Angst zu absorbieren‹ durch die Ausübung ihrer Schutzfunktionen, das heißt durch Schaffung von Ordnung, Sicherheit, Stabilität und Vertrauen auf der Grundlage eines monopolistischen und ›legitimen‹ Gebrauchs von Gewalt.[61]

Drittens glaube ich, daß man ohne zu zögern der Rousseauschen und radikalsozialistischen Gleichung widersprechen muß, derzufolge, absolut gesehen, mehr Mitbestimmung auch mehr Demokratie bedeutet und umgekehrt. Dies behaupte ich, ohne mich selbstverständlich der entgegengesetzten These von Berelson und Sartori anzuschließen, nach welcher eine gute Dosis Apathie und politischer Nichtbeteiligung der Beweis für das optimale Funktionieren eines demokratischen Systems sind.[62] Meiner Ansicht nach kann sich die Rousseausche Gleichung unter Bedingungen einer hohen gesellschaftlichen Komplexität als eine undurchführbare und zusätzlich auch kontraproduktive ideologische Formel herausstellen.

Wenn es stimmt, daß in den modernen Gesellschaften das politische Subsystem verglichen mit anderen Subsystemen differenziert und spezialisiert ist, dann kann eine Expansionsstrategie ihres funktionellen Bereichs, wenn sie über eine bestimmte Grenze hinaus betrieben wird, zu zwei Arten von Funktionsstörungen führen: Funktionsstörungen innerhalb des politischen Systems und Funktionsstörungen zu Lasten der anderen primären Subsysteme.

Die Ausweitung und Vergesellschaftung des politischen Systems verlangt unter normalen Bedingungen eine entsprechende Reduktion der zentral getroffenen Entscheidungen und die Einbeziehung einer sehr hohen Anzahl von Entscheidungsträgern in die Entscheidungsprozesse. Es ist klar, daß dies eine Explosion der Zeitdauer für die politische Entscheidung bedingen und daher Formen von funktioneller Langsamkeit und von ›Machtinflation‹[63] hervorrufen kann. Es kann das Niveau der Information, der Kompetenz und der Verantwortung der Entscheidungsträger gefährlich herabsetzen und außerdem lähmende Interdependenzen innerhalb von gegenteiligen und verbreiteten Vetogewalten einführen.[64] Schließlich und endlich kann es zu Phänomenen korporativer Zersplitterung der Entscheidungen und zu einer Zerstreuung der Macht in Sackgassen führen.

Statt die Legitimitätsreserve zu Gunsten des politischen Systems aufzufüllen und breite Volksmassen in Prozesse der politischen Vergesellschaftung und der Selbsterziehung einzubeziehen,[65] kann eine übertriebene Suche nach demokratischer Mitbestimmung Phänomene tiefer Enttäuschung und das Absinken der politischen Motivationen angesichts dürftiger Gratifikation erzeugen, welche die Beteiligung an wirren und wenig einschneidenden Entscheidungsprozessen bei den Entscheidungsträgern auslösen kann.[66] Und an Stelle von solidaristischem Verhalten kann sie eine bedenkenlose Suche nach Befriedigung persönlicher Interessen stimulieren, bis hin zum Zynismus und zur politischen Korruption, wie es auch bei den demokratieorientierten politischen Militanten vorkommt.[67]

Hinsichtlich der Funktionsstörungen zu Lasten der anderen primären Subsysteme – Wirtschaft, Wissenschaft, Kultur, Information und private Lebensbereiche wie Gefühlsleben, Freizeit usw. – kann man sie in Angaben von Verlusten an Zeit, Energie und Aufmerksamkeit gegenüber anderen Erfahrungsbereichen einschätzen, wie auch in der Überlagerung von funktionellen Denkweisen, die nicht miteinander vereinbar sind.[68] Man denke an die Funktionsstörungen einer von Verwaltungsbehörden streng geplanten Wirtschaft, an die Verarmung des kulturellen Lebens und der wissenschaftlichen Forschung angesichts von Prozessen politischer Vermassung, an die drastische Verminderung der Formen spontaner Assoziationsbildungen, die durch das Vorhandensein monolithischer und expansiver staatlicher Strukturen hervorgerufen wird, an die Erstickung bodenständiger Kulturtraditionen unter den invasiven Kulturmodellen der Massenkommunikationsmittel. Vielsagende Beispiele für diese Funktionsstörungen haben die totalitären Regime unseres Jahrhunderts geliefert: der Lysenkismus in der Sowjetunion, die Unterdrückung jeder intermediären Gruppe seitens der faschistischen Regime, die Kulturrevolution in China, das Machtmonopol der kommunistischen Partei in den Ländern Osteuropas. Demokratische Regime sind jedoch keinesfalls immun, bedenkt man die narkotisierenden Auswirkungen des Dauerfernsehens oder den ideologischen Gewaltmißbrauch der religiösen Organisationen in den westlichen Demokratien. Und neben Phänomenen dieser Art können auch die Abnutzungserscheinungen der ökonomischen Interventionen des Wohlfahrtsstaates in einigen europäischen Ländern, einschließlich Italiens, aufgelistet werden, die in den achtziger Jahren von politischen Kräften liberaler wie sozialistischer Couleur bekannt gemacht wurden.

Es ist angebracht, schließlich festzustellen, daß der demokratische Progressismus und der Historizismus von der Kultur der Aufklärung und dem utopistischen Sozialismus die Vorstellung geerbt haben, Pluralismus und Komplexität seien eine Folge der Mißwirtschaft und der kapitalistischen Anarchie. Von Saint-Simon bis Engels, von Weitling bis Gramsci, von Lenin bis Vyšhinskij wurde die demokratische oder künftige sozialistische Gesellschaft als eine lineare und transparente Gesellschaft gedacht, und zwar dank der endgültigen Umgestaltung der gesellschaftlichen Antagonismen und dank der drastischen Vereinfachung der politischen Institutionen, der administrativen Verfahren und der Rechtsinstanzen, die durch die Abschaffung des Privateigentums der Produktionsmittel ermöglicht werden sollen. Erkennt man dagegen an, daß der Modernisierungsprozeß und die Entwicklung der technologischen Anwendungen der Wissenschaft gegenteilige Phänomene hervorbringen, dann tritt ein Hauptthema für die philosophisch-politische Betrachtung der Demokratie zutage. Es handelt sich um die Notwendigkeit, nicht nur die Forderungen der Demokratie mit dem Erfordernis der ›Erhaltung der Komplexität‹ zu verbinden, sondern um das Wahrnehmen der Aspekte, aufgrund derer im Rahmen moderner Industriegesellschaften die Demokratie letzten Endes mit der politischen Erhaltung der Komplexität und der gesellschaftlichen Differenzierung auf der politischen Ebene zusammenfällt.[69] Es ist leicht vorhersehbar, daß kein politisches Regime der Zukunft in der Lage sein wird, die »Versprechungen der Demokratie« – um Norberto Bobbios hilfreiche Formulierung[70] zu verwenden – zu erfüllen, wenn es nicht in der Lage ist, sich rechtliche Verfahrensweisen und komplexere und differenziertere politisch-administrative Formen anzueignen: das heißt artikuliertere Formen mit einer höheren Kompetenz und spezialisierteren Kultur, die schneller auf die Veränderlichkeit der Umwelt und auf ihre wachsenden Interdependenzen mit reflexiven Strategien der Selbstprogrammierung und Selbstkorrektur reagieren.

Unter dieser Prämisse scheint mir der Zweifel zulässig, daß das Modell der unmittelbaren Demokratie in sich selbst noch irgendeine Aktualität in den entwickelten Gesellschaften besitzt, trotz der aristokratischen Sehnsucht, die es auch weiterhin in Autoren wie Hannah Arendt und, wenigstens teilweise, Jürgen Habermas auslöst, für die die *agora* das Ideal der perfekten politischen Kommunikation und Ausübung der bürgerlichen Tugenden verkörpert. Doch ich glaube, es ist nicht einmal sinnvoll, sich auf dieses Modell als ein schlicht regulatives Ideal für den Aufbau progressistischer Schemata zur Verstärkung der Mitbestimmung oder der Volksentscheide für die streng repräsentativen Formen parlamentarischer Demokratie zu berufen.

Dabei denke ich an Theoretiker der anglo-amerikanischen neuen Linken wie Crawford Macpherson, Carole Pateman und Perry Anderson oder, in Kontinentaleuropa, an die Thesen von Nicos Poulantzas oder an die eines politischen Exponenten von hohem theoretischem Ansehen wie Pietro Ingrao.[71] Und ich denke insbesondere an Autoren wie John Burnheim und Benjamin R. Barber. Mit einer Portion rationalistischem Optimismus, die der besten utopistischen Tradition ebenbürtig ist, haben diese Autoren vor einiger Zeit alternative theoretisch-politische Modelle erarbeitet, welche die westlichen Demokratien dank einer Kur von Demokratie nach Auslosung oder »starker Demokratie« wieder stärken soll.[72] Es scheint mir, als falle die Vorhersage nicht schwer, daß theoretische Initiativen dieser Art, trotz der besten Absichten der Autoren, trotz ihres Einfallsreichtums und ihrer zuweilen glänzenden Kritik, dazu bestimmt sind, bei den Akten der rein akademischen Kultur und ihrer Papierschlachten zu verbleiben.

3. Der Mythos von der Repräsentation als Anpassung

In seiner Kritik dessen, was er für die klassische Lehre der Demokratie hält, bezieht sich Schumpeter ausdrücklich nur auf die klassische Vorstellung von der repräsentativen Demokratie. Worum es Schumpeter geht, ist vor allem der Ausschluß der starken Bedeutung von politischer Repräsentation als Wahlverfahren, das die Übertragung und Verwirklichung des Volkswillens ermöglichen würde. Was ihm letzten Endes am Herzen liegt ist, zu beweisen, daß die Anschauung von einer repräsentativen Demokratie, sofern sie in einem positiven Sinn verstanden wird, nicht weniger elementar und unrealistisch ist als die von Rousseau vorgeschlagene Anschauung von der Mitbestimmungsdemokratie.

Für Schumpeter entbehrt die Vorstellung jeder Grundlage, daß die individuellen Willensäußerungen zu einem gemeinsamen Volkswillen tendieren und auf diese Weise höhere ethische und rationale Werte erlangen. Er schreibt diese Überzeugung dem Moralismus der Begründer der modernen Demokratietheorie und ihrem naiven puritanischen und utilitaristischen Glauben zu. Und ebenso illusorisch ist die Vorstellung, so meint er, daß die Mitglieder der Wahlversammlungen – die Spezialisten der Politik – bereit seien, selbstlos zu handeln, um den Volkswillen zu verwirklichen, so wie beispielsweise ein Arzt tätig wird, um den Willen des Patienten nach Genesung zu verwirklichen.[73]

Für Schumpeter ist es nur innerhalb begrenzter Gemeinschaften mit sehr einfacher Gesellschaftsstruktur sinnvoll, die Existenz eines allgemeinen Willens anzunehmen, der übertragen und von Abgeordneten ›repräsentiert‹ werden kann, die mit der Ausführung der kollektiven Entscheidungen beauftragt sind. Sobald die gesellschaftliche Gruppe zahlenmäßig stärker wird und ihre internen Funktionen differenzierter und komplexer werden, erweist sich das repräsentative Schema als illusorisch. Der allgemeine Wille ist in der Tat nur das zufällige Ergebnis einzelner individueller Willensäußerungen, welche der Autonomie und der Rationalität entbehren. Der durchschnittliche Bürger ist zu einer begrenzten Aufmerksamkeit und einer ebenso begrenzten Unabhängigkeit seines Urteils fähig: oftmals ist er Gefangener irrationaler vorgefaßter Meinungen und unterliegt unklaren, gefühlsbetonten Impulsen, welche auf der Grundlage propagandistischer Slogans und mehrdeutiger Eindrücke wirksam werden. Im Normalfall ist seine Persönlichkeit weit davon entfernt, diese Einheit und diese Fähigkeit zur kohärenten Willensäußerung zu besitzen, die der puritanische Moralismus voraussetzte und die Untersuchungen Freuds widerlegten.[74] Er ist nicht nur wenig geneigt, Tatsachen objektiv und genau zu beobachten und zu deuten, sondern zeigt, sobald er sich einer kollektiven Situation eingliedert, einen nachlassenden Verantwortungssinn, ein geringeres intellektuelles Niveau und eine größere Bereitschaft für irrationale Reize.[75] Außerdem zeigt der Durchschnittsbürger, aufgrund einer Art Gesetz von der abnehmenden Leistungsfähigkeit, einen raschen Abfall seiner intellektuellen Leistungsbereitschaft, sobald man von familiären und beruflichen Fragen zu den großen Themen der Innen- und internationalen Politik übergeht. Er wird von einem stufenweisen Verlust des Realitätssinns und einer Abwesenheit tatsächlicher Willensäußerung befallen.[76]

Andererseits neigen die Berufspolitiker dazu, eine Schicht in Form einer Machtelite zu bilden und sich in einer breiter angelegten Konstellation politischer, ökonomischer und professioneller Gruppen anzusiedeln, die, verglichen mit denen der Mehrheit der Durchschnittsbürger, Träger klar erkennbarer und auseinanderstrebender Interessen sind. Die politischen Parteien sind nicht, wie die klassische Lehre es möchte, Gruppen von Menschen, die begierig das Gemeinwohl auf der Grundlage allseits gebilligter Prinzipien verbreiten wollen. Eine Partei ist ein Zusammenschluß, dessen Mitglieder sich vornehmen, gemeinsam im Konkurrenzkampf um die politische Macht tätig zu werden, und sie verhalten sich nicht anders als die Akteure des Wirtschaftsmarktes, wenn diese versuchen, sich durchzusetzen oder den ökonomischen Wettbewerb zu regulieren.[77] Die Parteien und andere wirtschaftliche oder professionelle Gruppen sind mit Hilfe von Druckmitteln und propagandistischen Manipulationen, über die sie verfügen, in der Lage, den Volkswillen zu gestalten und ihn sogar nach eigener Willkür zu schaffen. Mit Erlaubnis der Theoretiker der klassischen Demokratie, einschließlich Jefferson und Lincoln, muß festgestellt werden, daß das Volk als politisches Subjekt überhaupt kein Problem erkennt, schafft und entscheidet.[78]

Natürlich kann man der Ansicht sein, daß eine so weitschweifige und in mancher Hinsicht wohl auch summarische Kritik eine strenge analytische Erörterung verlangt, doch scheint mir die Behauptung wenig sinnvoll zu sein, daß ihr Objekt mythologisch sei. Wenn man schon den Begriff Mythos verwenden muß, so muß er nicht auf die Schumpetersche Vorstellung von klassischer Lehre angewandt werden, sondern auf die (Rousseausche) Theorie der Mitbestimmungsdemokratie und auf ihren athenischen Archetypus. Und er muß folglich auch auf die Theorie angewandt werden, die ich als Theorie der Anpassung bezeichne: ich beziehe mich auf die Theorie der politischen Repräsentation, sofern sie als eine Angleichung oder eine Neubearbeitung des athenischen Modells aufgefaßt und gerechtfertigt wird, das heißt als eine Verbindung von diesem mit Elementen der klassisch-republikanischen Tradition, von Rom über die italienischen Stadtstaaten bis zur Renaissance.[79] Diese Theorie wurde, mit unterschiedlichen Schattierungen, von einer beachtlichen Reihe klassischer Autoren gestützt: von Montesquieu über James und John Stuart Mill bis Bentham und Destutt de Tracy, und sie beeinflußt immer noch zeitgenössische Autoren wie Hans Kelsen und Robert Dahl.[80]

Nach Dahls Ansicht wird die Repräsentation, obwohl sie ursprünglich eine nichtdemokratische Institution war, zum wesentlichen Element der modernen Demokratie: sie ist nichts anderes als die Anwendung des Prinzips der Gleichheit der Bürger auf moderne politische Systeme. Die Schöpfer der liberaldemokratischen Institutionen des Nationalstaats zwischen dem siebzehnten und achtzehnten Jahrhundert waren sich vollkommen bewußt, behauptet Dahl, daß es notwendig war, die unmittelbare Demokratie in eine repräsentative Demokratie umzuwandeln, um den Gedanken der politischen Gleichheit bei den veränderten historischen Bedingungen anzuwenden.[81]

Die Anpassung war laut Dahl notwendig wegen der vergrößerten Ausdehnung der Territorien und der größeren Bevölkerungsdichte der modernen Nationalstaaten gegenüber der Polis oder den italienischen Stadtrepubliken. Und er hebt hervor, wie es übrigens auch viele andere Autoren machen, daß Athen von wenigen tausend Menschen bewohnt war und sich nur ein verschwindender Teil von ihnen sich wirklich versammelte, und daß in jedem Fall die Sklaven, die Metöken, die Frauen und wahrscheinlich noch andere Personengruppen von der Staatsbürgerschaft ausgeschlossen waren.[82] Und in diesem Rahmen gibt Dahl seiner Verwunderung darüber Ausdruck, daß es innerhalb der sogenannten demokratischen Tradition im Verlauf der zweitausend Jahre, welche die athenische *ekklesia* von den englischen Parlamenten des siebzehnten Jahrhunderts trennen, niemandem eingefallen sei, daß eine gesetzgebende Versammlung nicht von der gesamten Bevölkerung, sondern von gewählten Repräsentanten gebildet werden konnte.[83]

Nach Ansicht der Theorie der Anpassung erfüllen die Einrichtungen der politischen Repräsentation *indirekt* die Funktionen, welche die unmittelbare Demokratie im Bereich der Polis ausübte. Die Abweichungen sind auf den Umstand zurückzuführen, daß aus Maßstabsgründen die Mittel und Formen der Repräsentation *prozedural* von den Mitteln und Formen der Mitbestimmung verschieden sind.[84] Innerhalb politischer Gebilde von großer territorialer und demographischer Ausdehnung ist die Zusammenkunft des Volkes in beschließenden Versammlungen physisch unmöglich. Der Umfang und die Komplexität der administrativen Aufgaben in einem modernen Staat erfordert auf der anderen Seite eine breite Gliederung der politischen Einrichtungen, welche die zentrale Stellung der Volksversammlung schwächt. Und zahlenmäßig große Versammlungen wären in jedem Fall nicht in der Lage, komplexe politische Probleme zu diskutieren und Entscheidungen rational, geordnet und rechtzeitig zu treffen. Daher ist es unvermeidlich, daß das Volk nicht unmittelbar an beschließenden Kollegien teilnimmt, sondern sich selbst selegiert, indem es eine begrenzte Zahl seiner Repräsentanten beauftragt, sich in einem gewählten Parlament zu versammeln. Die gewählten Mitglieder sind Repräsentanten des Volkes in einem nicht leicht zu definierenden Sinn, der aber immerhin die Vorstellung von einer bedeutenden Beziehung bis an die Grenze einer perfekten Übereinstimmung zwischen den Willensbekundungen der Bürger und den von ihren parlamentarischen Repräsentanten geäußerten Willensbekundungen einschließt. Und das Maß dieser Übereinstimmung wird genau der Gradmesser für den demokratischen Charakter der Wahlsysteme und der Wahlversammlung sein.

Mitte der fünfziger Jahre wird diese These sogar von einem ernüchterten formalen Theoretiker der Demokratie und Formalisten wie Hans Kelsen wiederholt, der unter anderen Gesichtspunkten den Thesen der neoklassischen Schule sehr nahesteht. In unmittelbarer Polemik mit Schumpeter behauptet Kelsen, daß das Verhältniswahlsystem demokratischer sei, weil »es die größtmögliche Annäherung an das Ideal der Selbstbestimmung des Volkes im Rahmen einer repräsentativen Demokratie darstellt«.[85] Für Kelsen ist der Parteienwettbewerb um die Stimmen der Wahlbevölkerung ein völlig zweitrangiger, wenn nicht gar geringwertiger Aspekt der Demokratie, weil

> »das grundlegende Kriterium der Demokratie darin besteht, daß die Macht der Regierung im Volk sitzt. In der unmittelbaren Demokratie gibt es nicht einmal Wahlen. Doch wenn das Volk diese Macht nicht unmittelbar ausüben kann oder will, kann es sie mittels freier Wahlen auf Repräsentanten übertragen und mithin eine Regierung schaffen, statt selbst zu regieren. Die freie Wahl mit ihrer Konsequenz, der konkurrierende Kampf um die Stimmen des Wählervolks ist daher ein zweitrangiges Kriterium. Nur wenn das Verhältnis zwischen diesen beiden Kriterien hergestellt und die Schaffung einer Regierung mittels freier Wahlen als primärem Kriterium in Betracht gezogen wird, kann die Demokratie als Regierung verstanden werden, die durch Konkurrenz festgelegt worden ist. Doch eine derartige Verlagerung läuft dem Wesen der Demokratie zuwider.«[86]

Meiner Meinung nach muß man mit Nachdruck feststellen, daß diese Lehre von der politischen Repräsentation als Anpassung der Versammlungsdemokratie nicht nur die Gültigkeit des Schumpeterschen Begriffs der klassischen Lehre von der Demokratie bestätigt, sondern auch die Kritik rechtfertigt, die er an ihr übt: nämlich eine elementare und unrealistische Lehre zu sein. Sie berücksichtigt weder die historischen Präzedenzfälle (die mittelalterlich und nicht aus der Antike sind), die zu den modernen Formen der Wählerrepräsentation geführt haben, noch die tatsächlichen Funktionen, welche die Wahlverfahren und die parlamentarischen Institutionen nach und nach im Lauf des langen Entwicklungsprozesses des liberaldemokratischen Staates ausgeübt haben.

Zugunsten der These, welche die Lehre von der Anpassung als unrealistisch und elementar herausstellt, sprechen meines Erachtens drei Argumente.

1. Vor allem gibt es ein Argument historischer Art: die Repräsentation hat keinerlei Beziehung zu den politischen Institutionen der Antike. Die institutionelle Einrichtung der Repräsentation, die in der griechischen Polis und im republikanischen wie kaiserlichen Rom unbekannt war, tritt mit deutlich korporativen und organischen Merkmalen erst im Spätmittelalter vor allem in England und Schweden auf. Die mittelalterliche Repräsentation gründet sich auf der Vorstellung, daß die vom Monarchen geladenen Subjekte – ranghohe weltliche und kirchliche Würdenträger, der niedere Adel und der niedere Klerus, Sprengel, Städte usw. – auf den einberufenen feierlichen Versammlungen entweder in der Lage sind, sich selbst zu repräsentieren, oder sich von anderen repräsentieren lassen müssen. Im letzteren Fall stehen die Repräsentanten für die Gemeinschaften, auf die sie auf Grund persönlicher Vorrechte Bezug nehmen, die aber mit keinerlei formaler Übertragung von Autorität seitens der Repräsentierten zu tun haben. Die Mechanismen der Einsetzung sind vorwiegend die der Kooptation, der Erbfolge oder der Ernennung von oben.

Die typische Funktion der mittelalterlichen Repräsentation besteht neben dem Handeln derer, die in der Lage sind, sich selbst zu repräsentieren, wie dem Hochadel oder dem hohen Klerus, darin, die Repräsentanten zum Handeln im Namen und im Interesse der Subjekte zu autorisieren, bei denen von vornherein jede Fähigkeit zum eigenständigen Handeln ausgeschlossen wird. Das Arrangement verlangt, daß die Autorität des Repräsentanten (ausschließlich) von demjenigen, der die Macht zur Einberufung der Versammlung hat, anerkannt wird, auch wenn dies natürlich nicht verhindert, daß der Repräsentant sich zum Fürsprecher der Forderungen und auch der Einsprüche des kollektiven Korpus macht, den er repräsentiert. Und es verhindert ebensowenig, daß er in einigen Fällen statt eines allgemeinen Vertrauensmandats ein ausgesprochen imperatives Mandat übertragen bekommt.

Darüber hinaus sind die repräsentativen Rollen innerhalb der politischen Versammlung des Mittelalters als Steinchen für ein Mosaik konzipiert, das auf organische Weise die Interessen und gesellschaftlichen Bedingungen der verschiedenen Schichten reproduziert, aus denen sich die *universitas populi* zusammensetzt: daher sind nicht die einzelnen Individuen Inhaber des Rechts, repräsentiert zu werden, sondern die Ortschaften, die Stände, die Korporationen, die Zünfte und so weiter.[87] Durch die Einrichtung der Repräsentation wollen diese kollektiven Subjekte ihre Interessen und ihre Autonomie gegen zentralistische Tendenzen und Übergriffe der monarchischen Macht schützen. Nichts könnte also vom Modell der auf *isegoria* und *isonomia* der individuellen Mitglieder des *demos* als solchen gründenden *agora*-Demokratie weiter entfernt sein.

Wenn man nun den parlamentarischen Prozeß der Formalisierung der Wahlen des modernen Staates von der doktrinären Emphase der Theoretiker der repräsentativen Demokratie loslöst, entdeckt man, daß die Einrichtungen der politischen Repräsentation in ihren puritanischen, bürgerlichen und besitzständischen Ursprüngen viel stärker vom korporativen Denken des Mittelalters als von den universalistischen Bestrebungen des Naturrechtsdenkens und des Kontraktualismus geprägt sind. Und dies wird an der Verfassungsgeschichte Englands besonders deutlich, einer Geschichte, die einen entscheidenden Einfluß auf die repräsentativen Verfassungen des alten wie des neuen Kontinents und auch Australiens und Neuseelands ausgeübt hat.

In Wirklichkeit funktioniert die moderne Repräsentation, wie der junge Marx feststellt,[88] als Instrument der Formalisierung und Autonomisierung des politischen Systems auf Grund eines institutionellen Doppelmechanismus: das ist einmal die Zersplitterung des *demos* durch ein Wahlverfahren, das die individuelle Souveränität eines jeden Wählers voraussetzt (und diese ist ganz sicher die tiefgreifende Erneuerung, die durch die bürgerlichen Revolutionen in einen Kontext größerer

Differenzierung der Individuen eingeführt wurde); die zweite Komponente ist die dann folgende Neubildung der Repräsentantenversammlungen in Form organischer Staatsgebilde. Genau wie im Fall der mittelalterlichen Repräsentation, hängt die Legitimität des parlamentarischen Organs nicht so sehr von einer durch das Volk vorgenommenen Investitur und von den Beziehungen der einzelnen Repräsentanten zu ihren Wählern ab, als vielmehr von seiner Befugnisübernahme innerhalb der Machtbereiche des Staates im Dienst des allgemeinen Interesses der Nation.

Die bürgerlichen Parlamente entstehen nicht mit der Aufgabe, das Volk in einem der Aufgabenstellung der klassischen *agora* irgendwie verwandten Sinn zu repräsentieren, das heißt, um ein allgemeines Instrument der Selbstregierung zu schaffen, und sei diese auch nur indirekt. Sie entstehen mit der Aufgabe, die Autonomie der bürgerlichen Gesellschaft und ihrer individuellen Mitglieder vor der Schutzanmaßung der politischen Macht zu schützen. Ihre Aufgabe ist es, die Exekutivgewalt der Monarchie zu beschränken, indem sie die Respektierung der Interessen durchsetzen, deren Träger die Mitglieder einer besonderen Schicht der Stadtbewohner sind: die Inhaber des aktiven Bürgerrechts, das im wesentlichen auf der Grundlage von Besitz und Zensus beruht. Die Mitglieder des englischen Parlaments beispielsweise betrachteten sich als dermaßen privilegierte Schicht, daß für einen langen Zeitraum des 19. Jahrhunderts die parlamentarische Arbeit streng durch Geheimhaltung geschützt war und schwere Strafen für die Journalisten vorgesehen waren, die es wagten, diese Geheimhaltung zu verletzen.

Andererseits repräsentiert das Parlament die Interessen und den Willen der einzelnen Bürger wesentlich weniger als die Interessen und den allgemeinen Willen des nationalen Bürgertums, das mit der Emanzipation von der Vorherrschaft der alten, an die Krone gebundenen Klassen beschäftigt war. Und der Zweifel ist zulässig – ein Zweifel, den klassischerweise Max Weber angemeldet hat –, ob die sukzessive Einführung des allgemeinen Wahlrechts wirklich zu einer tiefgreifenden Umwandlung der ursprünglich oligarchisch-korporativen Struktur der bürgerlichen Parlamente geführt und sie in einen Demokratisierungs- und Verbreitungsprozeß der Macht einbezogen hat. Die Einräumung des allgemeinen Wahlrechts hat möglicherweise nur dazu beigetragen, die Selektionsverfahren der politischen Eliten zu modifizieren, indem sie den Umwandlungsprozeß der bürgerlichen Demokratie in die moderne Parteiendemokratie gefördert hat.[89]

2. Es gibt, zweitens, eine Überlegung funktioneller Art. Die politische Repräsentation bewahrt nur noch eine vage Analogie mit der klassischen, auf römische Ursprünge zurückgehenden Einrichtung der Verhandlungsrepräsentation.[90] Insbesondere bedingt das Verhältnis zwischen Repräsentant und Repräsentiertem keinerlei präzise Form politischer und schon gar nicht rechtlicher Verantwortung des einen gegenüber dem anderen. Der letztere verfügt weder über Instrumente, um das Wirken des Repräsentanten auf der Grundlage irgendeiner Verpflichtung zur Rechenschaft zu kontrollieren, noch ist er in der Lage, ihn abzuberufen oder ihm gegenüber irgendeine Form der Sanktion für den Fall geltend zu machen, daß er im Verhältnis zu den eingegangenen Verpflichtungen oder zu den abgegebenen Versprechungen nicht korrekt oder im Sinne der Mandatserteilung gehandelt hat. Der Bürger kann einfach nur versuchen, den Fehler nicht zu wiederholen, indem er sich in der Zukunft einem anderen (ebenso wenig kontrollierbaren) ›Repräsentanten‹ anvertraut. Als Alternative kann er sich weigern, am repräsentativen Verfahren teilzunehmen, auch wenn er damit nicht verhindern kann, gleichwohl ›repräsentiert‹ zu werden.

Es ist von Bedeutung, daß die Theoretiker der demokratischen Repräsentation, angefangen bei Burke und Siéyès, ziemlich schnell die Unvereinbarkeit der parlamentarischen Funktionen mit jeder Art von imperativem Mandat erklärt haben, und daß dieses Verbot in der Folge als eine grundlegende Regel von den liberaldemokratischen Verfassungen aufgefaßt wurde.[91] Die politischen Repräsentanten sind in Wahrheit nicht den eigenen Wählern gegenüber verantwortlich, sondern gegenüber dem ganzen Volk oder, besser gesagt, gegenüber der öffentlichen Meinung, welche die allgemeinen Interessen des Volkes zum Ausdruck bringt. Und die öffentliche Meinung ist, wie wir noch sehen werden, die vernünftige Meinung, die aus der bürgerlichen Gesellschaft hervorgeht und folglich weder mit der Meinung bestimmter Wählergruppen, noch mit der des gesamten Wahlvolks in eins gesetzt werden kann.[92]

Das allgemeine Interesse des Staates erfordert es, daß die Delegierten sich jeder Art segmentarischer Interessen entgegenstellen. Sie sind also Inhaber eines allgemeinen Mandats, ohne jede Verpflichtung zur Rechenschaft gegenüber bestimmten Mandanten. Das Wesen der Repräsentation liegt also nicht in einer Übertragung von Machtbefugnissen, wohl aber in der Fähigkeit des Abgeordneten, die Interessen und Gefühle der Nation zu interpretieren und zu schützen. Nur wer den Beweis für diese Fähigkeiten liefert, kann zum Partner eines Vertrauensverhältnisses werden, das, wie Montesquieu in *De l'esprit des lois* behauptet, eine genaue »Bestimmung zur Tauglichkeit« bedingt. Nach Burke, Kant und Constant erfordert diese Tauglichkeit intellektuelle und moralische Fähigkeiten, die zu erlangen nur das Privateigentum ermöglicht.

Es ist klar, daß die auf diese Weise konstruierte Wahlfunktion nicht darin besteht, Repräsentanten ein Mandat zu übertragen, sondern darin, Subjekte zu einer allgemeinen und autonomen politischen Funktion zu ernennen. Das Wahlverfahren bedingt im engeren Sinn weder den Begriff der Volkssouveränität noch den der Repräsentation, auch in ihrer schwächsten Bedeutung. Der Wahlmechanismus ist das formalisierte Verfahren für die Konstituierung eines Staatsorgans und zugleich die spezifische Form seiner Legitimierung auf der Grundlage der Mitbestimmung einer großen Anzahl von Bürgern für die Designierung seiner Mitglieder. Dies unterscheidet sich von anderen Verfahren zur Schaffung staatlicher Organe durch die besondere Komplexität der Verfahrensweise und durch die Tatsache, daß – im Unterschied zur Machtübertragung durch bürokratische Kooptation – das durch Wahlen einzurichtende Organ jenen Organen überlegen ist, die zu seiner Konstituierung begetragen haben.[93]

3. Schließlich gibt es noch eine Überlegung soziologischer Art, auf die insbesondere Max Weber ausführlich eingegangen ist und, in seinem Gefolge, Hans Kelsen.[94] Vom soziologischen Standpunkt aus ist die moderne Demokratie jenes Produktionssystem gültiger Befehle *erga omnes*, das die Aufgabe, sie hervorzubringen, einem spezifischen Organ, dem Parlament, überträgt. Der Wahlmechanismus wendet nur das allgemeine Kriterium der Arbeitsteilung auf das politische System an, indem er einer Gruppe von Spezialisten – den Berufspolitikern –

eine Funktion überträgt, die hohe berufliche Kompetenz verlangt und gemäß der spezifischen Logik parlamentarischer Dialektik arbeitet. Der Parlamentarismus drückt sich durch das Kriterium des Mehrheitsvotums und durch verschiedene Formen des Verhältnisses und der Interaktion zwischen Mehrheit und Minderheit, einschließlich des parlamentarischen Kompromisses, aus. Das Parlament funktioniert außerdem als Selektionsmechanismus der politischen Führungskräfte, deren Schulung und Hinführung auf eine Staatslaufbahn. Es ist mithin ein staatliches Organ, das autonome Willensbekundungen ausdrückt und spezifische Funktionen ausübt, die ziemlich wenig mit der Vorstellung von einer den Volkswillen repräsentierenden Versammlung gemeinsam haben. Aus diesem Grund, meint Schumpeter, muß jeder Versuch, die Mitglieder des Parlaments zu beeinflussen und ihre Handlungsfreiheit durch Druck von unten bestimmten Bedingungen zu unterwerfen – zum Beispiel durch die Zusendung von Briefen oder Telegrammen –, als ein Angriff auf die Vernünftigkeit der Arbeitsteilung innerhalb des politischen Bereichs entschieden geächtet werden.[95] Das Parlament, behauptet Kelsen, repräsentiert das Volk nicht anders, als (der monarchischen Lehre zufolge) die Person des Souveräns oder die von ihm ernannten Beamten das Volk, die Nation oder den Staat repräsentierten. Der Wille des Parlaments tritt in Wirklichkeit an die Stelle des institutionell vorausgesetzten Willens des souveränen Volkes, wohingegen der Theorie von der Volkssouveränität nichts anderes als die Rolle einer »totemistische Maske« übrigbleibt.[96] Für Kelsen ist der demokratische Parlamentarismus gleichbedeutend mit dem allgemeinen Wahlrecht, der Präsenz mehrerer Parteien, dem Grundsatz von Mehrheitsbeschlüssen und, antinomisches Überbleibsel der klassischen Vorstellung von der Repräsentation, dem Verhältniswahlsystem.

Was die Attribute und Funktionen eines demokratischen Parlaments sein sollen, oder, mit anderen Worten, wie das Verhältnis zwischen Repräsentation und Demokratie aussehen soll, war eines der zentralen Themen der theoretisch-politischen Diskussion, die für über zweihundert Jahre die Institutionen des modernen Staates zum Thema hatte. Interessant ist die Beobachtung, daß im Verlauf des langwierigen und mühevollen Übergangsprozesses vom klassisch-liberalen Staat zu den verschiedenen Formen der Liberaldemokratie, der Sozialdemokratie und des Sozialstaats das Bindeglied zwischen Repräsentation und Demokratie immer schwächere theoretische Deutungen erfahren hat. Je mehr sich das Wahlrecht allmählich ausgeweitet hat, um am Ende zu einem allgemeinen Wahlrecht zu werden, haben die liberaldemokratischen Theoretiker die Notwendigkeit erkannt, die repräsentative Bindung zwischen den Wählerpräferenzen und den Beschlüssen der gewählten Versammlungen stufenweise abzuschwächen. Kelsens und Schumpeters Interpretationen, die beide von Weber beeinflußt sind, können als das Abschlußkapitel dieses theoretischen Vorgangs angesehen werden. Weit über das von den ersten liberaldemokratischen Schriftstellern entwickelte Verbot des imperativen Mandats hinaus, verzichten Kelsen wie Schumpeter in der Tat darauf, irgendeine Verbindung zwischen »der Fiktion der Repräsentation« und der demokratischen Methode festzulegen.

Am Ende neigt, wie wir im folgenden Kapitel noch sehen werden, das politische System im Rahmen der pluralistisch-korporativen Struktur der hochentwickelten Industriegesellschaften dazu, die Merkmale der mittelalterlichen Repräsentation noch eindeutiger wiederzuerlangen, indem es die individualistischen und universalistischen Voraussetzungen der klassischen Demokratietheorie restlos neutralisiert. Nach Norberto Bobbios Ansicht besteht eine der von der repräsentativen Demokratie nicht eingehaltenen Versprechungen in eben der Überbetonung der Repräsentation der Interessen gegenüber der politischen Repräsentation, und zwar außerhalb und oberhalb der Wahlverfahren und der parlamentarischen Institutionen.[97]

4. Die neoklassische Lehre von der Demokratie

Alternativ zur klassischen Lehre von der Demokratie schlägt Schumpeter bekanntlich »eine andere Theorie von der Demokratie« vor. Sein Thema ist, in realistischen Begriffen die Instanzen der demokratischen Tradition neu zu formulieren und eben diese Tradition den Komplexitäts- und Differenzierungsebenen der modernen Gesellschaften anzugleichen. Die Demokratie ist, in Schumpeters Neuformulierung, nicht das politische

System, das es den Bürgern ermöglicht, mittelbar oder unmittelbar an der Entscheidung politischer Fragen mitzuwirken und das Wirken der Regierungen zu kontrollieren.[98] In ausgeweiteten Gemeinschaften mit komplexer Struktur sind die Mitbestimmung, die Repräsentation und, über ein gewisses Maß hinaus, selbst die politische Kontrolle illusorische Bestrebungen. Die Demokratie ist schlicht und einfach eine Methode, welche die Bürger in den formalen Designierungsprozeß der Subjekte, die über politische Fragen entscheiden sollen, einbezieht.

Der Auftrag, den Schumpeter den Wählern zuweist, ist also dem analog, der die Einrichtung der mittelalterlichen Repräsentation kennzeichnete. Den Bürgern fällt die Funktion zu, zur Designierung einflußreicher Subjekte, die sie repräsentieren sollen, beizutragen: und zwar in dem genauen (mittelalterlichen) Sinn, daß die von den Repräsentanten getroffenen Beschlüsse auf ein kollektives Subjekt, das Volk, übertragen werden, dessen Unfähigkeit, sich selbst zu repräsentieren, man voraussetzt. Für Schumpeter ist die Demokratie ein verfahrensmäßiger Kniff, um dem Umstand abzuhelfen, daß innerhalb hochentwickelter und differenzierter Gesellschaften das Volk, wiewohl formell als Inhaber der politischen Souveränität festgesetzt, nicht in der Lage ist, sie auszuüben. Die demokratische Methode ist ein Komplex von Verfahrensweisen und Institutionen, die es der Volkssouveränität ermöglicht, sich in der einzigen Weise zu äußern, zu der es fähig ist, nämlich bei der Errichtung einer Regierung und damit an politischen Entscheidungen mitzuarbeiten. Es handelt sich um eine demokratische Hervorbringung, behauptet Schumpeter, weil die Machtübertragung auf bestimmte Subjekte »durch einen Wettbewerb zustande kommt, der das Votum des Wählervolks zum Gegenstand hat«.[99]

In analytischere Begriffe gefaßt, ist die Bedeutung der Schumpeterschen Neuformulierung des Demokratiekonzepts wahrscheinlich folgende:

1. Um ein politisches System als demokratisch zu kennzeichnen, kommt es nicht darauf an, die geschützten Werte und verfolgten Ziele zu betrachten, sondern ausschließlich auf die Verfahren zur Hervorbringung einer Regierung, durch welche bestimmte Ziele und Werte verwirklicht werden. Die demokratische Methode ist daher grundsätzlich mit jedem Ziel und jedem Wert vereinbar.[100]

2. Im Unterschied zu autokratischen oder despotischen Regimen kommt die Errichtung einer Regierung in Demokratien durch Wettbewerb zustande.
3. Dieser Wettbewerb hat den Gewinn des Volksvotums zum Ziel und wird durch das Volksvotum entschieden.

Auch wenn Schumpeters Formulierung nicht explizit und in einigen Fällen durch offensichtliche Inkongruenzen sogar beeinträchtigt ist, ist es ebenso klar, daß:

1. die demokratische Methode bei Schumpeter, trotz der epistemologischen Annahme reiner Verfahrensmäßigkeit, den Vorzug genießt, weil seiner Meinung nach diese Methode jedes andere politische Ziel – insbesondere die administrative Effizienz – dem Wert der individuellen Freiheit unterordnet. Das Verbindungsglied zwischen Demokratie und Freiheit, so kommt es bei Schumpeter zum Ausdruck, ist von großer Wichtigkeit: eine niedrigere Effizienzebene der Regierung ist einer »diktatorischen Effizienz« eindeutig vorzuziehen, insbesondere vom Standpunkt eines »Intellektuellen« aus;[101]
2. der Wettbewerb um die Wählerstimme das Vorhandensein einer Pluralität von Gruppen impliziert, welche an der Eroberung der politischen Führungsrolle interessiert sind. Er setzt die Lage eines gesellschaftlichen und politischen Pluralismus voraus, identifiziert sich aber nicht einfach mit ihm. Die Demokratie bedingt nicht nur die Freiheit einer jeden politischen Gruppe, ihre Programme zu formulieren und im Wettbewerb um die Stimme anzutreten, sondern impliziert einen wirklichen Wettkampf zwischen alternativen politischen Angeboten, die dem Urteil des Wahlvolkes unterbreitet werden. Die Notwendigkeit für eine jede Gruppe, sich der Konkurrenz um die Eroberung der politischen Führungsrolle zu stellen, ist ein grundlegendes Element, das ein demokratisches System von einem despotischen unterscheidet;[102]
3. nicht jede Art des Wettbewerbs mit der demokratischen Methode vereinbar ist. Ein Wettbewerb ist nur dann demokratisch, wenn es »einen freien Wettbewerb um eine freie Stimme« gibt.[103] Das impliziert natürlich, daß die Konkurrenten darauf verzichten, Gewalt und Waffen einzusetzen. Doch weil in einer Demokratie grundsätzlich jede Gruppe frei ist, ihre Kandidatur für die politische Führung anzumelden, ver-

langt dies vor allem einen beachtlichen Grad an Diskussionsfreiheit für alle und insbesondere eine große Pressefreiheit;[104]
4. in einem demokratischen, wie auch in jedem anderen System, die Führungsfunktion eine primäre Rolle spielt. Die politischen Gruppen handeln fast ausschließlich dadurch, daß sie eine Führungsrolle zum Ausdruck bringen oder diese annehmen. Nicht die Massen, sondern die politischen Führer sind die aktiven Protagonisten des demokratischen Lebens, denn ihrem Einsatz verdankt man es, wenn die latenten Erwartungen kollektiver Art in Instrumente des Handelns umgewandelt und damit im politischen Angebot aufgebaut und einbezogen werden, das gegen Mitbewerber auf dem politischen Markt lanciert werden soll.

Für Schumpeter gibt es keine Argumente für eine allgemeine und absolute Gültigkeit zugunsten der oder gegen die Demokratie, sondern es gibt einfach nur gesellschaftliche Bedingungen und kontingente Gründe praktischer Art, die sie zweckmäßig machen und ihren Erfolg garantieren. In den ausgedehnten und hochdifferenzierten Gesellschaften des kapitalistischen Westens ist die demokratische Methode anderen vorzuziehen, weil sie das am besten geeignete Mittel ist, um die Konkurrenzbeziehungen unter den politischen Eliten zu regulieren, welche die Führung anstreben. Und sie ist auch vorzuziehen, weil sie den politischen Markt nach Kriterien zu regulieren vermag, analog zu den Kriterien, die Beziehungen zwischen Unternehmern und Konsumenten innerhalb eines ökonomischen Marktes mit freiem Wettbewerb regulieren.

Wie der kapitalistische Markt keine Alternativen hat, wenn es darum geht, den Fluß der ökonomischen Ressourcen innerhalb differenzierter und komplexer Gesellschaften rational zu regulieren, so ist auch die demokratische Methode ohne Alternativen, wenn das Ziel darin besteht, eine Regierung hervorzubringen, die mit einem hohen Niveau an Differenzierung des politischen Systems und der Freiheit der Bürger vereinbar ist. Unter diesem Gesichtspunkt erweist sich die demokratische Methode als besser, trotz ihrer dürftigen administrativen Wirksamkeit, der eingeschränkten technischen Kompetenz des politischen Personals, das sie normalerweise auszuwählen imstande ist, und vor allem trotz der enormen Vergeudung von Ressourcen, die auf Grund ihrer offenen und wettbewerbsfähigen Eigenart von ihr gefordert wird.

Damit wird deutlich, daß Schumpeter seine Verpflichtung als rein empirischer, gegenüber seinem Forschungsobjekt streng wertfreier Analytiker der Politik nicht im geringsten einhält. Und darum handelt es sich auch um ein ausgesprochen epistemologisches Märchen, das die neoklassischen Politikwissenschaftler in diesen Jahrzehnten liebevoll einander überliefert haben, wenn sie die Schumpetersche Theorie als eine empirische Demokratietheorie darstellen.[105] Danach ist sie das Ergebnis einer streng induktiven Konzeptualisierung von Tatsachen, und Schumpeters theoretische Aussagen seien für eine ebenso streng empirische Verifizierung offen. Sartori behauptet, Schumpeter habe sogar die notwendigen und ausreichenden Bedingungen für eine deskriptive Demokratietheorie definiert.[106] Seinem Beispiel folgend, könne die Demokratie deshalb in rein deskriptiven Begriffen definiert werden, und sein System technischer Regeln und formaler Verfahrensweisen könne getrennt von den wertenden und präskriptiven Dimensionen betrachtet werden, die der politischen Ideologie eigen sind. Es handelt sich, wie wir in allgemeinen Begriffen im zweiten Kapitel gesehen haben, um einen neopositivistischen Anspruch, der heute ohne jede erkenntnistheoretische Grundlage erscheint.

Die Schumpetersche Anschauung von der Demokratie als Wettbewerb um Führerschaft hat bekanntermaßen eine ganze Denkschule hervorgebracht, die einen tiefgreifenden Einfluß auf das ausgeübt hat, was im Westen in den letzten vierzig Jahren unter Demokratie verstanden wurde und heute noch verstanden wird. Die Merkmale des Schumpeterschen Modells liefern ein wesentlich passenderes Bild als das, was ich das neoklassische Paradigma der pluralistischen Demokratie genannt habe, so, wie es von Autoren wie Nelson Polsby, William Kornhauser, Raymond Aron, Giovanni Sartori, Ralf Dahrendorf und insbesondere von Robert Dahl entwickelt wurde.[107] Man kann sagen, daß dieses Paradigma eine vorherrschende Rolle in der politischen Philosophie des Westens spielt, da es im wesentlichen die Modelle der klassischen Demokratie verdrängt hat, insbesondere das radikalsozialistische.

Das Charakteristische der neoklassischen Schule, was ihr bekanntermaßen auch die polemische Bezeichnung demokratischer Elitismus eingetragen hat, ist der Versuch, jede Gegenüberstellung von elitistischen Thesen und klassischer Demokratietradition zu vermeiden.[108] Während bei

Autoren wie Mosca, Michels und Pareto der Elitismus eine realistische und konservative (zuweilen auch offen autoritäre und antidemokratische) Erwiderung auf den radikaldemokratischen und sozialistischen Progressismus war, scheint bei den Vertretern der neoklassischen Schule – weit davon entfernt, sich der Demokratie entgegenzustellen – die Funktion der Eliten deren Hauptinhalt zu werden. Bei Dahl, mehr aber noch bei Aron und Sartori, ist die Demokratie gleichbedeutend mit der unersetzlichen Funktion der Repräsentation, welche die politischen Eliten im Wettbewerb miteinander ausüben sollen.[109] Die Demokratie unterscheidet sich nicht von der Despotie, weil sie die Regierung der Mehrheit ist; eher ist es eine Minderheitenregierung, behauptet Dahl, die sich der Regierung einer (einzigen) Minderheit widersetzt.[110] Niemand hat diesen Gesichtspunkt besser zusammengefaßt als Giovanni Sartori, als er vorschlug, die Demokratie als »ein System, das auf einem fiktiven Mehrheitswillen beruht, gleichwohl aber von einer Minderheitenregierung hervorgebracht und bewahrt wird« zu definieren, und behauptet hat, daß »man die große Zahl derer, die es leichter und erholsamer finden, im Windschatten zu verweilen, nicht zum Handeln zwingen kann«.[111]

In schematischen Begriffen ausgedrückt, läßt sich sagen, daß das neoklassische Paradigma auf den folgenden drei konzeptuellen Axiomen basiert:

1. Ein demokratisches System unterscheidet sich von nicht-demokratischen Systemen durch den pluralistischen und konkurrierenden Charakter des (Wahl-)Verfahrens zur Erlangung politischer Macht.
2. Die Demokratie bedingt weder eine breite Mitbestimmung der Bürger am Entscheidungsprozeß[112] noch ihre Repräsentation (in einer in gewissem Sinn unterschiedlichen Bedeutung als der organisch-korporativen, die den mittelalterlichen Versammlungen eigen war).
3. Die Demokratie ist ein Unterprodukt des Wahlwettbewerbs zwischen Minderheiten, in dem Sinn, daß die prozedurale Bindung des Wettbewerbs einen hohen Grad an Diskussions- und Pressefreiheit bedingt und die Wettbewerber zwingt, die Orientierungen des politischen Marktes im Auge zu behalten, wenn sie ihre Angebote der Öffentlichkeit unterbreiten.[113] Die politischen Unternehmer verhalten sich genau wie ökonomische Unternehmer, die, wiewohl in keiner Weise Repräsentanten der Verbraucher und, im Gegenteil, in mehrfacher

Hinsicht Träger von gegenteiligen Interessen, vom Konkurrenzdenken dazu verleitet werden, die entstehenden Nachfragen des Marktes im Auge zu behalten. Die Demokratie, behauptet Dahl, ist jenes »System politischer Entscheidung, in welchem die *leaders* mehr oder weniger den Präferenzen der *non-leaders* entsprechen«.[114] Zentral ist daher der Gedanke der *responsiveness* beim Komplex der staatlichen Entscheidungen gegenüber den Erwartungen der politischen Konsumenten.[115] Ausschließlich in diesem stark abgemilderten Sinn ist die Demokratie ein auf dem Konsens der Bürger basierendes politisches System.[116]

Aus diesen drei grundlegenden Axiomen folgt die neoklassische Schule zumindest dies:

1. In den modernen Gesellschaften – umfangreich, differenziert und komplex – bedingt die Demokratie keinerlei Form der politischen Gleichheit, die über die Inhaberschaft von politischen Rechten, das heißt des Bürgerrechts im juristischen Sinn, hinausgeht;[117] sie verlangt lediglich die formale Freiheit der erwachsenen Bürger und deren Freiheit, zu wählen und sich für ein politisches Amt zu bewerben.[118]
2. Die repräsentativen Versammlungen, einschließlich des Parlaments, sind Staatsorgane, die sich von keinem der anderen Machtorgane unterscheiden, es sei denn durch das besondere Verfahren ihrer Verfassung und Legitimation, das die Beteiligung einer hohen Zahl von Subjekten vorsieht, die im Vergleich zu dem zu schaffenden Organ hierarchisch nicht übergeordnet sind. Die Beschlüsse der gewählten Versammlungen sind an keinerlei besondere Beziehung zu den Willensäußerungen oder Interessen der Subjekte gebunden, die am Verfahren zur Schaffung des Organs beteiligt waren.
3. Das politische System ist eine interne Struktur des Organismus für die gesellschaftliche Aufteilung der Arbeit, analog zu der des ökonomischen Marktes. Die parlamentarische Funktion hat substitutiven Charakter, und zwar in dem Sinn, daß die Abgeordneten etwas machen, wozu die anderen Bürger nicht die Fähigkeit, die Kompetenz, die Zeit oder den Wunsch haben. Sie verlangt daher eine beruflichen und besonderen Interessen dienende Spezialisierung der Politiker, insofern sie Mitglieder einer differenzierten politischen Führungsschicht sind.[119]

4. Die Notwendigkeit für Pluralismus und Wettbewerb unter den politischen Gruppen ist kein Widerspruch zum oligarchischen Charakter der internen Strukturen der politischen Gruppen. Der Wettbewerb zwischen oligarchischen politischen Gruppen im Rahmen des politischen Marktes bringt, genau wie auf dem ökonomischen Markt, ein Ergebnis hervor, das nicht oligarchisch, sondern pluralistisch ist. Im Gegensatz zu Michels behauptet Dahl, daß der politische Wettbewerb zwischen den Parteien, trotz des undemokratischen Charakters ihrer internen Organisation, gleichwohl dazu führt, »daß die politischen Beschlüsse der Regierungen unmittelbar auf die Präferenzen der Wählermehrheit antworten«.[120] Die Demokratie, fügt Schattschneider hinzu, ist nicht *in* den Parteien, sondern *zwischen* ihnen.[121]
5. Die Forderung nach Verhältniswahlsystemen ist nur mit einer klassischen Sicht von der Funktion der gewählten Versammlungen vereinbar.[122] Einer kompetitiven Vorstellung von Demokratie zufolge besteht die eigentliche Funktion der Wahl in der Annahme einer Führungsrolle, nicht aber in der Reproduktion einer Übersicht von Meinungen und Interessen der Wähler innerhalb gewählter Versammlungen. Das Mehrheitssystem ist daher vorzuziehen, weil es ein Effizienzelement innerhalb eines Systems einführt, das sich unter anderen Aspekten als unzureichend wirksam erweist.

Bei dieser Sachlage zeigt das neoklassische Modell der Demokratie als Wettbewerb um Führerschaft neben seinen beachtlichen Vorzügen, Klarsichtigkeit und Realismus, Aspekte theoretischer Unstimmigkeit und analytischer Schwäche, die es meiner Ansicht nach ungeeignet machen, die wirklichen Bedingungen der Funktionsweisen demokratischer Regierungen in den komplexen modernen Gesellschaften des postindustriellen Zeitalters zu erfassen.

Die neoklassischen Theoretiker verwenden den ökonomischen Wettbewerb als erläuternde Metapher für den demokratischen Prozeß und lassen sich implizit auf eine Wertung ein, welche die allgemeine Rationalität der Marktmechanismen predigt. Es wird deutlich, daß die Demokratie als ein Nebenprodukt des politischen Marktes nur unter der Voraussetzung gedacht werden kann, daß dieser Markt in einem Kontext wirklicher Auswahlfreiheit der politischen Konsumenten und in Funktion ihrer Präferenzen arbeitet. Es ist also notwendig, daß der politische Markt wie ein

Mechanismus für die Nutzung der (politischen) Ressourcen und die Verteilung der (politischen) Güter arbeitet, welcher in der Lage ist, ein zufriedenstellendes, wenn nicht gar optimales Gleichgewicht zwischen den Interessen der politischen Erzeuger und denen der politischen Konsumenten zu schaffen. Daher muß man annehmen, daß der Pluralismus der Eliten zu einem wirklichen politischen Wettbewerb und zu einer wirklichen Differenzierung der politischen Angebote führt, denn genau das ist der Punkt, an dem sich die Rationalität des Marktes der Irrationalität des Oligopols und des Monopols widersetzt. Die Souveränität des politischen Konsumenten und die demokratische Responsivität zwischen dem Komplex der politischen Entscheidungen und den Erwartungen der Öffentlichkeit hängen entscheidend von der Korrektheit der politischen Erzeuger ab, mit der diese die Regeln des Marktes respektieren und ihren Rollen nachkommen.

Zweitens ist es notwendig, eine spezifische Rationalität des politischen Konsumenten vorauszusetzen, dem man die Fähigkeit zusprechen muß, die Angebote des Marktes zu bewerten und sie im Hinblick auf die eigenen Präferenzen auszuwählen. Die neoklassische Theorie konstruiert in der Tat ein politisches Marktmodell, dessen gesamte Rationalität auch weiterhin von der Rationalität der einzelnen Wähler abhängt, das heißt von ihrer intellektuellen und moralischen Autonomie und nicht einfach nur von ihrer ›negativen Freiheit‹ im Sinn einer Nicht-Behinderung und des Fehlens von körperlichem Zwang.[123] Schumpeters Beharren auf der Pressefreiheit und der Diskussionsfreiheit für alle als notwendige Grundlagen für die Demokratie scheint deutlich auf die Notwendigkeit einer autonomen und rationalen politischen Überzeugung der Bürger hinzuweisen. Trotz Schumpeters Polemik gegen die metaphysischen Ansätze der klassischen Lehre, und trotz der Verdeutlichung der Grenzen von Information, Willensbekundungen und politischer Verantwortung des Durchschnittsbürgers, überträgt das neoklassische Modell der undifferenzierten Öffentlichkeit der Wähler weiterhin eine entscheidende Rolle: dem Wähler fällt die Aufgabe zu, ein Urteil über die Übertragung der politischen Führungsrolle zu fällen.

Sowohl das offene Eingeständnis von Schumpeter, daß die politischen Unternehmer nicht weniger als die ökonomischen in der Lage sind, die Spielregeln zu verletzen, indem sie sich Formen verdeckten oder betrügerischen Wettbewerbs bedienen,[124] als auch sein Pessimismus über die wirkliche Differenzierung der programmatischen Angebote der Parteien und über ihre Programmtreue,[125] als auch das naive Eingeständnis, daß entscheidende Elemente bei der Ausrichtung der Wahlentscheidungen der Bürger die psychologischen Techniken sind, die von der Parteipropaganda angewandt werden,[126] machen einen sprachlos, wie viele weitere Trugschlüsse.

Hier ist bei Schumpeter eine Art übertriebener praktischer Realismus festzustellen, der den theoretischen Realismus seiner Demokratiedefinition übersteigt und ihr widerspricht, die damit paradoxerweise elementar und utopistisch erscheint. Schumpeter und die neoklassischen Theoretiker haben meines Erachtens nicht unrecht, wenn sie behaupten, eine vorurteilsfreie Untersuchung führe dazu, die klassischen Begriffe Mitbestimmung, Repräsentation und Kontrolle durch das Volk als unrealistisch und elementar erscheinen zu lassen. Persönlich habe ich keine Zweifel an der absoluten Untauglichkeit der demokratischen Verfahrensweisen zur Verminderung der ökonomisch-gesellschaftlichen Ungleichheit der Bürger, indem sie ihnen ein ausgeprägteres politisches Handeln ermöglichen, und ich erkenne an, daß die repräsentativen Funktionen sich in die Prozesse der Arbeitsteilung und der funktionellen Differenzierung einfügen, die für die modernen Gesellschaften kennzeichnend sind. Und ich bin auch davon überzeugt, daß die proportionalen Wahlsysteme gegenüber den mehrheitlichen oder den gemischten grundsätzlich weniger mit der Notwendigkeit für eine Steigerung der positiven Macht vereinbar sind; diese Notwendigkeit ist in den modernen Risikogesellschaften mit großer Komplexität auf dramatische Weise zwingend geworden. Und schließlich glaube ich, daß das Verhältnis zwischen Demokratie und Parteiensystem heute höchst problematisch ist, wie ich im nächsten Kapitel zeigen werde.

Doch wenn uns, sofern wir in dieser Richtung weitergehen, eine realistische Untersuchung der Arbeitsweise der repräsentativen Institutionen innerhalb der postindustriellen Gesellschaften dahin führen sollte anzuerkennen, daß das Parteiensystem nach Regeln handelt, die mit denen eines freien pluralistischen Wettbewerbs unvereinbar sind, daß ein großer Teil der politischen Macht innerhalb unsichtbarer Kreise ausgeübt wird, die außerhalb jeden marktwirtschaftlichen Denkens stehen, daß die Bürger Spielball unkontrollierbarer Kräfte sind, daß sie unfähig sind, politische Willensäußerungen abzugeben, daß sie apathisch und desinformiert sind, obwohl körperlich und rechtlich frei, dann muß die Frage erlaubt sein, worin denn, wenn schon nicht prinzipiell kontingent und pragmatisch, der Unterschied zwischen demokratischem Elitismus und Elitismus schlechthin, das heißt zwischen Demokratie und ihrem Gegenteil, besteht. Am Ende wäre nicht mehr klar, worin diese Freiheit für alle und diese Responsivität gegenüber der politischen Nachfrage der Bürger besteht, welche der Wettbewerb dem Machtwillen der Gruppen, die sich im Kampf um die politische Führung befinden, als demokratische Nebenwirkungen aufzwingen müßte. Und es wäre letztlich vernünftig, nach den Beweggründen zu fragen, weshalb man diesen Typus von Demokratie ihren offen nichtdemokratischen (doch sicher effizienteren und beruhigenden) Varianten vorziehen soll. Vom Standpunkt des Verhältnisses zwischen Komplexität und Demokratie aus betrachtet liegt gerade hier, in dieser schwerwiegenden Aporie des politischen Realismus von Schumpeter, der Punkt, an dem sich meiner Meinung nach die Notwendigkeit ergibt, die Demokratietheorie neu zu gestalten.

IV. Die evolutiven Risiken der Demokratie

> Die Erfahrung unserer Tage zeigt, daß diejenigen Fürsten Großes vollbracht haben, die auf ihr gegebenes Wort wenig Wert gelegt und sich darauf verstanden haben, mit List die Menschen zu hintergehen. Hierfür könnte man zahllose Beispiele aus neuerer Zeit geben und zeigen, wieviel Friedensverträge und wieviel Versprechungen wertlos und nichtig geworden sind.
>
> N. MACHIAVELLI, *Der Fürst,* XVIII

1. Nicht eingehaltene Versprechungen und unvorhergesehene Schwierigkeiten

In einer Reihe von sehr bekannten und in Italien wie auch in den spanischsprachigen Ländern viel diskutierten Aufsätzen (die kürzlich auch auf englisch erschienen sind) hat Norberto Bobbio eine Minimaldefinition der Demokratie vorgeschlagen: er versteht sie ganz nüchtern als einen Komplex von prozeduralen Regeln, deren Anwendung es ermöglicht, einen minimalen politischen Inhalt zu gewährleisten. Diesen Inhalt, der nach Bobbios Ansicht in liberaldemokratischen Systemen des Westens niemals verlorengegangen ist, besteht aus dem Schutz der Freiheitsrechte.[1] Dementsprechend ist die verfassungsmäßige Bestätigung und die Garantie der Grundrechte – Meinungsfreiheit, Redefreiheit, Versammlungsfreiheit, Vereinsfreiheit usw. – nach Bobbios Ansicht die *conditio sine qua non* der Demokratie sowohl in ihren moderaten als auch in ihren radikalen Ausprägungen.[2] Für Bobbio wie für Kelsen stimmt das demokratische System im wesentlichen mit dem Rechtsstaat überein. Die Demokratie ist nichts anderes als der funktionelle Ersatz für die Anwendung von Gewalt zur Lösung der gesellschaftlichen Konflikte. Ihr grundlegendes Prinzip liegt darin, daß

»in jedem Konflikt nicht etwa der Sieger ist, der über größere Körperkräfte verfügt, sondern der, der eine größere Überzeugungskraft besitzt, das heißt der, der mit der Kraft der Überzeugung (oder der gekonnten Propaganda oder auch der arglistigen Manipulation) in der Lage war, die Mehrheit der Stimmen zu erlangen.«[3]

Hinsichtlich der formalen Regeln, die zur Minimaldefinition der Demokratie beitragen, hat Bobbio teilweise unterschiedliche Formulierungen gefunden, die jedoch in den folgenden fünf Punkten zusammengefaßt werden können:

1. Gleiche und allgemeine (oder jedenfalls sehr umfassend angelegte) Wahlen, die in regelmäßigen Abständen stattfinden.
2. Die Freiheit der Bürger, nach eigener Überzeugung zu wählen, wobei seine Überzeugung sich so frei wie möglich bilden konnte, das heißt im freien Wettbewerb zwischen organisierten politischen Gruppen, die miteinander im Wettbewerb stehen.
3. Das Vorhandensein wirklicher Alternativen, das es dem Wähler ermöglicht, zwischen unterschiedlichen politischen Lösungen auszuwählen.
4. Der Grundsatz des Mehrheitsbeschlusses bei Entscheidungen der gewählten Versammlungen (oder der in Übereinstimmung gebrachten Entscheidung für die konsoziativen oder neokorporativen Demokratien).
5. Eine Begrenzung des Legitimitätsbereichs der Mehrheitsbeschlüsse in dem Sinn, daß kein Beschluß die politischen Rechte der Minderheit verletzen und sie daran hindern darf, bei gleichen Bedingungen zur Mehrheit zu werden.[4]

Es kann meines Erachtens kein Zweifel daran bestehen, daß die von Bobbio vorgeschlagene Minimaldefinition der Demokratie eine formal reicher gegliederte und verfeinerte Version der Schumpeterschen Demokratietheorie einer Konkurrenz um die Führerschaft ist. Und es ist eine Version, in welcher Bobbio neben dem Schumpeterschen Realismus den Formalismus der Kelsenschen Anschauung von Demokratie verdeutlicht. Auch für Bobbio ist, wie für Schumpeter, das Merkmal eines demokratischen Systems nicht die Abwesenheit politischer Eliten, sondern das Vorhandensein mehrerer miteinander konkurrierender politischer Eliten.[5] Und auch für Bobbio bedingt die Demokratie nicht notwendigerweise eine breite Mitbestimmung der Bürger an den Entscheidungsprozessen, auch wenn er sie natürlich nicht ausschließt; seine harsche Polemik gegen die Ideologie Rousseaus vom »totalen Bürger« und gegen den »Fetisch« der direkten Demokratie ist in diesem Sinn verständlich.[6] Die Demokratie erfordert nicht einmal eine Repräsentation der Bürger im strengen Sinn: Bobbio macht sich Kelsens Position zu eigen, von dem er die Vorstellung von einer radikalen Unversöhnlichkeit zwischen der juristischen Einrichtung des Mandats und der Einrichtung der politischen Repräsentation übernimmt, die durch das Verbot des imperativen Mandats gekennzeichnet ist.[7] Gemeinsam mit Kelsen und Weber erkennt Bobbio an, daß die moderne Demokratie die Parteiendemokratie ist: die Parteien und nicht die undifferenzierte Öffentlichkeit der Wähler sind die eigentlichen Subjekte der sogenannten Volkssouveränität.[8] Bobbio zitiert die berühmten Passagen bei Kautsky gegen den doktrinären Demokratismus und erkennt an, daß der Parlamentarismus der Logik von der gesellschaftlichen Arbeitsteilung unterliegt, daß die Politik Professionalität und Kompetenz verlangt. Die Vorstellung von einer Regierung des Volkes ist eine rückschrittliche und antidemokratische Utopie, wenn sie bedeutet, daß die politischen Geschäfte Dilettanten überlassen werden könnten, die in ihrer Freizeit ohne Vergütung arbeiten, statt bezahlten politischen Funktionären.[9]

Was Bobbio jedoch mit großer Sorgfalt darstellt, und in diesem Punkt überwindet er die theoretischen Ambiguitäten von Schumpeter, ist der nicht rein prozedurale Charakter des demokratischen Systems: nicht jede Entscheidung, die bestimmte Verfahren respektiert, zum Beispiel den Grundsatz des Mehrheitsbeschlusses, kann sich allein deshalb schon demokratisch nennen. Während es für Schumpeter denkbar ist, daß man mit Hilfe eines demokratischen Verfahrens eine religiöse Verfolgung durchführen kann, wie die Hexenjagd oder die Ausrottung der Juden, wird dies von Bobbio ausdrücklich ausgeschlossen. Die Anwendung eines Wahlverfahrens oder einer formal korrekten parlamentarischen Entscheidung zur Unterdrückung der individualistischen und liberalen Voraussetzungen der repräsentativen Demokratie kann sich, nach Bobbio, in keiner Weise demokratisch nennen: das klassische Beispiel dafür ist das demokratisch herbeigeführte Ende der Weimarer Republik.[10] Für Bobbio wie für Kelsen gibt es keine Demokratie außerhalb der Tradition des Rechtsstaates im eigentlichen Sinn, das heißt in seiner rechtsgewährenden und nicht nur rechtsbürokratischen Form, wie im kontinentalen Rechtsstaat.

Doch das, was Bobbio der Schumpeterschen Theorie hinzufügt, indem er aus ihr eine implizite und teilweise widersprüchliche Instanz entwickelt, ist die betonte Notwendigkeit, daß der Wettbewerb zwischen den politischen Eliten nicht nur die Auswahlfreiheit der Bürger bedingt, sondern auch eine eindeutige Diversifikation der politischen Angebote. Oder besser, für Bobbio garantieren Pluralismus und Wettbewerb keine wirkliche politische Freiheit, sofern sie den Wählern nicht einen Horizont differenzierter politischer Alternativen anbieten, vor dem sie eine bezeichnende Auswahl treffen sollen.[11]

Mit dieser Ansicht hat Bobbio vor allem die Systeme im Auge, die, obwohl sie sich für demokratisch erklären und Wahlverfahren sowie parlamentarische Institutionen besitzen, eine Einparteienstruktur aufweisen. Doch Bobbios These ist, wie ich zu zeigen versuchen werde, ebenso bedeutsam, wenn sie auf die Vielparteiensysteme des Westens angewandt wird. Wenn es zutrifft, daß das demokratische System nur angesichts eines hohen Niveaus an Homogenität unterschiedlichster Interessen innerhalb des gesellschaftlichen Korpus arbeiten kann, dann trifft es auch zu, daß eine übermäßige Konfliktminderung innerhalb des politischen Systems Gefahr läuft, die Demokratie zunichte zu machen. Die Souveränität des Bürgers als eines politischen Konsumenten wird vergebens ausgeübt, wenn der Bereich des Rechts auf Auswahl, welches ihm das Wahlsystem formell zugesteht, sich auf Randfragen bezieht und nicht auf die relevanteren politischen Fragen einwirkt. Und dies kann eintreten, weil einerseits über die wichtigsten Fragen präventiver Konsens monopolistischer Art unter den legitimierten politischen Kräften innerhalb des Parteiensystems besteht, welche parlamentarisch repräsentiert werden; und weil andererseits das politische System in seiner Gesamtheit nicht in der Lage ist, nebensächliche politische Fragen zur politischen Entscheidung vorzulegen.[12]

Damit – das heißt, nachdem er eine minimale Legitimität der Demokratie als *elitistisches und liberales* System gefordert hat – verzichtet Bobbio nicht nur auf eine umfassendere Verteidigung der Institutionen und Werte der Demokratie und räumt nicht nur ein, daß die Demokratie ein System ist, welches nur innerhalb ganz besonderer historischer und gesellschaftlicher Zusammenhänge funktionieren kann und folglich keine normative Universalität besitzt,[13] sondern stellt einen strengen Katalog der von der modernen Demokratie »nicht eingehaltenen Versprechungen« auf. Wenn er von nicht eingehaltenen Versprechungen oder von Paradoxa der Demokratie spricht, will Bobbio sich auf das Auseinanderdriften der demokratischen Ideale und der ›real existierenden Demokratie‹ beziehen und verwendet den letzteren Begriff in einer Parallelbedeutung zum Begriff ›real existierender Sozialismus‹.[14]

Verglichen mit den Versprechungen des liberalen und demokratischen Denkens von Locke, Rousseau, Tocqueville, Bentham oder John Stuart Mill, schreibt Bobbio, ist die effektive Wirkungsweise der demokratischen Einrichtungen eine »grobschlächtige Materie«, eine enttäuschende und entmutigende Wirklichkeit. Und das ist sie nicht einfach nur auf Grund des

> »Niedergangs des öffentlichen Lebens, des beschämenden Schauspiels von Korruption, Geschmacklosigkeit, Aufsteigertum und Zynismus, das uns tagtäglich ein Großteil der politischen [demokratischen] Führungsschicht darbietet.«[15]

Schwieriger ist der Prozeß der ›Transformation der Demokratie‹ – der Ausdruck ist den Titeln zweier politisch entgegengesetzter Arbeiten von Vilfredo Pareto und Johannes Agnoli[16] entnommen –, welche die Entwicklung der demokratischen Institutionen des Westens paradox erscheinen läßt. Und zwar deshalb paradox, meint Bobbio, weil die Unfähigkeit der demokratischen Systeme zur Einhaltung der von den Theoretikern und den Ideologen der Demokratie eingegangenen Verpflichtungen zum

Gutteil eine Folge der Evolution der westlichen Gesellschaften ist, die von repräsentativen Institutionen regiert werden.

Wenn man die verschiedenen Formulierungen berücksichtigt, die Bobbio in diesen Jahren vorgeschlagen hat,[17] kann man annehmen, daß er unter »nicht eingehaltene Versprechungen« der Demokratie vor allem die nachfolgenden versteht:

1. Die erste allgemeinen Charakters, ist die Versprechung von der Souveränität des Volkes. Diese Versprechung ist durch das Anwachsen der öffentlichen Bürokratie dementiert worden. Die funktionelle Logik der großen bürokratischen Organisationen mit ihren unbezähmbaren oligarchischen und hierarchischen Tendenzen läuft der demokratischen Logik zuwider. Doch die Ausweitung der bürokratischen Apparate ist ein Ergebnis des wachsenden Drucks, den demokratische Organisationen, insbesondere die Volksparteien, auf die öffentlichen Strukturen ausgeübt haben, vor allem innerhalb der Systeme der Sozialstaaten.[18]

2. Das Entstehen der pluralistischen Gesellschaft, begünstigt durch den offenen und toleranten Charakter der demokratischen Institutionen, hat letzten Endes die individualistische Voraussetzung erstickt, die von den Theoretikern des demokratischen Kontraktualismus, den utilitaristischen Philosophen und vor allem den bürgerlichen Wirtschaftsexperten, Befürwortern des *homo oeconomicus* (und nicht des *zoon politikon*), als grundlegend angesehen worden war. Protagonisten des politischen Lebens in einer demokratischen Gesellschaft sind nicht die Individuen: entscheidende politische Subjekte sind immer mehr die Gruppen, die großen öffentlichen und privaten Organisationen, die Parteien, die Gewerkschaften, die Berufsstände geworden. Sofern es noch gerechtfertigt ist, von Autonomie als einer Voraussetzung für das demokratische Leben zu sprechen, dann ist sie heute kein Prädikat der Individuen mehr, sondern der Gruppen. Das einzelne, keiner Organisation angehörende Individuum ist in der Tat ohne jede autonome politische Subjektivität. Und auch die Individuen, die innerhalb autonomer politischer Gruppen tätig sind, unterliegen funktionalen Verpflichtungen, die durch die organisatorische Logik der großen Systeme aufgezwungen wird. Daher kann man sagen, daß »wir immer mehr Demokratie fordern unter objektiv immer ungünstigeren Bedingungen«.[19]

3. Ein drittes Paradox, das die Tendenz aufweist, eine weitere wesentliche Voraussetzung der Demokratie aufzuheben, ist der zunehmende Gegensatz zwischen der Inkompetenz des Bürgers, der mit immer komplexeren Problemen konfrontiert wird, und der Notwendigkeit von technischen Lösungen, die nur Spezialisten zugänglich (und anzuvertrauen) sind. Die technisch-wissenschaftliche Entwicklung, welche die demokratischen Gesellschaften des Westens kennzeichnet, bedingt, daß in diesen Gesellschaften der Wissenschaftler, der Experte, der professionelle Berater immer mehr zum Hauptakteur des politischen Lebens werden. Immer mehr wird der theoretische Protagonist der demokratischen Gesellschaft, der Durchschnittsbürger, an den Rand gedrängt: er soll nicht auf der Grundlage von Kompetenz, sondern aufgrund seiner Erfahrung und seiner Präferenzen entscheiden. Daher ist es ein Widerspruch, behauptet Bobbio, »immer mehr Demokratie in einer immer technisierteren Gesellschaft zu fordern«; diese Forderung zu befriedigen würde bedeuten, die Entscheidungskompetenz auf eine wachsende Zahl von Inkompetenten zu übertragen.[20]
4. Die Erziehung zum Staatsbürger, das heißt zur aktiven Mitbestimmung des politischen Lebens, war eines der klassischen Themen der Demokratielehre, von Montesquieu bis John Stuart Mill, von Tocqueville bis zur amerikanischen Politikwissenschaft, die es seit Beginn der fünfziger Jahre dieses Jahrhunderts mit großem Nachdruck unter dem Begriff ›politische Kultur‹ reaktualisiert hat. Dennoch haben sich in den demokratischen Ländern Massenkonformismus und politische Apathie ausgebreitet. Und diese beiden Phänomene sind durch die Entwicklung der Massenkommunikationsmittel und durch intensive Anwendung kommerzieller und politischer Propaganda gefördert und durchaus nicht verhindert worden. Auch in den demokratischen Systemen, nicht nur in den totalitären, hat sich neben der Kulturindustrie eine ›politische Industrie‹ durchgesetzt, die auf raffinierten Organisations- und Manipulationstechniken des Konsenses basiert.[21]
5. Trotz der Zielsetzungen der Begründer, angefangen bei der Verfassungsgebenden Versammlung 1791 in Frankreich, hat die Demokratie die oligarchische Macht nicht besiegt. Die modernen demokratischen Systeme bedingen nicht nur, wie die Theoretiker des demokratischen Elitismus behaupten, notwendigerweise das Vorhandensein demokra-

tischer Eliten, sondern neben ihnen haben sich als Hauptakteure der vordersten Reihe im demokratischen Leben Gruppen durchgesetzt, die ausdrücklich mit der Repräsentation (besonderer) Interessen befaßt sind. Noch nie ist die Norm des Verbots eines imperativen Mandats so verletzt worden, noch nie ist ein Grundsatz so mißachtet worden wie der des politischen (und damit allgemeinen) Charakters der Repräsentation, die als solche im Widerspruch zum korporativen Grundsatz steht. Nicht zufällig, bemerkt Bobbio, hat man in jüngster Zeit von den demokratischen Systemen in Europa als einem neuen Typus eines gesellschaftlichen Systems gesprochen, das, zu Recht oder zu Unrecht, neokorporativ genannt wurde.[22]

6. Weit davon entfernt, den gesamten Bereich der gesellschaftlichen Beziehungen über sich zu informieren, hat sich das demokratische Prinzip ausschließlich innerhalb einiger begrenzter Bereiche durchgesetzt. Die Errungenschaft des allgemeinen Wahlrechts hat die beiden großen Blöcke der vertikalen und hierarchischen Macht, nämlich die öffentliche Verwaltung und das System der großen Unternehmen, nicht einmal erreicht. Was insbesondere das zuletzt genannte angeht, ist die Souveränität des Bürgers von den Grenzen bestimmt, welche die kapitalistische Leitung der Unternehmen seiner Fähigkeit setzt, an den Entscheidungen mitzuwirken, welche die wirtschaftliche Entwicklung betreffen. Aber auch die Familie, die Schule, die Gesundheitseinrichtungen werden im wesentlichen von nichtdemokratischen Kriterien bestimmt.[23]

7. Die letzte und weitaus schwerstwiegende der von der real existierenden Demokratie nicht eingehaltenen Versprechungen ist die Abschaffung der »unsichtbaren Macht«. Die Verpflichtung, die Macht sichtbar zu machen, sie »aufzuklären«, ist für die Theoretiker der Liberaldemokratie, von den französischen Aufklärern bis Kant, gleichbedeutend mit der Demokratie selbst, im Sinne einer »Regierung der Staatsmacht in der Öffentlichkeit«. Die demokratische Macht widersetzt sich entschieden aller unkontrollierbaren Geheimniskrämerei der *arcana imperii*: ihre Regel ist die Öffentlichkeit, und diese duldet nur ganz wenige und zeitlich begrenzte Ausnahmen. In den westlichen Demokratien würde die Abschaffung der unsichtbaren Macht eine allgemeine Strategie gegen die Strukturen des ›doppelten Staates‹ erfordern: doppelt in dem Sinn, daß der sichtbare Staat in den demokratischen Systemen –

und nicht nur in den totalitären – mit einem »unsichtbaren Staat« zusammenlebt.[24] Dieser Bereich des Unsichtbaren stimmt mit den Sektoren staatlicher Steuerung der Wirtschaft und mit dem der Massenkommunikation überein. In diesen beiden Sektoren wirken die politischen Parteien im geheimen und illegal, um ihre Aktivitäten zu finanzieren und ihren Einfluß auszuweiten. Die Verwendung elektronischer Technologien potenziert die Möglichkeit des Sammelns und Manipulierens von Informationen seitens der Machtinhaber, daß sogar die demokratischen Institutionen dazu neigen, die Struktur des *Panopticon* zu übernehmen, die Bentham für sein Mustergefängnis entworfen hatte: auf der einen Seite eine jeden sehende unsichtbare Macht, auf der anderen Seite die Öffentlichkeit der nicht sehenden sichtbaren Bürger.[25]

Es würde schwerfallen, nicht die Klarsicht und die intellektuelle Strenge dieses dramatischen Forderungskatalogs zu erkennen, den Bobbio zusammengestellt hat. Es handelt sich um die lebendigste Darstellung der Lügen und Selbsttäuschungen der demokratischen Lehre, die ein liberaldemokratischer Denker je unternommen hat. Und es handelt sich auch um eine weitsichtige Analyse der Risiken, welche die Zukunft der Demokratie in den industriell hochentwickelten Ländern bedroht. Unter diesem Gesichtspunkt stellt die politische Philosophie Bobbios nicht nur die klarsichtigste und bewußteste Weiterentwicklung des politischen Realismus von Schumpeter dar, sondern zeigt auf, wie der politische Realismus erfolgreich von der Tradition des konservativen Denkens abgetrennt werden kann.

Gleichwohl verbinden sich der Realismus und die Weitsichtigkeit der theoretischen Analyse bei Bobbio mit der zweckmäßigen Aufforderung, von der real existierenden Demokratie nicht allzuviel zu verlangen, sie hinzunehmen, wie sie ist, nämlich als ein kleineres notwendiges Übel. Ihre Zukunft – das heißt ihre Stabilität – hängt genau von der Fähigkeit der Bürger ab, sie so zu akzeptieren, wie sie ist, ohne zaghaft unwahrscheinlichen Alternativen hinterherzujagen, die sich, wie es auf so spektakuläre Weise beim Marxismus der Fall war, als unbegründet und voller Risiken erweisen.

Wenn das Auseinanderdriften der demokratischen Realität und ihrer Ideale so groß ist, liegt die Schuld wesentlich mehr bei den Theoretikern als bei den Politikern. In Wirklichkeit müssen – mit der vielleicht einzigen Ausnahme der immer noch vorhandenen unsichtbaren Macht[26] – die Versprechungen der Demokratie rückblickend für leere Versprechungen gehalten werden. Sie konnten – und mußten daher – nicht eingehalten werden. Sie waren von Anfang an Illusionen und geheime Hoffnungen. Sie entsprechen Phänomenen, deretwegen man nicht von Niedergang der Demokratie sprechen kann, sondern vielmehr von unvermeidlichen Mängeln und von einer natürlichen Anpassung abstrakter Prinzipien an die Notwendigkeiten der Praxis sprechen muß.[27]

Das demokratische Projekt, meint Bobbio auch hier in vollkommenem Einklang mit Schumpeter, »wurde für eine wesentlich weniger komplexe Gesellschaft als die gegenwärtige erdacht«.[28] Dieses Projekt wurde nicht aufgrund von Hindernissen verwirklicht, die vorhersehbar waren, weil sie in der Folge großer Umbrüche aufkamen, welche die Industriegesellschaft komplexer gemacht haben. Die Klassiker des demokratischen Denkens haben nicht vorhergesehen und konnten nicht vorhersehen, daß die technologische Entwicklung die Notwendigkeit einer Regierung von Technikern nahezu unvermeidlich werden ließ, und daß dies dem demokratischen Prinzip widersprochen hätte, welches fordert, daß »alle über alles entscheiden können«.[29] Die extreme technische Schwierigkeit der politischen Probleme schafft daher unvermeidlicherweise erneut die Trennung zwischen den *arcana imperii* und der Öffentlichkeit der Untergebenen/Bürger, die nicht über ausreichende wissenschaftliche und technische Kenntnisse verfügen.

Das gleiche könnte man, meint Bobbio, über die unaufhaltsame Ausweitung der öffentlichen Verwaltungen innerhalb des Sozialstaates sagen: sie entspricht, wie Weber deutlich gesehen hat, einem technischen und rationalen Erfordernis, das zwingenderweise mit der Demokratisierung der modernen Gesellschaft einhergeht. Und im Hinblick auf die Unregierbarkeit der modernen Demokratien wegen der dürftigen Leistung der repräsentativen Einrichtungen, scheint Bobbio an die These von Autoren wie Rose, Huntington und Crozier zu erinnern, welche die Krise der Demokratie einem Übermaß an Demokratie anlastet.[30] Es ist natürlich, daß die demokratischen Regierungen auch auf Grund der unvermeidlichen Langsamkeit ihrer Verfahrensweisen nicht in der Lage sind, auf die aufkommenden Nachfragen zu antworten, die aus einer liberalen und emanzipierten Gesellschaft an sie gerichtet werden. Menge und Schnelligkeit dieser Nachfragen sind derart groß, daß kein politisches System, wie effizient es auch immer sein mag, in der Lage wäre, ihnen gerecht zu werden.[31]

Trotz der nicht eingehaltenen Versprechungen, der Paradoxa und der unerwünschten Resultate, von denen die politischen Systeme des Westens betroffen sind, sagt Bobbio abschließend, verdienen sie in jedem Fall den Gattungsnamen, mit dem sie sich schmücken. Sie sind demokratische Systeme in einem Sinn, der in jedem Fall überzeugend bleibt und sie jedem anderen System der Gegenwart und der Vergangenheit vorziehen läßt. Nicht zufällig, meint Bobbio, hat sich ihr Verbreitungsbereich in den letzten vierzig Jahren in Europa und der übrigen Welt ständig ausgeweitet.[32] Ein wesentlicher Unterschied zwischen den demokratischen Systemen und denen, die es nicht sind, ist dennoch geblieben: die Garantie der wichtigsten Freiheitsrechte. Und diese Garantie wird durch das Vorhandensein mehrerer Parteien ermöglicht, die im Wettbewerb untereinander sich in bestimmten Zeitabständen dem Urteil des Wählers in allgemeinen Wahlen stellen.[33]

Damit ist meiner Ansicht nach klar, daß Bobbios politische Philosophie, trotz ihres analytischen Scharfsinns und der moralischen Stärke seiner Enthüllungen, sich nicht von dem befreit, was ich das neoklassische Paradigma der pluralistischen Demokratie genannt habe.[34] Auch für Bobbio ist die real existierende Demokratie, wie für Schumpeter, demokratisch, weil sie ein elitistisches System ist, das zugleich *pluralistisch und liberal* ist. Auch wenn er die systematische Inkongruenz zwischen den theoretischen Prinzipien und der Realität der Demokratie enthüllt, auch wenn er die Verantwortung für diese Inkongruenz den Theoretikern und nicht der Praxis anlastet, stellt sich für Bobbio das Problem der Revision oder der Neubildung der demokratischen Theorie nicht, vielmehr scheint er die Notwendigkeit dafür auszuschließen.

In Wirklichkeit erweisen sich, wie ich in den folgenden Abschnitten zeigen werde, in den modernen, differenzierten und komplexen Gesellschaften auch die grundlegenden Kategorien des politischen Marktes, auf die Bobbio zu vertrauen scheint – Pluralismus, Parteienwettbewerb, Souveränität der politischen Konsumenten bei der Auswahl unter den im konkurrierenden Wettbewerb stehenden Eliten – als unwirksam, oder sie arbeiten nach einer funktionellen Logik, die sehr weit von der entfernt ist, welche die Theorie entwickelt hat.[35] Und auch die von Schumpeter konstruierte und von Bobbio implizit aufgenommene Alternative zwischen dem Schutz der individuellen Freiheiten und der administrativen Effizienz stellt sich als äußerst problematisch dar. Im Licht dieser Alternative betrachtet, wäre ein demokratisches Regime wegen seiner Fähigkeit, ein hohes Niveau von ›Freiheit für alle‹ zu garantieren, vorzuziehen, trotz seiner dürftigen administrativen Leistung, der Langsamkeit seiner Entscheidungsverfahren und der enormen Vergeudung von Ressourcen, die von seinem pluralistischen und konkurrierenden Charakter verursacht werden.

Bobbio, wie übrigens auch Schumpeter, scheint die Verbindung zwischen Schutz der Freiheit und Schutzwirksamkeit unterzubewerten, die auch ein demokratisches System unter Beweis stellen muß, indem es unverzüglich auf die Nachfragen reagieren muß, die aus einer differenzierten und komplexen, in rascher Umwandlung begriffenen und mit allen entsprechenden Risiken behafteten Gesellschaft hervorgehen. Hier kann die Position Bobbios, nicht anders als die der Theoretiker des demokratischen Pluralismus, heute als schwach angesehen werden. Sie scheint von einer übervorsichtigen Bewertung der Dilemmata und Herausforderungen gekennzeichnet – die nicht vorhergesehenen Hürden der gesellschaftlichen Komplexität, im Sprachgebrauch von Bobbio –, vor die an der Schwelle zum dritten Jahrtausend die technologische und rechnergestützte Revolution die demokratischen Institutionen stellt. Diese Dilemmata und Herausforderungen kann man dahingehend zusammenfassen, daß der Prozeß der ›Computerisierung‹ der Gesellschaft von einem evolutiven Standpunkt aus die Bewahrung und funktionelle Wiedererlangung der Verfahrensmechanismen der Demokratie und des Rechtsstaates unwahrscheinlich macht, und zwar weit über die Prägnanz von Bobbios Analysen hinaus. Diese Mechanismen laufen Gefahr, immer mehr durch Formen effizienterer Machtausübung ersetzt zu werden, weil diese in der Lage sind, die Komplexität mit einem besseren Einsatz von Geld, Zeit und Aufmerksamkeit zu regieren.

Bobbio scheint nicht sonderlich besorgt, daß wir es, trotz der jüngsten demokratischen Umkehr der Systeme des ›real existierenden Sozialismus‹, mit einem bemerkenswerten Verlust an evolutiver und expansiver Fähigkeit des demokratischen Modells zu tun haben. Die Evolution der demokratischen Institutionen hatte, zumindest in den letzten zweihundert Jahren, einen kontinuierlichen Fortschritt erlebt: von der revolutionären Durchsetzung der Menschen- und Bürgerrechte bis zur sehr viel späteren Erlangung des allgemeinen Wahlrechts und dem verfassungsmäßigen Schutz der sozialen Rechte. Dieser historische Verlauf, der nach den Bestrebungen der europäischen Progressisten allmählich zum Sozialismus führen sollte – das heißt zur gesellschaftlichen Gleichheit, zur allgemeinen politischen Mitbestimmung und zum Absterben des Staates –, ist heute, angesichts eines ausgesprochenen evolutiven Engpasses jäh zum Stillstand gekommen, dessen Risiken in der Krise des heutigen Sozialstaates und in der Involution der autoritären, technokratischen und neoliberalen Demokratie sichtbar werden.

Nebenbei läßt sich hinzufügen, daß die Theorie von den nicht eingehaltenen Versprechungen Gefahr laufen würde, zu einer großen Enttäuschung zu werden – irgendwie selbst zu einer nicht eingehaltenen Versprechung zu werden –, wenn ihre einzige Bedeutung in der globalen Lossprechung der demokratischen Systeme von *allen* ihren Uneinlösbarkeiten im Vergleich zu den abstrakten Prinzipien der Theorie läge, wenn man sie, anders ausgedrückt, auf eine klarsichtige Aufforderung zur Geduld reduzierte. Und paradoxerweise ist gerade dies der Eindruck, den man aus bestimmten theoretischen Passagen bei Bobbio gewinnt, während in anderen, die sich unmittelbarer auf praktische Befürchtungen richten, seine Ausführungen den Tonfall heftigster ethischer und politischer Verurteilung annehmen. In einigen theoretischen Arbeiten scheint Bobbio die Bürger der demokratischen Länder aufzufordern, sich, wie bei natürlichen Anpassungen der Theorie an die Wirklichkeit, mit dem Verlust der Volkssouveränität, der Verschattung der individuellen politischen Subjektivität, dem Monopol der Techniker und Bürokraten, der Überrumpelung der Kultur- und der Politindustrie sowie der Übermacht der Großkonzerne abzufinden. Sie sollen sich, so scheint es, nicht einmal allzuviel Illusionen über die Möglichkeit machen, sich der Belagerung des Informations-*Panopticons* zu entziehen, zu dem sich die postindustrielle Demokratie still hinentwickelt.[36] Und sie sollen gleichzeitig weiterhin an die Ideale und Werte glauben, die den demokratischen Verfahren unterliegen und die sie historisch hervorgebracht haben: Toleranz, Gewaltlosigkeit, freie Diskussion zwischen Ideen, Brüderlichkeit.[37]

Selbstverständlich hat Bobbio nicht unrecht, wenn er viele der klassischen Ansätze der Demokratie für unrealistisch hält und in der Zunahme der gesellschaftlichen Komplexität die gemeinsame Matrix für die nicht vorhergesehenen Hürden sieht, die ihre praktische Umsetzung vereitelt haben. Darin stimme ich ganz mit ihm überein. Es bleibt allerdings die Tatsache bestehen, daß er sich engagiert, die real existierende Demokratie auf der Grundlage ihres Minimalinhalts zu definieren – die Garantie der wichtigsten Freiheitsrechte –, nachdem er die Grenze, die sie von den nicht demokratischen Systemen trennt, derart eng gezogen hat, daß er sich der Gefahr aussetzt, die Gründe seiner Apologie aufs Spiel zu setzen. Wie kann man sicher sein, das der Minimalinhalt der Demokratie unverrückbar garantiert wird, wenn man all das zuläßt, was Bobbio einräumt? In welchem Sinn kann man weiterhin vom Schutz der Freiheitsrechte sprechen, wenn man anerkennt, daß eine

> »Inversion der Beziehung zwischen Kontrolleuren und Kontrollierten im Gange ist, denn durch den rücksichtslosen Einsatz der Massenkommunikationsmittel kontrollieren die Gewählten längst schon die Wähler«?[38]

In welchem Sinn können wir ein System Demokratie nennen, das sich auf die Umkehrung der demokratischen Beziehung zwischen Bürger/Wählern und Autoritätsinstitutionen gründet? Kann ein System demokratisch genannt werden, in welchem die Autonomie der Bürger einer elementaren Bedeutung von Freiheit im Sinne einer Abwesenheit physischen Zwangs und von Pluralität der multimedialen Überzeugungsquellen geopfert wird? Man kann sich fragen, ob dieser Begriff von Freiheit und die damit verbundene Bedeutung von Freiheitsrechten noch irgendeine Wichtigkeit im Kontext der Informationsgesellschaft bewahrt, in der es immer häufiger die Akte der Willensäußerungen und nicht die äußeren Verhaltensweisen der Bürger sind, die zum Gegenstand des Manipulationsdrucks werden.

Bobbio könnte man möglicherweise so antworten wie Schumpeter: wenn die real existierende Demokratie *notwendigerweise* das ist, was er uns mit großer intellektueller Aufrichtigkeit vor Augen hält, dann läuft sie wirklich Gefahr, keine Zukunft mehr zu haben, weil ihr Minimalinhalt derart dürftig und aleatorisch ist, daß sie immer weniger als ein allgemeines Interesse wahrgenommen wird, das den despotischen Involutionen der demokratischen Systeme entgegengesetzt werden muß. Vielleicht liegt eine der tiefsten Wurzeln für die Ausweitung der politischen Apathie in den westlichen Ländern gerade hierin: in der richtigen oder falschen Überzeugung, daß die nicht eingehaltenen Versprechungen der Demokratie ausnahmslos nicht einhaltbare Versprechungen sind. Wie ich auf den abschließenden Seiten dieses Buches darlegen werde, scheint es mir notwendig, klar zwischen den ›nicht eingehaltenen Versprechungen‹ der Demokratie zu unterscheiden, die auf keinen Fall eingehalten werden konnten, und denen, die eingehalten werden mußten und auch heute noch eingehalten werden müssen, auch innerhalb einer streng realistischen Konzeption der Demokratie.

2. Polyarchie und gesellschaftliche Komplexität

Nach der klassischen Theorie ist der Wettbewerb zwischen einer Vielzahl von Subjekten bei der Festlegung der politischen Agenda die entscheidendste moderne Annäherung an das athenische Ideal von der Selbstbestimmung des Volkes, weil er es jedem Inhaber gesellschaftlich relevanter Interessen ermöglicht, seine Forderungen geltend zu machen. Die pluralistische Demokratie – behauptete Robert Dahl in seinem jüngsten philosophisch-politischen Hauptwerk, *Democracy and Its Critics* – ist »eine der außerordentlichsten Erfindungen der Menschheit«.[39] Und zur Rechtfertigung dieser Behauptung trägt der amerikanische Politologe, den einige etwas voreilig als Neopluralisten bezeichneten,[40] erneut ohne Kommentar die traditionellen Thesen der neoklassischen Theorie vor. Er wiederholt, daß die »modernen, dynamischen und pluralistischen Gesellschaften« – das heißt die industriell hochentwickelten Gesellschaften des kapitalistischen Westens – von einer breiten gesellschaftlichen Streuung der politischen Ressourcen, der »strategischen Positionen« und der »Möglichkeit zum Aushandeln« gekennzeichnet sind.[41] In den Systemen des *corporate pluralism* (oder *democratic corporatism*) bringt die Dynamik des

Marktes in der Tat ununterbrochen Macht und Gegenmacht hervor, womit er die Bildung öffentlicher oder privater Autokratien zugunsten einer Vielzahl von relativ autonomen und untereinander in Wettbewerb stehenden Entscheidungszentren verhindert.[42] Zudem fördert der Wettbewerb unter den Eliten den Austausch der Gruppen – das, was Pareto den Kreislauf der Eliten nannte –, weil es immer eine Gruppe an der Macht gibt, die ein Interesse hat, den Eintritt neuer Gruppen, die zeitweise ausgeschlossen oder nicht so stark sind, in die politische Arena zu befördern, um dafür deren politische Unterstützung zu erhalten.[43]

Die gleiche Verteilung der Möglichkeiten zwischen politisch aktiven Gruppen, meint Dahl, ermöglicht die Koordinierung der Interessen, die Zuschreibung der Ressourcen und die transaktive Lösung von Konflikten mit einem minimalen Einsatz von direkten Zwangsmaßnahmen.[44] Jede Gruppe kann, gemäß der Logik des Marktes, das Prinzip der gleichen Freiheit für die Verhandlungspositionen für sich in Anspruch nehmen, um die Zulassung zur politischen Arena zu erlangen, und niemand kann irgendwelche guten Gründe geltend machen, um deren Ausschluß zum Vorteil der Eigeninteressen zu rechtfertigen.[45]

Die Machenschaft der polyarchischen Transaktionen, geschützt und legitimiert vom Parteiensystem, sei so in der Lage, auch ein Gutteil des allgemeinen Interesses zu verwirklichen. Diese Auswirkung werde gerade von dem Umstand garantiert, daß im Bereich der Polyarchien das *policymaking* das vom politischen System gefilterte, vermittelte und abgesegnete Ergebnis der Verhandlung und des gegenseitigen Ausgleichs unter den Gruppen, ihres *partisan mutual adjustment* ist, wie die bekannte Definition von Lindblom besagt.[46] Diese Gruppen, die die verschiedensten Sektoren durchdringen, könnten besser als jede andere *numerical democracy* die diffusen Ansprüche einer modernen Industriegesellschaft deuten und zum Ausdruck bringen, in der alle Hauptinteressen und eine große Zahl legitimer Interessen in der Lage sind, sich selbst zu organisieren. Nach Dahls Ansicht

> »trägt der korporative Pluralismus, der sich auf eine breite Dezentralisierung in lokale Behörden stützt, dazu bei, daß die Interessen der Bürger innerhalb verschiedener öffentlicher Sektoren eine mehr oder

weniger gleiche Beachtung erfahren. In diesem Sinn kann in einer pluralistischen Demokratie das Gemeinwohl verwirklicht werden.«[47]

In diesem Sinn garantiere das pluralistische System der Gruppen und Parteien zugleich mit dem Schutz der Grundfreiheiten auch einen hohen Grad von Responsitivität der politischen Entscheidung gegenüber den Erwartungen der Bürger.

Dieses politische Fresko kann wie die abermalige simplizistische Darstellung der nordamerikanischen Gesellschaft wirken. Das ändert aber nichts daran, daß Robert Dahl, wenn er die korporative Polyarchie eine außergewöhnliche Erfindung nennt, sich seiner Grenzen hinsichtlich der ehrgeizigen Pläne und Versprechungen der klassischen Demokratietheorie sowohl in ihrer Rousseauschen als auch in ihrer Lockeschen Version klar bewußt ist. Nicht anders als Schumpeter und Bobbio gibt auch Dahl zu, daß diese Grenzen im allgemeinen von der erhöhten Komplexität der modernen Gesellschaft abhängen. Unter Komplexität versteht Dahl mit einem orthodoxen systemischen Ansatz

»die Zunahme in der Verschiedenartigkeit und Anzahl der relativ unabhängigen Subsysteme und die Zunahme der Wechsel der möglichen Beziehungen zwischen den Subsystemen«.[48]

Zudem bestätigt Dahl am Schluß seines theoretisch-politischen Hauptwerkes auf den Seiten, die er einer Bewertung der Zukunftsaussichten für die Demokratie widmet, daß die weitere Entwicklung der gegenwärtigen (modernen, dynamischen und pluralistischen) Gesellschaften und die zunehmende Internationalisierung der Probleme

»die Anwendung immer komplexerer politischer Maßnahmen bestimmt haben. Nicht nur die sich auf einen bestimmten Bereich beziehenden Maßnahmen sind komplexer geworden, sondern auch die Zunahme der Intervenierungssektoren der Politik, die eine Folge der Ausweitung der Kompetenzbereiche der Regierungen sind, ist selber zu einer Quelle der Komplexität geworden. Die Handhabung dieser zunehmenden politischen Komplexität hat seinerseits zu einer größeren Komplexität des politischen Maßnahmekatalogs geführt. Daher sind im gleichen Maß, wie die Ausweitung der demokratischen Idee zum Nationalstaat eine radikale Anpassung und eine Erneuerung der politischen Institutionen – die Schaffung der Polyarchien – aufgezwungen hat, in den Polyarchien neue Institutionen notwendig, um den Forderungen der Komplexität der Politik und ihrer Bearbeitung Rechnung zu tragen.«[49]

Gleichwohl vertritt Dahl die Ansicht, daß auch unter den Bedingungen einer hohen gesellschaftlichen Komplexität der demokratische Prozeß, auch in der eingeschränkten Form der Polyarchie, die individuelle und kollektive Selbstbestimmung begünstigt, die moralische Autonomie ermutigt, die menschliche Entwicklung anregt und den Bürgern wirksame Instrumente zum Schutz ihrer gemeinsamen Interessen an die Hand gibt.[50] Es ist zwar richtig, erkennt Dahl, daß die »Bedingungen extremer Komplexität«, unter denen moderne politische Systeme handeln, die Gefahr in sich bergen, die Demokratie durch mehr oder weniger verschleierte Formen der Technokratie zu ersetzen: das Übermaß an Komplexität erzeugt nämlich »eine allgemeine Tendenz zu Regierungsformen, die tatsächlich von Fast-Wächtern bestimmt werden«.[51] Aber es kann kein Zweifel daran bestehen, daß in den Informationsgesellschaften die Demokratie nur in dem Maß überleben kann, wie sie als ihren archimedischen Punkt den Pluralismus und die gegenseitige Autonomie der Gruppen bewahren kann, insbesondere derer, in denen sich das neue gesellschaftliche Management organisiert, und zwar der Techniker, der Experten und der Wissenschaftler. Und die von den neuen Informationstechnologien geförderte Entwicklung der Massenkommunikationsmittel wird, mit der Möglichkeit einer nicht mehr nur einseitig gerichteten, sondern interaktiven Kommunikation, einen entscheidenden Beitrag zum Entstehen und zur Entwicklung einer wachen Öffentlichkeit, oder doch wenigstens von informierten, aufmerksamen und zur Kontrolle wie zum politischen Eingreifen fähigen Minderheiten bieten.[52] Auf diese Weise wird es, dank einer dritten ›großen Transformation‹, möglich sein, zu stufenweise immer vollkommeneren Demokratieformen überzugehen, nämlich zu den Zielen der »Polyarchy II« und der »Polyarchy III«.[53]

Das Bild der polyarchischen (nordamerikanischen) Gesellschaft, das Dahl heute zeichnet, ist, trotz seines grundsätzlichen Optimismus, sicher nuancenreicher und problematischer als jenes, das er uns im Verlauf von mehr als dreißig Jahren vorgestellt hat, ab den *Vorstufen zur Demokratie-Theorie*. Doch trotz des wichtigen Hinweises auf das Thema der gesellschaftlichen Komplexität scheint mir diese Darstellung nicht glaubwürdiger als die, die in diesen Jahrzehnten Gegenstand heftiger Kritik seitens zahlreicher politischer Philosophen und Wissenschaftler gewesen ist, vor allem angloamerikanischer[54] und deutscher.[55]

Seit Anfang der sechziger Jahre hat die linke – radikaldemokratische, sozialistische und marxistische – Kritik den ideologischen und apologetischen Charakter der pluralistischen Thesen mit Entschiedenheit kritisiert. Gegen die Pluralisten hat man relativ mühelos einwenden können, daß, wenn es einerseits richtig ist, daß die Mechanismen des politischen *bargaining* den hochindustrialisierten Gesellschaften einen hohen Grad an systemischem Gleichgewicht und damit Stabilität und Entwicklung bringen, sie gleichwohl auch den Effekt erzeugen, die gesellschaftlichen Ungleichheiten zu stabilisieren, indem sie Widerstand gegen die gesellschaftliche Erneuerung und Mobilität leisten.

Die Kreisläufe der polyarchischen Transaktion, so ist behauptet worden, behandeln die Interessen der Gruppen, die große Organisationsmöglichkeiten und Verhandlungskraft besitzen, der Gruppen, die eine strategische Position im Organismus der technologischen Arbeitsteilung einnehmen,[56] und schließlich der großen Mehrheit der Durchschnittsbürger, einfacher ökonomischer und politischer Konsumenten, die über keinerlei organisatorische und Forderungen anmeldende Ressourcen verfügen und denen keinerlei Mitgliedschaft (die nicht geheim oder besser noch: kriminell ist) auch nur den geringsten Vorteil verschaffen kann, systematisch ungleich. So kommt es, daß die Kreisläufe des polyarchischen Verhandelns, wenn schon nicht – entsprechend der Vereinfachung von Wright Mills – von einer ›Elite an der Macht‹, so doch von einer eng begrenzten Konzentration strategisch starker Gruppen besetzt ist, deren Wille sich de facto in entscheidenden Sektoren der Zuschreibung der kollektiven Ressourcen durchsetzt, von der Wirtschafts- und Finanzpolitik bis hin zur Außenpolitik, zu Militärausgaben, zur Urbanistik und zum Transportwesen.

Es ist offenkundig, daß dieser Mechanismus jede mögliche repräsentative Beziehung zwischen Wählern und Gewählten abbricht, die Souveränität der einen wie der anderen de facto zunichte macht und die Regel des Mehrheitsbeschlusses, die Kelsen und Bobbio so lieb ist, in Verzug setzt, weil sie systematisch mit den formalen Verfahrensweisen der politischen Entscheidungsträger durch Praktiken der Lobby und vor allem der Korruption in Konflikt gerät. Hier ist das Schumpetersche Schema von der strengen Arbeitsteilung zwischen privaten Bürgern und parlamentarischen Repräsentanten – Schumpeter empfahl, daß sogar die Zusendung von Telegrammen an die Parlamentsmitglieder verboten werden sollte – historisch auf spektakuläre Weise widerlegt worden. Doch vertritt man auch die Ansicht, das Schlimmste sei, daß der demokratische Korporatismus dazu neige, auch die Annahme einer persönlichen Autonomie der Individuen – jeder von ihnen ist, bis zum Beweis des Gegenteils, der beste Richter und Repräsentant seiner eigenen Interessen – zunichte zu machen, deren unersetzliche demokratische Funktion Dahl ohne Unterlaß preist.[57]

Grundsätzlich scheinen mir diese Kritiken wohl begründet: andererseits würde Dahl selbst heute einige von ihnen höchstwahrscheinlich unterschreiben. Sie zeigen unanfechtbar auf, daß eine pluralistische Gesellschaft weder vom Wert der politischen Mitbestimmung, noch vom Grundsatz der gesellschaftlichen Gleichheit, noch auch von den Regeln der parlamentarischen Repräsentation der Interessen, angefangen beim Grundsatz des Mehrheitsbeschlusses, geleitet wird. Und dies zeigt, nebenbei bemerkt, wie vollkommen dogmatisch die von dem politischen Wissenschaftler Arend Lijphart vorgeschlagene Gegenüberstellung von pluralistischen Systemen ist, die sich auf das Westminstermodell (oder Mehrheitsmodell) beziehen, und denen, die sich auf das Korporationsmodell beziehen.[58] Und dennoch stehen diese Kritiken auch heute in Gefahr, theoretisch unscharf und politisch harmlos zu sein. Ihre theoretische und politische Unzulänglichkeit leitet sich von dem Umstand her, daß das analytische Schema, welches sie voraussetzen, noch einem repräsentativen Gesichtskreis angehört und nicht die systemische Logik erfaßt, die immer eindeutiger die Beziehung zwischen dem politischen Subsystem und seinem Bereich beherrscht. Indem sie sich mittelbar oder unmittelbar auf ein klassisches Demokratiemodell berufen, machen sie seine Aktualität gegenüber dem demokratischen Revisionismus geltend, ohne zu merken, daß in den komplexen Gesellschaften die faktischen

Voraussetzungen für seine mögliche Anwendung immer weniger gegeben sind.

Es scheint mir unleugbar, daß Dahls Pluralismus gegen diese Art von Kritik in der Vergangenheit leichtes Spiel hatte und heute, nach dem spektakulären Zusammenbruch des ›real existierenden Sozialismus‹ und angesichts der zunehmenden Schwierigkeiten, mit denen im Westen nicht nur die radikaldemokratischen, sondern auch moderatere sozialdemokratischen Positionen diskutiert werden, ein noch leichteres Spiel haben wird.

Die polyarchische Ikonographie verbirgt die Gründe für ihre spärliche theoretische Verläßlichkeit so lange sehr gekonnt, wie sie mit den klassischen Idealen der Demokratie oder mit den Postulaten des Sozialismus konfrontiert wird. Einerseits ist Dahl ein genügend klarsichtiger Realist, um einzuräumen, daß die Polyarchie eine Anpassung und eine einfache Annäherung an die klassischen Modelle ist. Andererseits vertritt er, nicht zu Unrecht, ausdrücklich die Ansicht, daß vom liberaldemokratischen Standpunkt aus der Pluralismus eine dem sozialistischen Wächtertum vorzuziehende Alternative ist.

Was man meines Erachtens den Thesen Dahls, wie übrigens auch denen von Schumpeter, von Sartori und teilweise auch denen von Bobbio, wirksam entgegenhalten kann, ist der unzureichende Realismus der revisionistischen Neuinterpretation des demokratischen Prozesses. In den von zunehmender Komplexität und funktioneller Differenzierung gekennzeichneten postindustriellen Gesellschaften funktionieren die politischen Systeme nicht – können nicht mehr funktionieren und neigen deswegen dazu, immer weniger zu funktionieren – nach dem Modell des polyarchischen politischen Marktes. Dieses Modell ist noch immer, wenn auch in abgeschwächter Form, ein repräsentatives Modell. Es verzichtet nicht auf die Vorstellungen von Responsivität und Konsens, das heißt auf ein entscheidendes Verhältnis zwischen den Wählererwartungen und den politisch befriedigten Interessen, es gibt die Voraussetzung der kognitiven und moralischen Autonomie der Bürger nicht auf, noch löst es sich völlig, vor allem im letzten Werk Dahls, von der Kategorie des Gemeinwohls. Die Vorstellung, daß die Regeln dieses Modells in den postindustriellen Gesellschaften wirklich wirksam seien, ist meiner Ansicht nach eine nicht weniger naive und unrealistische Annahme als der unschuldige demokratische Glaube der puritanischen Gründerväter, gegen die Schumpeters Ironie zielte.

Aus einer streng realistischen Perspektive muß man von der Hypothese ausgehen, daß in den komplexen Gesellschaften nicht nur die Beziehungen zwischen dem Parteiensystem und ihrem Umfeld, gebildet von der undifferenzierten Öffentlichkeit der Bürger, sondern auch die Beziehungen zwischen dem politischen System und den anderen Subjekten der Polyarchie von einer systemischen (statt repräsentativen) Logik beherrscht werden. Beim Versuch, das Wesen dieser Beziehungen zu begreifen, ist es vor allem notwendig, ein paar obsolete, eng an die klassische Vorstellung der Repräsentation gebundene Kategorien beiseite zu lassen. Die Unterscheidung zwischen Staat (im Sinn der öffentlichen Sphäre der allgemeinen Interessen) und bürgerlicher Gesellschaft (im Sinn eines Ortes der Privat- und Sonderinteressen) muß aufgegeben werden. Und das gleiche Schicksal sollte, wie Niklas Luhmann angeregt hat, sowohl der klassischen Vorstellung von Macht als auch der von Konsens vorbehalten werden, sofern man, wie Habermas, bei dem zuletzt genannten Begriff auf eine rationale Billigung der Formen oder der Inhalte der politischen Entscheidung von seiten der Subjekte des *demos* anspielt.[59]

Aus dieser Perspektive wird das Thema der evolutiven Risiken der Demokratie zum zentralen Gegenstand. Weit jenseits der behutsamen Billigung von Dahl bringt die Zunahme der Differenzierung und der gesellschaftlichen Komplexität heute die Gefahr mit sich, in den postindustriellen Gesellschaften eine radikale *Dispersion des öffentlichen Bereiches* hervorzubringen, bis hin zur äußersten Grenze der Auslöschung des Horizontes der »politischen Stadt« als Ort der Bürgerschaft. An ihrer Stelle werden die Schutzfunktionen von Präskription und gesellschaftlicher Integration von einem Archipel »privater Regierungen« – die politischen Parteien und die anderen Subjekte der korporativen Polyarchie – wahrgenommen, die immer autonomer, immer weniger repräsentativ und ›verantwortlich‹ werden, in jedem Fall aber nicht die Fähigkeit zu effizienter und rechtzeitiger Lösung allgemeiner und komplexer Probleme haben.[60] Die Zersplitterung der öffentlichen Sphäre nimmt, wie ich in den nächsten Abschnitten darzustellen versuchen werde, die dreifache Morphologie der *Selbstreferenz des Parteiensystems*, der *Machtinflation* und der *Neutralisierung des Konsenses* an.

3. Die Selbstreferenz des Parteiensystems

Für die Theoretiker des demokratischen Elitismus – von Dahl bis Sartori und Bobbio – ist der Wettbewerbspluralismus die Bedingung und das unterscheidende Merkmal der Demokratie im Sinn eines *elitistischen* und *liberalen* Systems, der, entsprechend der Logik des politischen Marktes, den Erwartungen der politischen Verbraucher ›entspricht‹. Doch wäre es vor allem nötig zu klären, was man innerhalb differenzierter und komplexer Gesellschaften unter politischem Pluralismus zu verstehen habe, vorausgesetzt, man beschränkt sich nicht darauf, sich auf eine rein numerische Pluralität politischer, gesellschaftlicher oder ökonomischer Organisationen zu beziehen. Natürlich kann dies nicht die soziologisch und politisch relevanteste, wenn nicht gar entscheidende Bedeutung sein, um ein politisches System als demokratisch von einem zu unterscheiden, das nicht so ist.

Der Begriff Pluralismus bezeichnet bei Schumpeter die Vielfalt der Gruppen – im wesentlichen der Parteien –, die auf der Wählerebene um die Erlangung der politischen Führungsrolle konkurrieren: ökonomischer Markt und politischer Markt bleiben in der theoretischen Sprache Schumpeters klar voneinander getrennt. Entsprechend erweitert sich bei den neoklassischen Theoretikern der Pluralismusbegriff und wird mit einer breiteren soziologischen Bedeutung befrachtet, um die Pluralität der Gruppen zu bezeichnen, die sowohl formell als auch informell um die Entscheidung des *policy-making* im Wettbewerb stehen. Er bezieht sich also nicht nur auf die Parteien, sondern schließt auch die Gewerkschaften, die großen Wirtschafts- und Finanzkonzerne, die ethnischen, religiösen und kulturellen Gruppierungen, die Berufsorganisationen, die solidaristischen Vereinigungen usw. ein. Der Pluralismus umfaßt, kurz gesagt, alle Gruppen, die, zumindest potentiell und mit einem gewissen Stabilitäts- und Legitimationsniveau, in der Lage sind, die eigenen Forderungen in die Agenda der politischen Entscheidung einzubringen.

Wenn man das formalisierte politische System als Bezugssystem nimmt, kann man im ersten Fall von einem innersystemischen und im zweiten von einem außersystemischen Pluralismus sprechen. In beiden Fällen sind die Subjekte des Pluralismus nicht die Individuen, sondern die Gruppen. Und in beiden Fällen versteht man sie statt der Bürger als Hauptträger der politischen Nachfrage, seien diese nun politisch relevanten Organisationen angeschlossen oder nicht. Die Gruppen sind es, die für den Input des Systems sorgen, während die eigentlichen politischen Institutionen über den Output wachen, das heißt über die administrativen und repressiven Leistungen.

In beiden Fällen nimmt man an, daß im Inneren des politischen Marktes das klassische Schema der politischen demokratischen Legitimierung wirksam ist, sei es auch in einer schwachen Form, wie ihn die Bedeutung des Begriffs Responsivität impliziert. Man stellt sich in der Tat vor, daß die allgemeinen gesellschaftlichen Interessen – oder, was das gleiche ist, die Summe der Sonderinteressen einer jeden Gruppe – durch Kanäle des politischen Austausches von den Spitzengremien der organisierten Gruppen ausgedrückt werden. Diese letzteren vermitteln sie ihrerseits durch Wahlkampf oder funktionell gleichwertige Kreisläufe den Spitzengremien des politisch-administrativen Systems: dem Parlament und der Regierung. Diese Organe verwandeln die Anfragen in Antworten, in der Form allgemein-verbindlicher Beschlüsse, und diese Beschlüsse sind der Ausgangspunkt für den Prozeß der administrativen Umsetzung. Der Umsetzungsprozeß (*implementation*) schlängelt sich entlang der komplexen bürokratischen Gliederverbindungen, bis er schließlich auf die Interessen der einzelnen Bürger einwirkt. In dem Maß, wie dieser ›reflexive‹ Kreislauf tatsächlich wirksam ist, ist die politische Befehlsgewalt – ob sie die Interessen des einzelnen Bürgers nun fördert oder sich ihnen entgegenstellt – eine demokratisch legitimierte Befehlsgewalt, die nach einer einwandfreien Logik des Marktes den Erwartungen der politischen Konsumenten ›entspricht‹.

Eine erste Reihe von Argumenten gegen das Schema der politischen Legitimation des demokratischen Pluralismus liefert die Analyse der Selbstreferenzmechanismen des Parteiensystems und der Gegen-Kreisläufe der Selbstlegitimierung, die er zu aktivieren vermag. Diese Analyse zeigt, wie wir noch sehen werden, daß in den postindustriellen Gesellschaften der pluralistische Wettbewerb zwischen politischen Gruppen nicht der Drehpunkt für den ›reflexiven‹ Kreislauf des demokratischen Willens ist. Das Parteiensystem stellt sich nicht als der Sammel- und Antriebsmechanismus eines politischen Willens dar, der aus der gesellschaftlichen Basis aufkommt, vorbeugend die Verfahren für die repräsentative Delegierung legitimiert und ›konsekutiv‹ die Ergebnisse des administrativen *decision-making* billigt (oder mißbilligt).[61] Das Parteiensystem ist eher der zugleich präventive und konsekutive Quell sowohl der eigenen prozeduralen und institutionellen (Selbst-)Legitimierung als auch der Legitimierung des bürokratisch-administrativen Output. Seine selbstreferentielle Eigenschaft besteht genau in seiner Fähigkeit, durch eine ununterbrochene Hervorbringung von Konsens und politischer Legitimation zu stabilisieren und zu reproduzieren, eben weil es ein differenziertes System ist.[62]

Die Parteien beschränken sich nicht darauf, die aus der Gesellschaft hervorgehenden politischen Nachfragen aufzunehmen und sie mit Organisations- und Aktivvollmachten auszustatten, auf daß sie sich in der politischen Arena durchsetzen und die Konkurrenz anderer politischer Fragen besiegen können. Die Parteien bleiben nicht vor der von Kelsen bezeichneten Demarkationslinie stehen: für ihn mußte der Einfluß der Parteien streng im Bereich der legislativen Gewalt verbleiben, und sollte höchstens bei der Ernennung der höchsten Exekutivorgane mitwirken.[63] Die Parteien sind ununterbrochen damit beschäftigt, ihre Macht zu reinvestieren, um die Grundlage ihrer Macht in einem kurzgeschlossenen Kreislauf zu stärken, in welchem sie, meistens außerhalb der legitimierten Verfahrensweisen, Ressourcen, Vorteile und Privilegien verteilen, um rekursiv den Fluß an Solidarität, an Teilhaberschaft und am Gesetz des Schweigens zu fördern, der die Essenz ihrer Macht darstellt.[64]

Vom Standpunkt der Selbstreferentialität des politischen Systems aus betrachtet ist die gesellschaftliche Umwelt nicht, wie sich das die Moralisten der Politik vorstellen, der Bereich, auf den die universellen Werte der Politik angewandt werden, wie das Gemeinwohl, das allgemeine Interesse oder die Gerechtigkeit. Die gesellschaftliche Umwelt mit ihrer zunehmenden Mobilität und Komplexität ist vielmehr eine konstante Herausforderung an die Stabilität des Systems, ein Krisenpotential, das die Sicherheit und Autorität der politischen Institutionen, an erster Stelle die der Parteien, bedroht. Die Selbstreferenz ist die immunitäre Erwiderung, die dem Parteiensystem einen annehmbaren Grad an homöostatischem Gleichgewicht mit der gesellschaftlichen Umwelt garantiert.

Um das neoabsolutistische Phänomen der Selbstreferenz des politischen Systems zu erfassen und die Gründe, die sie zu einer der schwierigsten Aporien des innersystemischen Pluralismus und einem der größten Risiken für die Zukunft der Demokratie werden lassen, muß man von einem historisch-soziologischen Bezug ausgehen und zu dem Prozeß gelangen, der in den vergangenen zwei Jahrhunderten zum Erfolg des modernen liberaldemokratischen Staates geführt hat. Wenn, wie ich im vorhergehenden Kapitel vorgeschlagen habe, der Schleier der naturrechtsphilosophischen Ideologie beiseite gezogen wird, zeichnet sich der liberaldemokratische Staat gegenüber den politischen Formen, die ihm vorausgehen, im wesentlichen durch seinen hohen Grad an Differenzierung und Autonomie im Vergleich zum Kontext der anderen funktionell differenzierten Subsysteme aus: Religion, Moral, Ökonomie, Wissenschaft, Familie, Privatleben usw. Und diese Differenzierung und Autonomie zeigt sich sowohl durch die Schaffung besonderer politischer Rollen – gleiches, allgemeines und geheimes Stimmrecht, das Verbot eines imperativen Mandats, die Souveränität des Parlaments usw. – als auch durch die Definition einer gesetzlich festgelegten ausdrücklichen Beschränkung des politischen Interventionsbereichs. Angesichts einer diversifizierten und komplexen Gesellschaft kann sich das politische Subsystem nicht mehr schlechthin mit dem allgemeinen gesellschaftlichen System identifizieren. Die Politik ist ganz einfach ein Subsystem neben anderen, das sich, im Vergleich zu ihnen, keinerlei funktioneller Vorrang- oder Zentralstellung erfreut.[65] Sowohl der Anerkennung der gesellschaftlichen Komplexität als auch der Definition der Grenzen der Politik entspricht mit genauer funktioneller Symmetrie die verfassungsmäßige Bestätigung der Grundrechte des Menschen und des Bürgers: das Individuum differenziert und verselbständigt sich im Vergleich zur gesellschaftlichen Dimension sowohl als privates wie auch als öffentliches Subjekt.[66]

Der repräsentative Mechanismus ermöglicht es so den administrativen Einrichtungen, den Prozeß des *decision-making* von jedem vorschnellen und allzu konkreten Verweis auf die Interessen der Bürger zu befreien und keinem lokalistischen oder korporativen Druck ausgesetzt zu sein. Da sie keinem imperativen Mandat unterliegen, sind die Repräsentanten autorisiert, innerhalb großer Freiräume zu arbeiten, wobei sie sich auf ein abstraktes Allgemeininteresse des Volkes und des Landes beziehen können.

So paradox es auch scheinen mag, das liberaldemokratische System hat eine viel größere Auswahl an Mitteln, um politischen Anforderungen zu genügen, als die ihm vorausgegangenen Herrschaftsformen. Es ist in der Lage, ›die Angst zu regulieren‹, indem es friedlich die Frustrationen und gesellschaftlichen Konflikte innerhalb der eigenen prozeduralen Formalismen absorbiert und die Krisen mittels geeigneter Strategien meistern kann, die mit einem auf Sonderinteressen und auf diffuse Bedürfnisse gerichteten Bezug legitimerweise nichts zu tun haben. So ist es in der Lage, im Namen des Allgemeininteresses das Ziel seiner eigenen Stabilität explizit weiterzuverfolgen, weil es ein ›repräsentatives‹ politisches System ist.[67]

Insbesondere seit dem Ende des Zweiten Weltkrieges hat in Europa ein Prozeß der stufenweisen Transformation der parlamentarischen Demokratie zu dem eingesetzt, was Leibholz am Ende der zwanziger Jahre mit großer Weitsicht den »Parteienstaat« genannt hat.[68] Dieser Prozeß hat sich innerhalb des allgemeineren und, *rebus sic stantibus*, unumkehrbaren evolutiven Trends auf die Differenzierung und Autonomisierung des repräsentativen Systems hin entwickelt und ihm eine bemerkenswerte Beschleunigung aufgeprägt. Ursprünglich waren die Parteien als private Vereinigungen entstanden, offen für die spontane Mitgliedschaft jener Bürger, welche bestimmte Interessen oder bestimmte Ideologien teilten. Nachdem das anfängliche Mißtrauen seitens der monarchisch-liberalen Oligarchien überwunden war, die in ihnen eine Bedrohung des eigenen allgemeinen Interesses erblickten, wurden die Parteien als ein wesentlicher Ausdruck des Rechts auf politische Vereinigung angesehen. Sie sind ein unmittelbares Produkt der bürgerlichen Gesellschaft und ihrer wachsenden Komplexität und stehen daher der bürokratisch-administrativen Logik der öffentlichen Institutionen nicht nur fern, sondern befinden sich sogar in tendentiellem Konflikt mit dem Staat und seinen Gewalten. Die Parteien haben eine starke Tendenz, die Gewalten des Staates zu beanstanden und sich jeder Kontrolle öffentlicher Art zu entziehen. Ihre Typologie ist jener der ›Bewegung‹ und sogar der revolutionären Bewegung verwandter als der des bürokratischen Apparates.[69]

Nach dem Zweiten Weltkrieg erlebt man als Auswirkung des allgemeinen Wahlrechts und des Eintritts der großen Volksparteien in die parlamentarische Arena eine stufenweise funktionelle Transformation der politischen Parteien und, damit verbunden, der Funktionen des Parlaments. Die Volksparteien, seien sie nun konfessionell geprägt oder der

Arbeiterbewegung verbunden, neigen zunächst dazu, halbstaatliche Aufgaben der Organisation und der moralisch-intellektuellen Erziehung der Massen im Namen ihrer vor allem gesellschaftlichen und erst dann politischen Emanzipation wahrzunehmen. In einer folgenden Phase zeigen sie immer deutlicher die Tendenz, sich Rollen und Vorrechte institutioneller Art zuzuschreiben, die schließlich zu einer bürokratischen Ordnung führen, die sie den anderen Staatsorganen nahezu völlig angleicht. Dieser Prozeß der Herstellung von Öffentlichkeit der Parteien stellt, wie Kelsen gesagt hat, zweifellos eine Form der »Rationalisierung der Macht« im Weberschen Sinn dar,[70] weil er der zunehmenden Spezialisierung und Professionalisierung des politischen Lebens in den differenzierten Gesellschaften entspricht.[71] Das hindert nicht, daß die Parteien auf Grund dieser Evolution die ursprünglichen Merkmale von Bewegung und Meinungsträger und des politischen Kampfes verlieren, Bewegungen, die oftmals von charismatischen Führungspersönlichkeiten angeführt wurden, und sie neigen auch dazu, die Rolle aufzugeben, welche die Theorie ihnen traditionell übertragen hat: die vom *corps intermédiaires* (Montesquieu), dazu bestimmt, das »politische Knochengerüst« des Volkes zu sein und seine Basisforderungen zu vermitteln.[72]

Das Endstadium dieser Entwicklung stellt die Einrichtung der öffentlichen Parteienfinanzierung dar, die im Verlauf der letzten zwanzig Jahre von beinahe allen westlichen Demokratien per Gesetz festgeschrieben wurde. Und in jedem Fall werden die Modalitäten und die Finanzierung von den Parteien selbst entschieden. Statt die chronische Verschuldung der Parteien zu reduzieren und heimlichen oder illegalen Formen der privaten Selbstfinanzierung einen Riegel vorzuschieben,[73] verstärkt die öffentliche Finanzierung die bürokratischen Aspekte, indem sie die Macht in den Händen der Parteispitze und der Wahlkreisleitungen konzentriert, den hierarchischen Apparat bezahlter Funktionäre ausweitet, einen wachsenden Bereich der Kompetenz von Experten zugesteht und die einfachen Mitglieder und Basiskämpfer entmachtet.

Am Ende erweisen sich auch die Inhaber repräsentativer oder administrativer Funktionen, gewählt oder ernannt, in zentraler Position oder auf lokaler Ebene, ohne eine unabhängige Machtposition, sofern sie nicht eine wichtige Rolle innerhalb der Hierarchie der Partei innehaben. Längst sind ja die Parteivorstände die exklusiven Inhaber der Macht, die

Schumpeter den Wählern anvertraut hatte: sie, die Parteivorstände, sind es, die Regierungen »produzieren«, und sie sind es, die die Regierungen »repräsentieren«, während das alte Repräsentationsverhältnis zwischen Wählern und Gewählten längst in eine Sackgasse führt, die auf der Schwelle der parlamentarischen Versammlungen endet, wo nur noch personalisierter Mikroklientelismus als Restmacht verbleibt. Und es sind die zentralen und peripheren Parteivorstände, die eine Art ›neue Klasse‹ von Politprofis entstehen lassen, die, vor allem in den Sozialstaaten, einen zunehmenden Einfluß auch auf breite Sektoren der Wirtschaft, des Geldwesens, der Medien, der Dienstleistungen und der Justizverwaltung ausüben. Dank der Macht, die sie bei der Ernennung von Beamten für Tausende von staatlichen Einrichtungen hat, die mehr oder weniger unmittelbar von öffentlichen Verwaltungen abhängig sind (vom Bankensystem bis zu den Unternehmen der öffentlichen Hand, der Kreditvergabe an Unternehmen, dem Außenhandel, der Stadtplanungs- und Gesundheitspolitik, des Buch- und Zeitschriftenmarktes, den Kommunikationsmitteln usw.), wird diese Klasse sich am Ende zu einer Art besitzständischer Korporation zusammenschließen, die den Bürokratien der sozialistischen Länder ähnlich ist.[74] In ihrem Inneren gedeihen neben den vielen, die ›von der Politik leben‹, die Massen von Klientengruppen, die ›dank der Politik‹ leben.[75] Und in diesem Zusammenhang ist die Wiedererlangung der alten Kategorie der patrimonialistischen Herrschaft, wie es Samuel Eisenstadt und Günther Roth vorgeschlagen haben,[76] sicher nicht fehl am Platz.

Unter diesem Gesichtspunkt verletzt das Parteiensystem auch das von Kelsen formulierte prozedurale Legitimationskriterium der demokratischen Institutionen: nur in einem rein formalen Sinn kann man die Meinung vertreten, daß die Bildungsprozedur der Wahlorgane, in erster Linie im Parlament, demokratisch sei, weil am Verfahren im Vergleich zum zu schaffenden Organ niedrigere Organe (die Wähler) teilnehmen. In Wirklichkeit funktioniert die Selbstreproduktion der Parteimacht auf der Grundlage von Mechanismen der Ernennung per Kooptation des politischen Personals, einschließlich des formell zur Wahl bestimmten, seitens eines anderen Personals, das in den Spitzen der Parteiorganisationen sitzt, wie zudem die Karrieren der politischen Funktionäre beweisen, welche längst im ganzen denen der anderen Mitglieder der staatlichen Bürokratie ähnlich sind.

Diesen Entwicklungen entspricht innerhalb der Parteien der Niedergang des politischen Volontariats, vor allem des der Jugendlichen, die drastische Verminderung der Zahl von Aktivisten und die mit der internen demokratischen Debatte einhergehende schwindende Relevanz der Parteienorganisation als engmaschigem Apparat für ideologische Erziehung und Parteiwerbung.[77]

Hat sie erst einmal diese Schwelle der bürokratischen Vereinnahmung erreicht, versucht jede Partei, unabhängig von ihrer konservativen oder fortschrittlichen Ausrichtung, in zunehmendem Maß das Problem der eigenen Selbsterhaltung mit dem der Erhaltung des Parteiensystems und daher mit der Stabilität der gesamten öffentlichen Bürokratie gleichzusetzen. Streng genommen existiert nicht mehr die einzelne Partei als autonome politisch-bürokratische Institution und verfassungsmäßiges Subjekt: an ihrer Stelle gibt es die Ansammlung von Parteien, ihre Gemeinschaft, ihren »einzigartigen Organismus mit komplexer Struktur«.[78] Der Parteienwettbewerb in dem Maß und in der Form, in der er weiterlebt, arbeitet nicht anders als der Wettbewerb unter Erzeugern innerhalb des ökonomischen Marktes: wie dieser, greift auch er das gemeinsame Interesse am Erhalt der allgemeinen Marktbedingungen keineswegs an, sondern versucht, es zu verstärken.

Die von den Parteien ausgeübte allgemeine Legitimationsfunktion des politischen Systems leitet sich ganz natürlich von dem Umstand her, daß für sie – als bürokratische Staatsorgane – ein allgemeines Interesse besteht, das immer eindeutiger mit der Stabilität der staatlichen Institutionen zusammenfällt. Warum sollten sich die Parteieliten auf einen brudermörderischen Kampf einlassen, der ihren kollektiven Status als bürokratische Staatsapparate in Frage stellen würde, welche die eigenen Mitglieder und die eigene Klientel doch mit Vorteilen und Vorrechten jeder Art versorgen können?

Die Parteibürokratien tragen dazu bei, das politische System zu legitimieren, nicht etwa, weil sie Kanäle einer rechtzeitigen Wahrnehmung und treuen Übermittlung der Instanzen einer präexistenten und autonomen politischen Willensäußerung sind. Sie legitimieren das demokratische System vor allem, weil sie die institutionelle Fiktion der Repräsentation glaubhaft machen, das heißt sie tragen dazu bei, eine öffentliche Vorstellung der politischen Arena als ein allgemeines und offenes System am Leben zu halten. Es ist ein allgemeines System, weil alle Inhaber des Bürgerrechts dank der allgemeinen Wahl durch das Parteiensystem repräsentiert sind, ob sie sich nun an den Wahlverfahren beteiligen oder nicht. Wenigstens formal kann der politische Bereich noch wie das allgemeine gesellschaftliche System erscheinen, innerhalb dessen man die Entscheidungen gemeinsam trifft, welche, nach dem klassischen aristotelisch-rousseauschen Modell, die Staatsbelange betreffen. Und es ist ein offenes System, weil, zumindest auf formaler Ebene, alle Bürger sich frei zusammenschließen können, um neue Parteien entstehen zu lassen, und sich vor allem den vorhandenen Parteien frei anschließen können.

Hier kommt ein einzigartiges Merkmal der modernen politischen Partei zum Tragen: nämlich das, ein Organ der staatlichen Bürokratie zu sein, das allerdings rechtlich die Struktur einer privaten freien Vereinigung beibehält, die für den Eintritt und den Aktivismus eines jeden Bürgers offen ist. (Der Parteieintritt unterliegt in der Tat – wie dies statt dessen allgemein für die anderen Staatsorgane erforderlich ist – weder einem öffentlichen Aufnahmeverfahren, noch einer Wahl, noch dem Nachweis irgendeiner besonderen beruflichen Fähigkeit, technischen Kompetenz oder moralischen Einstellung.) Diese strukturelle Zweideutigkeit erlaubt es dem Parteiensystem, der Öffentlichkeit der Bürger als vorher von breiten Volksmassen autorisiert das zu repräsentieren und zu legitimieren, was von den Parteispitzen – und das heißt an der Spitze des Staates – auf der Grundlage einer sehr spezifischen und zum großen Teil nicht ›sichtbaren‹ systemischen Logik beschlossen worden war.

Während die klassischen und neoklassischen Theorien die Vorstellung entwerfen, daß der demokratische Konsens innerhalb der Organisationskreisläufe der Parteien von der Basis zu den Spitzen fließt, folgen die Ströme der politischen Legitimation in Wirklichkeit einer umgekehrten Richtung. Dank der vertikalen Linien der bürokratischen Macht innerhalb der Parteien wird der Prozeß des *decision-making* a posteriori gerechtfertigt, und die Legitimation ist wesentlich stärker an die Mechanismen des politischen Austausches gebunden als an die rationale Überzeugung, die diskursiv durch die Gegenüberstellung der Meinungen erlangt wird.

In Zeiten intensiver Informationsmöglichkeiten innerhalb der Gesellschaft verfügen die Parteispitzen zudem über eine beachtliche Fähigkeit, Informationen auszuarbeiten und sie unmittelbar darauf durch die Massenkommunikationsmittel verbreiten zu lassen, die normalerweise unter ihrer direkten oder indirekten Kontrolle stehen.[79] Der demokratische Legitimationsfluß, der von den Führungsebenen des Parteiensystems herunterströmt, tendiert dann dazu, immer weiter über die interne Organisationsstruktur der Parteien hinauszufließen, um die Öffentlichkeit der Wähler mit Hilfe von Werbetechniken zu erreichen, die von kommerziellen Unternehmen bereits erfolgreich eingesetzt werden.[80]

Das augenfälligste Anzeichen für das Übergewicht der selbstreferentiellen Logik innerhalb des Parteiensystems ist im übrigen das schrittweise Schwinden dessen, was für Schumpeter und die neoklassischen Theoretiker, einschließlich Bobbios, eine der unverzichtbaren Bedingungen für die pluralistische Gesellschaft ist: der Wettbewerb unter den Parteien. Selbstverständlich steht nicht jede Form des Wettbewerbs im Gegensatz zu der Logik der Selbstreferenz. Unvereinbar sind solche Wettbewerbsformen, die in Gefahr stehen, eine wettkampfartige Spannung von Nullsummenspielen in die Beziehungen der Parteien untereinander einzuführen und damit das allgemeine Interesse an der Legitimität und umfassenden Stabilität in Gefahr bringen. Innerhalb des politischen Marktes gilt wie innerhalb des ökonomischen Marktes grundsätzlich, daß der Wettbewerb die Zuschreibung der Marktquoten reguliert, doch ist jede Aktivität ausgeschlossen, die nicht mit der Logik des Austausches übereinstimmt, das heißt die im Grunde nicht verhandelbar und kooperativ ist. Mit anderen Worten ist, wie es übereinstimmend zwei ansonsten in ihren Auffassungen weit auseinanderliegende Autoren, Ralf Dahrendorf und Cornelius Castoriadis, gesagt haben, innerhalb des politischen (selbstreferentiellen) Systems der postindustriellen Länder nichts Geringeres ausgeschlossen als die ›politische Opposition‹.[81]

Diese Tendenz zur Minimierung des innersystemischen Konfliktes führt nach und nach zu jener Homologisierung des politischen Angebotes, das, wie wir gesehen haben, Norberto Bobbio mit Blick auf eine zentrale Regel der Demokratie für schädlich hält: die Forderung, daß die Wähler mit ›wirklich alternativen‹ politischen Vorschlägen konfrontiert werden. Trotz des Versuchs einer jeden Partei, das eigene Bild zu Werbezwecken zu differenzieren – daher die zunehmende Wichtigkeit, die den graphischen Symbolen und den Namen der Parteien zugeschrieben werden, über die sich immer häufiger zusammengerufene Expertenkommissionen äußern sollen –, weist die wirkliche Differenzierung des politischen Angebotes die Tendenz auf, sich dermaßen zu beschränken, daß beinahe eine dem Monopol verwandte Situation entsteht. Und die Versuche, das Erscheinungsbild der Parteien künstlich zu charakterisieren, etwa durch die Schaffung neuer Typen charismatischer und präsidentieller Führerschaft[82] oder durch die große Sorgfalt hinsichtlich der rhetorisch telegenen Aufmachung ihrer Botschaften, sind um so notwendiger, je weniger die Substanz des angebotenen Produkts wirklich differenziert ist.

Im übrigen bestärkt dieser Prozeß eine Tendenz im Inneren der parlamentarischen Systeme, über die eine breit gefächerte und unwiderlegte Fülle an Literatur vorliegt: nämlich die Tendenz, die die Parteien dazu drängt, der Mitte zuzustreben, weil man in der Mitte des politisch-parlamentarischen Lagers das Auffangbecken für die Wählerstimmen findet, die durch häufiges Wandern gekennzeichnet sind.[83] Nur durch ihre Annäherung ans Zentrum – und nicht durch eine Verlagerung an die äußeren Ränder – können Parteien Hoffnung schöpfen, die Stimmen der ideologisch weniger verwurzelten Bürger einzufangen, die ein moderates und meinungsorientiertes Votum abgeben und daher viel eher bereit sind, ihr Wahlverhalten auf der Grundlage von Bewertungen der begrenzten Einschätzung schwankender sozialer Bedingungen zu verändern, die keine langwierigen und mühevollen ideologischen Bekehrungen erfordern. Und die unsicheren, mobilen und ideologisch nicht gebundenen Wählerschichten scheinen in den postindustriellen Gesellschaften auch als rekursive Folge der Konvergenz und der programmatischen Homologisierung der Parteien zuzunehmen.[84] Mit diesem Trend verbinden alle Parteien, auch die weit von der Mitte entfernten, auf der Grundlage analogen Wahlkalküls die Tendenz, die Bandbreite der Gruppen zu erweitern, denen sie Vorschläge zum politischen Austausch unterbreiten wollen. Daraus folgt – auch dies ist ein ausgiebig erforschtes Phänomen –, daß der Pluralismus der vorherrschenden gesellschaftlichen Interessen dazu tendiert, sich innerhalb einer jeden Partei zu reproduzieren. Und dies bringt nicht nur Phänomene von Entscheidungsstreß zu Lasten des gesamten politischen Systems hervor, sondern fördert zudem in den ›Allerweltsparteien‹[85] den Drang nach Abflachung der politischen Vorschläge beim Versuch, einer Pluralität von einander widerstreitenden Erwartungen zu entsprechen. Ironischerweise scheint sich gerade in dieser unnatürlichen Pluralität der innerhalb einer jeden Partei repräsentierten Interessen eine der ganz besonderen Bedeutungen der pluralistischen Interessenrepräsentation widerzuspiegeln. Und das verleiht dem parlamentarischen Kompromiß schließlich eine Bedeutung, die dem naiven Kelsenschen Ansatzpunkt entgegengesetzt ist, der darin das Wesen der Demokratie sah.[86]

Wenn dies alles stichhaltig ist, dann darf man legitimerweise wohl den Schluß ziehen, daß die Tendenz der differenzierten politischen Systeme, eine selbstreferentielle Struktur anzunehmen, eines der schwerstwiegenden evolutiven Risiken der Demokratie in den postindustriellen Ländern darstellt. Sie verletzt zumindest zwei der drei Bedingungen für eine Demokratie, wie sie vom neoklassischen Modell der Konkurrenz um die Führerschaft definiert wurden: sie neigt nämlich dazu, die politischen Marktmechanismen lahmzulegen und den Pluralismus zunichte zu machen, indem sie die nicht konformistischen Erwartungen beiseite schiebt und den Parteienwettbewerb angesichts einer zunehmenden Komplexität und Mobilität der gesellschaftlichen Umwelt jeglicher innovativen Leistungsfähigkeit entleert.

4. Die Inflation der Macht

Die Selbstreferenzmechanismen der Konfliktminimierung und der (Selbst-)Legitimation sind nicht nur die innersystemischen Faktoren für die Reproduktionsfähigkeit des Parteiensystems; im selben Augenblick, in dem sie dessen Stabilität und Selbstreproduktion garantieren, bestätigen diese Mechanismen das Parteiensystem vor den Subjekten der Polyarchie, die außerhalb des ritualisierten Bereichs der Politik tätig sind. Die Selbstreferentialität eines differenzierten und autonomen politischen Systems ist, mit anderen Worten, die Funktionsbedingung des extrasystemischen Pluralismus. Die bürokratische Ansammlung von Parteien kann auf diese Weise dauerhaft arbeiten wie eines der Subjekte des Pluralismus, indem sie sich zum Träger der Interessen macht, die sich aus seiner Stellung innerhalb eines besonderen gesellschaftlichen Subsystems herleiten, und die eigenen prozeduralen, finanziellen und kommunikativen Ressourcen in den politischen Markt investieren.

Seine funktionsgerechte Fähigkeit, diese spezifische gesellschaftliche Ressource zu schaffen, die die allgemein verbindliche Macht ist – und sie legitimerweise dank der prozeduralen Fiktion der Repräsentation hervorzubringen –, ermöglicht es dem Parteiensystem, auf dem pluralistischen politischen Markt eine Bargaining-Stellung von besonderer Bedeutung einzunehmen. An seinem Schutzangebot, das in letzter Instanz von der legitimen Anwendung von Gewalt bestimmt wird – mit einem Wort: von der Macht des Staates –, sind alle Gruppen interessiert, deren Ressourcen innerhalb anderer als der politischen Subsysteme verwurzelt sind, wie etwa das ökonomische, wissenschaftlich-technologische Subsystem oder das der religiösen Konfessionen, der Massenmedien, der Gewerkschaftsorganisationen usw. Auf diese Weise wird die vom Parteiensystem hervorgebrachte Legitimität auf den gesamten Horizont der pluralistischen Verhandlung als einer für den kollektiven Konsum verfügbaren Ressource verlagert. Es ist eine umfassende Ausstattung der Macht in ihrer weitestgehenden Bedeutung als normativer Schutz der gesellschaftlichen und wirtschaftlichen Ordnung, die so dauerhaft legitimiert wird. Auf diese Weise erhält auch die bürokratische, hierarchische oder sogar despotische Struktur, welche einen Großteil der Subjekte der Polyarchie kennzeichnet, angefangen bei den großen Wirtschaftsunternehmen bis zu den Militär- und Kirchenorganisationen, eine zusätzliche Legitimation, welche die internen Abhängigkeitsbindungen stärkt und die ›Privatregierung‹, die sie auf ihre jeweiligen Mitglieder ausüben, als demokratisch absegnet.[87]

Philippe Schmitter und mit ihm die Theoretiker des Neokorporatismus haben die Ansicht vertreten, daß in der Erfahrung zahlreicher westlicher Länder das politische System, oder genauer gesagt, sein rechtlich-formaler Ausdruck, der Staat, nicht im Rahmen der Bargaining-Beziehungen als schlichter *primus inter pares* oder als unparteiischer Schiedsrichter handelt, der von außen die von den privaten Gruppen erzielten Übereinkünfte garantiert. Der Staat ist Inhaber einer »Konzertierungsmacht«, das heißt der Zuschreibung eines öffentlichen Status für Gruppen von Interesse, und allein diese Einsetzung erlaubt es ihnen, sowohl die eigenen Mitglieder, oder in manchen Fällen die gesamte Kategorie der ihnen ähnlichen Gruppen, zu repräsentieren, als auch kraft Autorität die Umsetzung der auf korporativer Verhandlungsebene erreichten Übereinkünfte.[88] Ohne diese selektive Vermittlung des Staates könnte das pluralistische System nicht funktionieren. Im Neokorporatismus bleibt der Staat die zentrale Figur, wie er es *mutatis mutandis* für den klassischen Korporatismus war.

Schmitter hat nicht unrecht, wenn er auf den besonderen Charakter des Beitrags aufmerksam macht, den der Staat, das heißt das Parteiensystem, für den korporativen Pluralismus leistet. Gleichwohl ist es offensichtlich, und ist es in diesen Jahren der Krise des Wohlfahrtsstaats immer klarer geworden, daß die Verhandlungslogik der vom Parteiensystem dargestellten politischen Regierungsfähigkeit eine drastische Beschränkung auferlegt. Dieses Hervorbringen von Gegenmacht, welche die neoklassische Schule als eine der wertvollsten Leistungen des pluralistischen Systems feiert, stellt sich in Wirklichkeit weniger als eine Garantie der individuellen Freiheiten im klassischen Sinn heraus, sondern vielmehr als eine den nicht rein repressiven Funktionen der politischen Macht auferlegte Bindung. Während das Netz der Querverbindungen und der sichtbaren und unsichtbaren Austauschgeschäfte unter den Akteuren des Bargaining – ein Netz, das sich multipliziert durch die Techniken von Leistung und Gegenleistung und dem Mechanismus der Zeitverzögerung des Logrolling – den Einflußbereich der Parteien ausweitet, verhindert sie gleichzeitig den konstruktiven, und nicht rein reaktiven und adaptiven Gebrauch der Macht.[89] Wenn man außerdem die große Vielfalt, die funktionelle Dislokation und die Mikrozersplitterung der Subjekte der polyarchischen Welt bedenkt – einzelne Parteien, innere Parteiströmungen, Komponenten der legislativen Gewalt, Fraktionen der Exekutive, administrative Bereiche und Bereiche der Rechtsprechung, einzelne gewerkschaftliche Vereinigungen oder Berufsstände, öffentliche Einrichtungen, Bankinstitute und eine Unzahl unterschiedlicher privater Gruppen –, begreift man deutlich den Zusammenhang, innerhalb dessen das *deficit* und die »Inflation der Macht«, um die von Talcott Parsons vorgeschlagene Geldmetapher zu verwenden, sich als eine der zentralen Fragen der pluralistischen Gesellschaften darstellt.[90]

Angesichts dieser politischen Szenerie, die die Schemata der repräsentativen Verfassung umstürzt und, wie Schmitter behauptet hat, eine Rekonstruktion der Demokratietheorie erfordert,[91] erweisen sich auch die theoretischen Beiträge von Autoren wie David Easton und Karl

Deutsch als wenig hilfreich, obwohl sie sich auf glänzende Weise durch die Systemtheorie und die Kybernetik haben anregen lassen. Eine ganze Reihe geglückter konzeptueller Neologismen, die an die Input-Output-Analyse oder an den kommunikativen Ansatz von *The Nerves of Government* gebunden sind, erweisen sich heute auf Grund der kausalistischen Strenge der erkenntnistheoretischen Ausgangspunkte und auf Grund des elementaren und zentralistischen Charakters des angewandten *decision-making*-Modells als unbrauchbar.[92]

Postempiristische Autoren, wie unter anderen Herbert Simon und Raymond Boudon, haben die Ansicht vertreten, je mehr die Aufgaben der politischen Regierung zunehmen und komplexer werden, um so mehr erzeugt die politische Entscheidung weniger sichere und weniger kontrollierbare Ergebnisse. Die Information nimmt die Merkmale einer strukturell knappen Ressource an, und selbst die kurzfristige gesellschaftliche Voraussicht wird zu etwas wenig Verläßlichem, weil sie keinerlei induktiven Rückhalt besitzt, der sich auf die Regelmäßigkeit immer wiederkehrender und beobachtbarer Phänomene stützt. Auch die Zeit wird zu einer knappen Ressource, und die Entscheidungen werden in Situationen chronischer Bedrängnis getroffen. Die Macht zersplittert und verliert sich in einer Menge kleiner, verhältnismäßig unabhängiger Machtnischen. ›Begrenzte Rationalität‹, gegenteilige Auswirkungen und Polyzentrismus stehen im Kontrast zur Vorstellung einer rationalen Programmierbarkeit der Entwicklung und der gesellschaftlichen Transformation auf der Grundlage linearer Kausalfolgen zwischen Input und Output, die von einer einheitlichen politischen Führung garantiert werden.[93]

In diesem Zusammenhang wird, wie Niklas Luhmann in seinem wichtigen Aufsatz *Klassische Theorie der Macht. Kritik ihrer Prämissen* gesagt hat, eine Revision eben dieses Begriffs Macht unvermeidlich.[94] Die kausale und transitive Vorstellung von Macht muß ihren Platz zugunsten einer relationalen und reflexiven Vorstellung aufgeben, welche die große Unvorhersehbarkeit der Auswirkungen eines jeden Machteingriffs und die Abhängigkeit dieser Auswirkungen von den rekursiven Bezügen im Auge behält, welche die Partner einer Machtbeziehung in einer Netzwerkstruktur ohne genau festgelegtes Zentrum aneinander bindet. Innerhalb differenzierter und komplexer Gesellschaften spielt jedes Subjekt unter anderen Blickwinkeln und zu anderen Zeiten wechselweise untergeordnete und übergeordnete Machtrollen auch innerhalb derselben Machtbeziehung. Daher ist es notwendig, das von der gesamten liberaldemokratischen Tradition postulierte Theorem von der Invarianz der Machtsumme aufzugeben.

Diesem Theorem zufolge kann in einem bestimmten gesellschaftlichen Kontext die Macht akkumuliert oder verteilt, konzentriert oder dezentralisiert werden, kann sie eine absolute oder eine ausbalanciert gegliederte Macht sein, doch ihre Gesamtmenge kann weder vermehrt noch vermindert werden. Jedem Verlust auf seiten eines Subjekts entspricht ein gleicher Machtzuwachs auf seiten eines anderen Subjekts und umgekehrt.[95] Dieser Ansatz verhindert die Wahrnehmung einer zentralen Problematik innerhalb von Gesellschaften mit wachsender Differenzierung und Komplexität: das Problem der gesellschaftlich verfügbaren Machtmenge und des evolutiven Risikos hinsichtlich der Vielfalt der relativen Größe der Macht, das heißt ihres Übermaßes oder ihrer Knappheit im Verhältnis zur Nachfrage.

Hier zeichnet sich ein spannungsreiches Paradox im Verhältnis zwischen Macht und gesellschaftlicher Komplexität ab. Je größer die Komplexität der Umwelt wird, um so schwieriger wird die Kontrolle ihrer Variablen, denn es geht um das Erkennen, Vorhersehen und Planen unter den Bedingungen einer zunehmenden Entropie, das heißt einem Anwachsen von Unordnung und Turbulenz. Für jeden politischen Entscheidungsträger nimmt die Menge der notwendigen Entscheidungen zu, und bei jeder Entscheidung weitet sich das Spektrum der möglichen Alternativen aus. Proportional dazu wächst die gesellschaftliche Gesamtverpflichtung der Reduktion der Komplexität, und um so größer muß die gesellschaftlich verfügbare Machtmenge sein zur Durchführung und Legitimation der selektiven Leistungen.[96] Anders ausgedrückt: gleichzeitig mit der Komplexität wächst der funktionelle Bedarf an Entscheidungen schnell an, und zwar aufeinander abgestimmter, wirksamer und unverzüglicher Entscheidungen, und dementsprechend wächst die gesellschaftliche Forderung nach Macht.

Doch – und darin liegt das Paradox – nimmt gleichzeitig die Schwierigkeit zu, eine Macht mit positivem (nicht rein repressivem oder adaptivem) Vorzeichen hervorzubringen und auszuüben, und zwar auf Grund der Heterogenität und Zersplitterung der aus einer stark differenzierten

Gesellschaft sich ergebenden gesellschaftlichen Erwartungen. Es wird immer schwieriger, Macht hinzuzufügen, und zwar wegen des zersplitterten Charakters der Interessen und, im Rahmen der Abfolgen der gesellschaftlichen Aktion, der Ausweitung von »Blockadekräften«: Machtpositionen, die nicht in der Lage sind, auch nur irgend etwas zu bewegen, gleichwohl äußerst wirkungsvoll beim Verhindern und beim Abspalten sind, auch wenn sie von kleinen Gruppen ausgeübt werden, die an strategischen oder umleitenden Positionen angesiedelt sind. Hierin liegt jener Aspekt der besonderen Verwundbarkeit der komplexen Gesellschaften mit hoher funktioneller Interdependenz, wie ihn Gino Germani klarsichtig analysiert hat.[97] Im übrigen sind, wie Ralf Dahrendorf entsprechend einer Anregung von Claus Offe hervorgehoben hat, in der Gesellschaft mit segmentierter Schichtung, wie es typisch für die postindustriellen Gesellschaften ist, die Bürger nicht mehr Träger eines einzigen oder vorherrschenden politischen Interesses. Jedes Individuum ist das Zentrum einer Vielzahl von Eigeninteressen und Sonderpräferenzen, die es an Beziehungen von Solidarität und Mitgliedschaft bei verschiedenen Gruppen innerhalb verschiedener Lebensbereiche binden.[98] Weil jede dieser Gruppen die Tendenz hat, in eine Konflikt- oder Vergleichsbeziehung zu konkurrierenden Gruppen zu treten, kann der politische Ausdruck der individuellen Präferenzen zu keinen kohärenten, ausformulierten und langfristigen Projekten führen.

Im unmittelbar politischen Sinn taucht das Problem der demokratischen Regierbarkeit der postindustriellen Gesellschaften auf, in denen die Vielzahl der Subjekte der politischen Nachfrage und die Konkurrenz bei gegenteiligen Forderungen dazu neigen, das politische System zu überladen und die Entscheidungsfähigkeit in einem Geflecht aus Druck und Einsprüchen lahmzulegen. Der Wirrwarr der polyarchischen Interessen spiegelt sich im Rahmen des repräsentativen Systems sowohl in seiner Gesamtheit als auch sozusagen in jeder seiner Monaden wider, ohne daß wirkungsvolle und sofort einsetzende Selektions- und Wiedereingliederungsmechanismen der Nachfragen intervenieren, um deren Komplexität zu reduzieren und sie regierbar zu machen.

Segmentierte Entscheidungsprozesse, streng selektive Wahrnehmung der Probleme, Wachstumspolitik und Politik des Nebensächlichen, angleichende, inkohärente und kurzfristige Maßnahmen bezeichnen das

Umfeld dessen, was Luhmann Entscheidungsopportunismus genannt hat: eine Maßnahme der schwachen Führung, die sich bewußt nach untereinander inkommensurablen und mit der Zeit veränderlichen Werten ausrichtet, die als unabhängige Variable das Gleichgewicht des Systems und als strategisches Ziel die Erleichterung des Drucks und der Risiken annehmen, die jeweils dazu tendieren, einen kritischen Punkt zu erreichen.[99]

Die Bedingungen, die den postindustriellen Gesellschaften die Form einer schwachen Regierung aufzwingen, können in den Begriffen eines dreifachen funktionellen Defizits zusammengefaßt werden: Defizit der Kohärenz, auf Grund der Inkommensurabilität oder der Antinomie zwischen den von der politischen Entscheidung hervorgebrachten Vor- und Nachteilen; strukturelles Defizit, das auf das Fehlen eines einheitlichen Entscheidungsträgers und, statt seiner, das Vorhandensein eines Netzwerks von dezentrierten und zersplitterten politischen Entscheidungen zurückzuführen ist, das von Impulsen horizontaler Selbstkoordination abhängig ist und jeder Form zentraler Führungsmacht widersteht (das, was Fritz Scharpf »Politikverflechtung« genannt hat); zeitliches Defizit, auf Grund der zunehmenden Unvorhersehbarkeit, selbst im kurzfristigen Bereich, der internen Variablen des politischen Systems und ihrer Bezüge nach außen, einschließlich der internationalen Umwelt. Dieses zuletzt genannte Defizit übt einen wachsenden Einfluß auf die nationalen politischen Systeme aus, indem es de facto und de jure die Autonomie der Regierungen beschneidet.[100]

Diesem Katalog kann man entsprechend einer heute bei der Rechtstheorie und der Verwaltungswissenschaft weitgehend akzeptierten These einen vierten Punkt hinzufügen: das Defizit zur regulativen Fähigkeit des normativen Apparates des Rechtsstaates.[101] Die zentrale juristische Kategorie des Rechtsstaates, das allgemeine Gesetz, auf dem das gesamte System der Rechtsquellen und prozeduralen Garantien der subjektiven Freiheiten gegründet ist, scheint nicht mehr in der Lage zu sein, eine genaue normative Willensäußerung abzugeben und sie auf der Ebene einer konkreten administrativen Umsetzung geltend zu machen (*implementation*).[102] Das juristische Instrument des Rechtsstaates scheint als solches auf Grund seiner formalen Merkmale einer geringen Flexibilität sowie einer verringerten Fähigkeit zur Anpassung und Selbstkorrektur ungeeignet, genau und zeitlich angemessen die zunehmende Verschiedenheit und Verschiedenartigkeit der von einer komplexen Gesellschaft hervorgebrachten Tatbestände zu lenken. Und dies geschieht trotz der Flut der gesetzgeberischen Maßnahmen und ihrer Quellen sowohl im Hauptbereich als auch in Nebenbereichen, ganz abgesehen von der internationalen Ebene, wo eine wachsende Zahl supranationaler Organe ihre eigenen Normen chaotisch der inneren Ordnung der Staaten überstülpt.[103] Die Folge davon ist, daß die normative Souveränität, die von den Verfassungstexten rhetorisch dem parlamentarischen Gesetzgeber zugesprochen wird, de facto auf Schmittsche Weise von den Interpreten usurpiert wurde, das heißt in der großen Mehrzahl der Fälle: von nicht gewählten Bürokratien, die dazu neigen, bei den Normen, vor allem den innovativeren, den Filter des Partikularismus und der Bewahrung anzubringen, was schwerwiegende Folgen zu Lasten des Legalitätsprinzips und der Rechtssicherheit mit sich bringt.[104] Man sollte, trotz der aufdringlichen Rhetorik in der Manier von Nozick über den Minimalstaat, nicht vergessen, daß das Machtdefizit einen schwachen Schutz der individuellen Rechte und der verbreiteten Interessen bedeuten kann, wie die Erfahrung der von der Mafia beherrschten Regionen Italiens unwiderlegbar beweist oder, um weiter in Italien zu bleiben, die Unterordnung der Gesetzgebung für Transporte und Massenkommunikation unter private Monopolinteressen.[105] Das Vakuum der Macht mit positivem Vorzeichen kann sich als nicht weniger gefährlich für die Freiheitsrechte auswirken als ein Machtmißbrauch.

Eng an das Syndrom der schwachen Regierung und des Machtdefizits ist das Phänomen der Machtinflation gebunden, weil der zunehmenden Menge an Problemen, die eine Entscheidung und damit die Ausübung einer ›positiven Macht‹ erfordern, eine zunehmende Menge von den Parteien unterschriebener und regelmäßig nicht befolgter programmatischer Verpflichtungen entspricht. Die Macht verhält sich wie ein Währungssystem, das das Drucken von Geldscheinen im gleichen Maß steigert, wie das Geld an Kaufkraft verliert. Eine Masse adaptiver kurzfristiger Kleinstentscheidungen, unter Zeitdruck getroffen, tritt an die Stelle der innovativen Entscheidung, welche die Aufstellung langfristiger Programme, eine ungeheure Investition an Macht und einen hohen Verbrauch an Legitimität erfordern würde. Die Kleinstentscheidungen verlangen demgegenüber einen Minimalaufwand an positiver Macht und einen begrenzten Verbrauch von Legitimität, weil sie die gesellschaftlichen Erwartungen allmählich verändern, ohne weitreichende Frustrationen und Vergeltungsmaßnahmen zu provozieren.

Bezeichnende Beispiele für Machtinflation werden von der schwachen und inkohärenten Steuerpolitik geliefert, wie sie von den pluralistischen Systemen insbesondere der Wohlfahrtsstaaten angewandt wird. Diese von der Logik der polyarchischen Verhandlungsstrategie verzerrte Politik ist die Ursache für das, was die Finanzkrise des Staates[106] genannt wurde. Es handelt sich dabei um das chronische Defizit der öffentlichen Hand und, in schwereren Fällen, um eine nicht mehr umkehrbare Unterbilanz des Staates, zu der ein deutlich sichtbares und lähmendes Mißverhältnis zwischen den laufenden Ausgaben und den programmatischen Investitionen kommt. Das gleiche gilt für die Unbeweglichkeit der pluralistischen Demokratien hinsichtlich solcher Themen wie Umweltsanierung, ökologisches Gleichgewicht, Diskriminierung unter den Geschlechtern, städtische Lebensqualität, Jugendarbeitslosigkeit, Transportrationalisierung, Reform der bürokratischen und militärischen Apparate, Demokratisierung der Massenmedien, Abschaffung der Privilegien für Kirchen und religiöse Gemeinschaften, Lösung für Rassenkonflikte und Migrationsschübe aus den unterentwickelten Ländern. Es handelt sich, anders ausgedrückt, um eine Entscheidungsträgheit, die dem sehr nahe kommt, was Bachrach und Baratz *non-decision making* genannt haben und was das gesamte Interessen- und Erwartungsspektrum betrifft, deren Träger die individuellen Subjekte sind, und zwar nicht insofern sie Mitglieder polyarchischer Organisationen sind, sondern einfache Bürger, wenn auch in differenzierter Verschiedenartigkeit gesellschaftlicher und funktioneller Lebensstellungen.[107]

Doch wenn es dem politischen System nicht gelingt, zu seinen Schutzverpflichtungen zu stehen – wenn es nicht rechtzeitig auf die Forderung nach Versicherung gegen die Risiken der Komplexität reagiert –, wenn seine funktionelle Langsamkeit immer mehr im Gegensatz zur funktionellen Schnelligkeit der anderen primären Subsysteme steht, insbesondere des wissenschaftlich-technologischen und des ökonomischen, dann riskiert es zusammen mit dem gesamten Arsenal von Institutionen und von repräsentativen Verfahrensweisen einen Kollaps.[108]

Und an dieser Stelle nimmt das Syndrom der schwachen Regierung alarmierende Bedeutungen eines evolutiven Risikos an, weil es dazu neigt, sich in eine funktionelle Notwendigkeit zu verwandeln, lange bevor es zu einer politisch konservativen Forderung wird: die Notwendigkeit, daß die Regierbarkeit durch eine drastische Selektion der gesellschaftlichen Erwartungen angesichts einer chronischen Entscheidungsinsuffizienz abgesichert wird. Die Entlastung des politischen Systems von einem Übermaß an Demokratie kann auf diese Weise als die strukturelle Bedingung für das Überleben der Demokratie selbst dargestellt werden.[109]

5. Die Neutralisierung des Konsenses

Die erläuternde Hypothese des politischen Marktes sowohl in der ursprünglichen Formulierung von Schumpeter als auch in den nachfolgenden neoklassischen Ausarbeitungen konstruiert das politische System als einen öffentlichen Markt: die politischen Unternehmer formulieren ihre Angebote öffentlich, setzen ihre Produkte dem öffentlichen Vergleich aus und verlassen sich auf die Schlußbewertung der politischen Konsumenten, denen die Funktion zukommt, öffentlich den Erfolg oder Mißerfolg der Produkte und der Produzenten zu bestimmen. Der politische Markt verdankt seine demokratische Funktionalität dem Vorhandensein einer öffentlichen Meinung, die in der Lage ist, seine Angebote zu bewerten und seine Verfahren zu kontrollieren, und dies setzt einen kollektiven Raum voraus – einen öffentlichen Bereich –, in welchem eine bedeutungsvolle und irgendwie wichtige Interaktion zwischen den Anbietern und den Nachfragern zustande kommt. Diese ist andererseits die grundlegende Bedingung, damit sich eine irgendwie geartete Responsivität zwischen den Erwartungen der Bürger und den Entscheidungen der Politiker verwirklicht und man behaupten kann, daß sich die pluralistische Demokratie, im Gegensatz zu nicht-demokratischen Regime, auf den Konsens der Bürger gründet.

Nach Ansicht der Theoretiker der klassischen Demokratie wurde diese Bedingung entweder von den Einrichtungen der unmittelbaren Mitbestimmung befriedigt oder von der Interaktion zwischen gewählten Versammlungen – in erster Linie dem Parlament – und der öffentlichen Meinung, die aus der bürgerlichen Gesellschaft hervorging und sie sowohl in der Wahlphase als auch und vor allem im Verlauf der Legislaturperiode ›repräsentierte‹. Für die neoklassischen Theoretiker ist die Bedingung dann erfüllt, wenn sich der Wettbewerb unter den für die Führungsrolle kandidierenden Gruppen bei periodischen Wahlkonsultationen frei entfaltet: angesichts eines freien Wettbewerbs unter mehreren Parteien kann man vermuten, daß die Ausübung der Macht den Erwartungen der Bürger ›entspricht‹ und durch den Konsens einer autonomen öffentlichen Meinung demokratisch legitimiert ist.

Es ist offensichtlich, daß die Ansatzpunkte dieses Modells bereits weitgehend durch die Praxis der polyarchischen Verhandlung zwischen dem selbstreferentiellen System der Parteien und der Welt der Subjekte des korporativen Pluralismus überholt sind. Wie wir gesehen haben, findet diese Verhandlung nach transversalen oder – im Vergleich zu den formellen Kreisläufen der repräsentativen Vollmacht – sogar entgegengesetzten Richtungslinien statt und läßt eine Art geheimen Untergrund der staatlichen Institutionen entstehen (den »doppelten Staat« von Alan Wolfe), den die öffentliche Meinung nicht zu durchdringen vermag. Nur in begrenzten Fällen und auf makrostruktureller Ebene findet die Verhandlung einer expliziten Kompetenzzuschreibung für die Verhandlungen seitens der formalen Organe der Legislative und Exekutive statt und ist in irgendeiner Weise sichtbar und kontrollierbar.

Außerhalb dieser ziemlich dogmatischen Hypothese stellt weder das Parlament noch irgendeine andere Institution einen öffentlichen Bereich dar, wo die Bürger in die Lage versetzt werden, die Angebote des politischen Marktes und ihre Alternativen bewußt zu erkennen und zu bewerten, und das um so mehr, als die privaten Akteure des Bargaining sich wie die Bauern auf einem internationalen Schachbrett bewegen, deren Strategien die nationale Politik der einzelnen Länder überlagern und sich den Intervenierungsbefugnissen der Parlamente und Regierungen entziehen. Statt in der Öffentlichkeit in Wettbewerb miteinander zu treten, verhandeln in Wirklichkeit die Subjekte der Polyarchie, Parteien und Nicht-Parteien, vertraulich den größten Teil der Tagesordnungspunkte von strategischer Bedeutung, und daher bleibt nur ein ziemlich eingeschränkter Marginalbereich für eine sogenannte politische Streitkultur übrig, die von der Souveränität der politischen Konsumenten innerhalb eines jeden Staates beurteilt und entschieden werden soll. Es ist bezeichnend, daß in einigen europäischen Ländern in jüngster Zeit – und mit Schumpeters Beifall – der Vorschlag gemacht wurde, offizielle Repräsentationen von Interessengruppen bei den parlamentarischen Versammlungen einzurichten. In Italien hat sogar der Minister, der für die Reform der staatlichen Institutionen zuständig ist, diesen Vorschlag gemacht. Es handelt sich um einen enthüllenden Versuch, mit der Totemmaske der Repräsentation sogar noch das zu verkleiden, was sich ihr nach Ansicht der klassischen und neoklassischen Lehre radikal entgegenstellt, nämlich die korporative Repräsentation der Interessen.

Privatisierung, Geheimhaltung und Fragmentierung des politischen Marktes liefern nur die Grundbausteine für ein institutionelles Bild, das zu weiten Teilen nichts mit dem Konsens der Allgemeinheit der Bürger zu tun hat, weil – im Schutz der institutionellen Fiktion der Repräsentation – die Subjekte der Polyarchie den Konsens all derer als sicher voraussetzen können, die nicht unmittelbar in eine spezifische Transaktion eingebunden sind und daher nicht in der Lage zu ›sehen‹, noch zu kontrollieren, noch anderer Meinung zu sein. Doch die These, die ich vertreten will, ist noch radikaler: ich bin der Ansicht, daß die Annahme einer ›Neutralität Dritter‹ in den komplexen Gesellschaften die Rolle einer politischen Legitimation allgemeiner Art spielt und als ein ausgesprochen funktionelles Surrogat der Legitimation auf der Grundlage eines wirklichen Konsenses angesehen werden kann.

In den komplexen Gesellschaften basiert die Legitimität der politischen Entscheidung nicht auf allgemeinen Kriterien politischer oder rechtlicher Art und noch viel weniger, wie es die kontraktualistische Fabel wohl gerne hätte, auf einem Kodex sittlicher Regeln, der idealerweise von den Bürgern unterschrieben und von ihnen angewandt wird, um die demokratische Legitimität von politischen Verfahren und Entscheidungen zu bewerten. Die Legitimität deckt sich einerseits mit einer Situation weit verbreiteter gesellschaftlicher Bereitschaft, Entscheidungen der öffentlichen Verwaltung als legitim anzusehen, auch wenn sie eventuell als ungerecht, irrig oder nachteilig empfunden werden, und zwar wegen einer Legitimitätsvermutung, die den demokratischen Institutionen auf der Grundlage rein formeller Voraussetzungen zugesprochen wird; andererseits deckt sich die Legitimität mit der Haltung der Verwaltung, die von vornherein annimmt, daß eine solche allgemeine Disposition zur Hinnahme der politischen Entscheidung existiert, und zwar ohne besondere Hinweise auf Werte, rationale Beweggründe, kollektive Ziele, die dieser Entscheidung vorausgehen oder politisch autonom sind.

In diesem Punkt ist meiner Ansicht nach die Debatte zwischen Jürgen Habermas und Niklas Luhmann vom Anfang der siebziger Jahre immer noch von großer Bedeutung.[110] Habermas legte zwar die Legitimations- und Rationalitätskrise der spätkapitalistischen Institutionen offen und erkannte, daß sie von der zunehmenden Notwendigkeit heimgesucht wurden, zirkulär die eigene Legitimation zu erzeugen. Doch Habermas verzichtete deshalb nicht, und verzichtet immer noch nicht, auf eine intersubjektive Kommunikation als Ziel, die in der Lage ist, die Legitimität des Staates auf der Grundlage eines rationalen Konsenses über gemeinsame Werte neu zu begründen, selbst dann, wenn dies in den prozeduralen Formen zum Ausdruck kommt, welche die politische Legitimation im modernen Staat unvermeidlich angenommen hat.[111] Habermas weist jeden theoretischen Vorschlag als konservativ und apologetisch zurück, der eine funktionelle Gleichwertigkeit zwischen politischer Legitimität und prozeduraler Legalität festlegt. Seiner Ansicht nach läuft eine derartige Position Gefahr, ein so zentrales Thema der abendländischen philosophischen Reflexion als irrelevant ad acta zu legen: nämlich das der rationalen, das heißt nicht-zirkulären oder rein funktionellen Rechtfertigung der politischen Verpflichtung. Seiner Ansicht nach hätte ein so schwerwiegender Verzicht den Wert der Menschenwürde selbst in Mitleidenschaft gezogen.[112]

Luhmann wiederum schrieb die Problemstellung der politischen Legitimation in abstrakt normativen und axiologischen Begriffen dem Provinzialismus des alten Europa zu. In den komplexen Gesellschaften, behauptete er, ist die Legitimation eines politischen Systems eine de-facto-Situation, welche die Soziologie und nicht die Axiologie betrifft: sie gründet sich nicht auf irgendeinen rationalen oder moralischen Konsens der Bürger und kann es auch nicht, sondern ist die Akzeptanz a posteriori, ohne besondere Beweggründe und »grundlos«, der Ergebnisse des Entscheidungsprozesses. Die Legitimität koinzidiert mit der de-facto-

Einbeziehung der Bürger in die politischen und rechtlichen Verfahrensweisen des Rechtsstaates, das heißt eines politischen Systems, das die Quellen der gesetzlichen Ordnung radikal bejaht und dessen Ziele relativiert hat.[113] Ist die eigene Rolle innerhalb der Verfahrensstilisierung erst einmal angenommen, behauptete Luhmann, haben die Bürger keine Chance mehr, deren Ergebnisse abzulehnen und für ihr eigenes Anliegen eine politische Solidarität Dritter auf der Grundlage allgemeiner Werte, Interessen oder Prinzipien zu mobilisieren. Und das ist der Grund dafür, daß die Verwaltung unter dem Vorwand entscheiden kann, ihre Entscheidungen würden den Erwartungen Dritter entsprechen, das heißt sie würden in jedem politisch relevanten Sinn als legitim angesehen, ohne daß dies seitens der überwiegenden Mehrheit der Bürger einen anderen Konsens als den der schlichten und einfachen Neutralität mit sich bringe.[114]

Während für die Klassiker der europäischen Soziologie, angefangen bei Durkheim, die Arbeitsteilung politische Solidarität hervorbrachte, bringt für Luhmann die gesellschaftliche Differenzierung Konflikt, Anomie, Turbulenz und erhöhte Risiken für den Untergang des Systems mit sich: wie bei Parsons gilt seine vorherrschende Besorgnis der Stabilität des politischen Systems in einem gesellschaftlichen Kontext schnellen Wandels, Ungewißheit, Kontingenz, Unvorhersehbarkeit. Dies ist der Grund, weshalb er dazu neigt, die ›Legitimation durch Verfahren‹ wie eine kostbare evolutive Errungenschaft zu bestätigen und sie nicht nur mit den Institutionen der modernen Demokratie für kompatibel zu halten, sondern auch absolut notwendig für deren Stabilität.

Auch wenn man mit dieser letzten Bewertung nicht unbedingt übereinstimmen mag, so scheint mir doch, daß Luhmann mit klarem Blick die Voraussetzungen für das erkennt, was ich als das dritte und vielleicht schwerstwiegende evolutive Risiko für die Demokratie in den postindustriellen Gesellschaften zu betrachten vorschlage: die *Neutralisierung des Konsenses*. Wenn innerhalb der postindustriellen Gesellschaften die Ausdrucksformen des Konsenses (und des Dissenses) die Tendenz aufweisen, sich in Form einer grundlosen Zustimmung zu den Ergebnissen der politischen Entscheidung zu verflachen, und wenn andererseits das politische System über ein so hohes Potential der Selbstlegitimierung verfügt, daß es von jedem Werte- oder allgemeinen Interessen-Input absehen kann, dann ist der Zweifel nicht nur am demokratischen, sondern auch am oligarchisch-liberalen Charakter der Systeme gerechtfertigt, die diese Gesellschaften regieren.

Daß es diese Gefahr heute wirklich gibt, beweisen meines Erachtens einige Phänomene, die die komplexen Gesellschaften in der gegenwärtigen Phase ihrer Entwicklung kennzeichnen, wie die relative Dürftigkeit der gesellschaftlichen Beachtung für das politische System, die systemischen Strategien beim Auffangen von Enttäuschungen und bei der Lösung des gesellschaftlichen Konflikts und, vor allem, die Mechanismen der politischen Kommunikation und ihre langfristigen Auswirkungen.

Im gleichen Verhältnis, wie die funktionelle Differenzierung ansteigt, wächst in den Gesellschaften mit hoher technologischer Entwicklung die Menge der von jedem Subjekt durch die Anpassungserfordernisse an eine komplexere und risikobehaftetere Umwelt geforderte Aufmerksamkeit, und daher wird die Menge der gesellschaftlich verfügbaren Aufmerksamkeit relativ knapp. Eine Vielzahl von Informations-, Erkenntnis- und Erfahrungsthemen strömt auf die individuellen Subjekte ein, mit einem zunehmenden Fluß an symbolischen Stimuli und normativen Forderungen, die einen immer größer werdenden Teil des Potentials ihrer bewußten Aufmerksamkeit verbrauchen. Und es scheint empirisch gesichert, daß die Fähigkeit zur freiwilligen Aufmerksamkeit des *homo sapiens* eine begrenzte und wenig elastische Ressource sowohl vom individuellen als auch vom evolutiven Standpunkt aus ist.[115]

Einerseits schwankt die Fähigkeit der Aufmerksamkeit von einem Individuum zum anderen kaum, sie nimmt mit der Vermehrung von Erkenntnissen und von intellektuellen Fähigkeiten kaum merklich zu, und sie gestattet keinen Ersatz oder technologische Prothesen. Andererseits scheinen sich die biologischen und neurologischen Bedingungen der Aufmerksamkeit in den letzten Jahrtausenden der Evolution des Menschen nicht entscheidend verändert zu haben, wohingegen, vor allem im Verlauf des vergangenen Jahrhunderts, die gesellschaftliche Notwendigkeit zur Aufmerksamkeit enorm angewachsen ist. Wir haben es daher sozusagen mit einem evolutiven Flaschenhals zu tun, weil die unendliche Bandbreite der Propaganda- und Werbetechniken, die in den Informationsgesellschaften die öffentliche Kommunikation steuern, arbeitet wie ein riesiges positives Feedback. In der Tat ist es so: je mehr die Aufmerksamkeit der Bürger/Konsumenten zu einem knappen Gut wird, um so drängender muß die Forderung nach Aufmerksamkeit seitens der Produzenten sozialer Kommunikation werden, bis dicht an die Schwelle des Alarms. Und das ist der Grund, warum die öffentliche Kommunikation dazu tendiert, angesichts der Schutzreaktion der Individuen, die von Informationsstimuli – die Reduzierung der Botschaft auf ›Rauschen‹ – überhäuft werden, immer häufiger auf scheinbar harmlose Überredungstechniken wiederholender und unterschwelliger Art überzugehen, die ihr Ziel erreichen, indem sie sich mit einem Minimalkonsum an bewußter Aufmerksamkeit des Adressaten in psychologische Routine verwandeln.

Es ist ohne weiteres begreiflich, wie in diesem allgemeinen Bild des Defizits an Aufmerksamkeit die Subjekte dazu neigen, dem politischen Subsystem einen immer geringer werdenden Anteil ihrer bewußten Aufmerksamkeit zu widmen: sie wehren sich gegen die Informationsüberfrachtung, die ihren täglichen Erfahrungsbereich übersteigt, indem sie vor allem die Information auf Rauschen reduzieren und indem sie jener Information den Vorzug geben, die mehr als andere geeignet ist, mit Gefühlsimpulsen der primären Art in Verbindung gebracht zu werden. Bevorzugt wird die auf Einkauf und Konsum ausgerichtete Kommunikation, die gefühlsmäßig zieht, weil sie Themen wie sexuelle Erfahrung, Musik, Sport, körperliches Wohlbefinden, Privatbekenntnisse, Tourismus, Kleidung usw. betrifft. Die politische Information, die sich andererseits auf immer spezialisiertere Fragen bezieht, wird dadurch vor allem in ihren rationalen Inhalten bestraft, die frei sind von unmittelbar emotionalen Resonanzen. Die Folge ist, wie wir ausführlich im nächsten Kapitel sehen werden, daß diese Themen am Ende völlig aus der politischen Kommunikation ausgeschlossen sind zugunsten rein suggestiver und spektakulärer Botschaften.

Das politische System kann sozusagen in einer Art Halbschatten der öffentlichen Aufmerksamkeit operieren, ohne beobachtet zu werden; in einem Halbschatten, wo die Dritten, das heißt alle, die nicht unmittelbar in die einzelne politische Transaktion involviert sind, chronisch abgelenkte Zuschauer sind, die sich immer um anderes zu kümmern haben und sich daher ›enthalten‹. Unter diesen Bedingungen ist es natürlich, daß ein vollständiger, gleichzeitiger und verbreiteter Konsens über bestimmte politische Themen höchst unwahrscheinlich wird und sich die

Tendenz des politischen Systems verstärkt, bei der Suche nach einem wirklichen Konsens verhalten vorzugehen und ihn durch institutionelle und prozedurale Surrogate zu ersetzen.[116]

Es liegt in der Logik der funktionellen Differenzierung und der Arbeitsteilung – ausgerichtet an einem Wirtschaftsprinzip für den Gebrauch der Macht-, Geld- und Zeitressourcen –, die den differenzierten politischen Systemen von einer Ausweitung ihrer Grundlagen für einen wirklichen Konsens über den engen Kreis der Berufspolitiker und Spezialisten hinaus abzuraten scheint. Andererseits scheint diese Ausweitung funktionell überflüssig geworden zu sein. Angesichts der hohen Heterogenität und Partikularität der politischen Erwartungen, wie sie aus einer differenzierten Gesellschaft hervorgehen, kann das politische System die Erwartungen ignorieren, die unterschiedslos für alle Mitglieder gelten – die sogenannten diffusen Interessen – und opportunistisch die spezifischen Nachfragen der Subjekte und Gruppen befriedigen, die in unterschiedlichen Rollen, Funktionen und Subsystemen vertreten sind. Es kann auf diese Weise an einer kontinuierlichen ›Restrukturierung der Erwartungen‹ arbeiten, wobei es jede Form der radikalen oder allgemeinen Konfliktlage und jeden Dissens, der von einer grundsätzlichen Neutralität abweicht, vom formalisierten politischen Prozeß ausschließt.[117] Die Absorption der Enttäuschungen, die das politische System bestimmten Gruppen jeweils nicht ersparen kann, wird durch Strategien des Aufschubs, der Differenzierung oder der Verquickung ihrer Sondererwartungen erreicht, während die diffusen Interessen, die keinerlei Verhandlungsmacht besitzen, systematisch in Bereiche der Neutralisierung oder der politischen Irrelevanz verschoben und abgedrängt werden können.[118]

Andererseits sind die pluralistischen politischen Systeme, weil sie innerhalb komplexer Gesellschaften einer minimalen Menge bewußter Aufmerksamkeit ausgesetzt sind, in der Lage, ihre politische Kommunikation nach sehr allgemeinen Gesichtspunkten auszugestalten (Freiheit, Gerechtigkeit, Effizienz, Regierbarkeit, Wirtschaftsentwicklung, Verbrechensbekämpfung usw.), die zwar konstant bleiben, aber mit einem häufigen Wechsel der Spezial- und Fachthemen der politischen Kommunikation vereinbar sind.[119] Das Fehlen von Zweckbestimmtheit und langfristiger Planung in der Tätigkeit der Regierung – und einer entsprechenden kommunikativen politischen Interpretation – trägt zusätzlich dazu bei, die Urteilsfähigkeit Dritter zu schwächen und ihre Motivationen zu verwirren. Die Erzeugung des Konsenses und seine Neutralisierung wird auf diese Weise wesentlich mehr auf der Grundlage der Wahl (und des Ausschlusses) der zur jeweiligen Diskussion zu unterbreitenden Themen und politischen Entscheidung verwirklicht als auf der Grundlage spezifischer Entscheidungen. Wirksamer als die bewußt auf Entscheidungsregeln (*decision rules*) gegründeten Strategien sind die Mechanismen, welche die politische Kommunikation regeln und die öffentliche Meinung nach Regeln der Aufmerksamkeit (*attention rules*) gestalten. Diese Mechanismen, die wir mit Bachrach und Baratz in einem weitgefaßten Sinn als »nicht entscheidend« bezeichnen können, werden heute von elektronischen Instrumenten der Massenkommunikation und von ihren kognitiven und langfristigen politischen Auswirkungen enorm potenziert. Diesem zuletzt genannten Thema, das ich im Rahmen der Perspektive einer Erneuerung der Demokratietheorie für ausschlaggebend halte, wird das nächste Kapitel gewidmet sein.

V. Die multimediale Fürstenherrschaft

> Ein Fürst muß sehr darauf achten, daß er, wenn man ihn sieht und hört, ganz von Milde, Treue, Aufrichtigkeit, Menschlichkeit und Frömmigkeit erfüllt scheint Die Menschen urteilen im allgemeinen mehr nach dem, was sie mit den Augen, als nach dem, was sie mit den Händen wahrnehmen. Alle sehen, was du scheinst, aber nur wenige erfassen, was du bist; und diese wenigen wagen nicht, der Meinung der vielen zu widersprechen, welche auf ihrer Seite die Majestät des Staates haben, der sie schützt.
>
> N. MACHIAVELLI, *Der Fürst*, XVIII

1. Die Souveränität des politischen Konsumenten

Wie wir im dritten Kapitel gesehen haben, ist eines der grundlegenden Axiome der neoklassischen Demokratietheorie – neben dem Pluralismus und dem Wettbewerb unter den Eliten um die politische Führungsrolle – das der Souveränität des politischen Konsumenten. Ein politischer Wettbewerb kann nur dann demokratisch genannt werden, sagt Schumpeter, und Plamenatz wiederholt es, wenn er ein »freier Wettbewerb um eine freie Stimme« ist.[1] Dahl behauptet, daß sich die pluralistische Demokratie von dem Wächtertum unterscheidet, weil sie vom Postulat der Autonomie der Person ausgeht, und er ist daher die Ansicht, daß jedes Individuum, weil es in der Lage ist, sich psychologisch und moralisch selbst zu bestimmen, der beste Kenner seiner eigenen Interessen ist.[2]

In Übereinstimmung mit diesem Postulat, sagt Dahl, bemühen sich die demokratischen Institutionen, die »größtmögliche Freiheit« zu verwirklichen, indem sie allen gleiche Möglichkeiten garantieren, die eigenen Erwartungen auf die Tagesordnung des Entscheidungsprozesses zu setzen.[3] In der Demokratie müssen alle Bürger frei sein, am politischen Wettbewerb als Kandidaten oder Wähler teilzunehmen, und müssen ihre Ansichten öffentlich äußern können, einschließlich ihres politischen Dissenses, ohne sich deshalb schweren persönlichen Risiken auszusetzen.[4]

Die Freiheit der öffentlichen Meinung, fügt Sartori hinzu, muß als »die wesentliche und arbeitsfähige Grundlage« der Demokratie gelten, weil sie »den Inhalt darstellt, welcher der Souveränität des Volkes Substanz und Kraft verleiht«.[5] Diese Bedingungen schließen natürlich aus, daß in der Demokratie Gewalt als Instrument des politischen Wettbewerbs eingesetzt werden kann. Doch sie ermöglichen vor allem, sagt Schumpeter, ein »beträchtliches Quantum Diskussionsfreiheit für *alle*« und besonders ein »beträchtliches Quantum Pressefreiheit«.[6]

Die neoklassische Theorie kann also nicht umhin, als eine der prozeduralen Bedingungen der Demokratie die Freiheit der öffentlichen Meinung und die Autonomie des politischen Subjekts in einem nicht rein formalen und negativen Sinn festzulegen. Und doch ist, wie wir vor allem in der Analyse von Schumpeter gesehen haben, die Souveränität des politischen Konsumenten gefährdet durch die Fähigkeit der politischen und ökonomischen Gruppen, den Prozeß der politischen Willensbildung der Bürger durch von der kommerziellen Werbung entliehene Instrumente zu beeinflussen. Mit erheblich widersprüchlichen Begriffen gelangt Schumpeter zu der Aussage, daß die Konsumenten seien sie nun Käufer von wirtschaftlichen oder von politischen Produkten,

»dem Einfluß der Reklame und anderer Überredungsmethoden so leicht zugänglich [seien], daß oft die Produzenten ihnen zu diktieren scheinen, anstatt von ihnen dirigiert zu werden. Die Technik der erfolgreichen Reklame ist besonders instruktiv. Sie enthält zwar beinahe immer einen Appell an die Vernunft. Aber mehr als das rationale Argument zählt die bloße, oft wiederholte Behauptung und ebenso der direkte Angriff auf das Unterbewußtsein, der in der Form von Versuchen auftritt, angenehme Assoziationen völlig außerrationalen, sehr oft sexuellen Charakters hervorzurufen und zu kristallisieren.«[7]

Schumpeter zufolge hat die politische Propaganda genau in dem Maße Erfolg, in dem sie es unter Anwendung von suggestiven und wiederholenden Überredungstechniken vermeidet, sich auf vernünftige Argumentationen einzulassen, welche die Kritikfähigkeit des Adressaten der Kommunikation wecken und seine Autonomie stimulieren könnten.[8] Unter diesem Aspekt befindet sich der Konsument »politischer Produkte«, so bemerkt Schumpeter, und Sartori wiederholt es, sogar in einer nachteiligen Situation gegenüber dem Konsumenten von ökonomischen Gütern, weil die Qualität der täglichen Konsumgüter, vom Essen bis zur Kleidung und den Zigaretten, in einem gewissen Ausmaß kontrolliert werden kann.[9] Dagegen sind die Produkte der Politik so unbestimmt und so weit von der täglichen Erfahrung entfernt, daß kein Realitätssinn und folglich kein Verantwortungssinn interveniert, um die Entscheidungen des politischen Verbrauchers rational-vernünftig zu leiten.[10] Wenn man der Maxime Jeffersons – »Die Leute sind klüger als jedes einzelne Individuum sein kann« – irgendeine Bedeutung beimessen mag, so kann dies, meint Schumpeter, nur rückblickend und nur über lange Zeiträume hinweg bestätigt werden.[11]

Jedenfalls ist es müßig zu erwarten, daß die politischen Präferenzen analoge Auswirkungen zu denen hätten, die von den ökonomischen Präferenzen auf dem Markt der Verbrauchsgüter ausgehen. Während die ökonomischen Präferenzen der Öffentlichkeit es fertigbringen, die Erzeuger auf Grund der Qualität oder des Preises ihrer Produkte zu belohnen oder zu bestrafen, sind die Verhaltensweisen und die politischen Reaktionen wesentlich weniger deutlich ausdrückbar und interpretierbar. Zudem ist es praktisch unmöglich, daß die politische Information nicht »verfälscht oder ausgewählt« ist. Dies ist nicht nur auf die Vorurteile und unvermeidlichen Lügen desjenigen zurückzuführen, der im Dienst von Idealen oder von Interessen steht, sondern auch auf die Vorurteile der Adressaten der politischen Kommunikation.[12] Gerade diese Vorurteile sind es, bemerkt Schumpeter mit analytischer Schärfe, die als positive Selektoren der Kommunikationsinhalte wirksam werden, so daß die

Erhöhung der politischen Information normalerweise auch von einer Zunahme der politischen Vorurteile begleitet wird.[13]

An dieser Stelle scheint es durchaus erlaubt, sich die Frage zu stellen, worin für Schumpeter der »freie Wettbewerb um eine freie Stimme« und die »Diskussionsfreiheit für *alle*« bestehen, wenn die politischen und ökonomischen Oligarchien sogar in der Lage sind, »den Willen des Volkes zu schaffen«, und zwar durch Instrumente propagandistischer Manipulation. Es überrascht, daß Schumpeter, trotz seines klarsichtigen Realismus, keinerlei Möglichkeit einer politischen oder juristischen Reaktion oder jedenfalls eines kritischen Widerstandes gegenüber den neuen Überzeugungstechniken empfiehlt, die sowohl von den ökonomischen wie den politischen Unternehmern angewandt werden. Ebenso äußert er keine Zweifel am demokratischen Charakter eines so beschaffenen politischen Marktes. Er erklärt im Gegenteil, daß die Manipulation der politischen Meinungen der Bürger ein »wesentlicher Bestandteil des demokratischen Prozesses« sei, und daß die in der Verwaltung und in der Parteienpropaganda angewandten psychologischen Techniken kein bloßes Beiwerk sind, sondern »das Wesen der Politik«.[14] Das Wesen der Demokratie wäre demnach die Anwendung der bürgerlichen und politischen Freiheiten, um die Autonomie der Bürger zu unterdrücken. Und das versteht sich, denn er fordert, daß die Wähler sich streng an ihre prozedurale Funktion halten, die in der Hervorbringung einer Regierung durch die Akzeptanz einer politischen Führerschaft besteht, ohne sich auch nur im geringsten in die Tätigkeit des Parlamentes und der Exekutivorgane einzumischen.[15]

Mit nicht geringerer Ambiguität vertreten die Schumpeter folgenden Theoretiker des demokratischen Pluralismus – insbesondere Dahl, Plamenatz, Sartori und Aron, ganz zu schweigen von Downs und den anderen Vertretern der Neuen Politischen Ökonomie[16] – die Ansicht, daß in einem demokratischen System die öffentliche Meinung, trotz des Einflusses politischer und ökonomischer Gruppen, eine wesentliche Funktion erfüllt.

Obwohl John Plamenatz den mythischen Charakter des Begriffs ›Volkswillen‹ anerkennt und die Grenzen der politischen Kompetenz und der psychologischen Autonomie des Durchschnittsbürgers zugibt, schließt er aus, daß diese Grenzen irgend etwas mit der Freiheit der Wahlverfahren und mit ihrem demokratischen Charakter zu tun haben. Was zählt, ist, daß der Wähler ›frei‹ seine politischen Präferenzen angesichts eines ›freien‹ Wettbewerbs zwischen einer Mehrzahl von Parteien zum Ausdruck bringen kann. Dagegen gehört die Frage der Freiheit, mit der die politischen Präferenzen des einzelnen Wählers zustande kommen oder auch nicht zustande kommen, nicht hierher:

»ob seine Stimmabgabe frei ist oder nicht, hängt nicht von der Art und Weise ab, wie er seine Präferenzen erworben hat: es hängt davon ab, wie die Wahlen durchgeführt werden, und von seinem Bewußtsein, was er tut, wenn er wählt.«[17]

Die Freiheit der Wahlen kann daher vollkommen mit dem Fehlen der Autonomie bei den Individuen, die daran teilnehmen, in Einklang stehen. Die Autonomie des einzelnen Wählers, erklärt noch deutlicher Sartori, bezieht sich auf seinen Willen und nicht auf sein Wahlverhalten, und als solches ist sie ein Konzept, das im sittlichen Bereich Bedeutung erlangen kann, doch für das demokratische Credo ist es irreführend und gefährlich.[18] Weil die Instrumente der Kommunikation und der politischen Propaganda allen Gruppen zur Verfügung stehen, die um die Erringung der Macht kandidieren, und weil es keinerlei Beschränkung der Freiheit einer Gruppe gibt, ihre Kandidatur anzumelden, ist die Annahme gerechtfertigt, daß die öffentliche Meinung in einem demokratischen System im wesentlichen frei ist.

Das »notwendige und hinreichende Erfordernis« dafür, daß man von Freiheit der öffentlichen Meinung sprechen kann, so hat Giovanni Sartori eindeutig festgelegt, ist die polyzentrische Struktur der Massenkommunikationsmittel: in den Vereinigten Staaten, wo der Polyzentrismus maximal ist, ist die Freiheit der öffentlichen Meinung maximal.[19] In totalitären oder despotischen Regime kann sich die öffentliche Meinung im Gegenteil nicht frei artikulieren, weil der Wettbewerb zwischen den Eliten, auch wenn er im Beisein des Volkes stattfindet oder sogar Formen einer Wahl annimmt, nicht vom Volk entschieden wird, es sei denn in einem völlig formalen Sinn. In diesen Systemen gibt es keine Presse-, Informations-, Diskussions- und politische Propagandafreiheit: die Bürger sind nicht in der Lage, zwischen alternativen Quellen für politische

Information zu wählen.[20] Das Vorhandensein dieser Alternative aber grenzt ein demokratisches System ab von einem totalitären.[21] Auch Raymond Aron ist, in der Nachfolge von Hannah Arendt, der Ansicht, daß der fundamentale Charakter eines demokratischen Systems neben dem Pluralismus der politischen Führungsebenen, auf dem Pluralismus der Massenkommunikationsmittel basiert, wie Radio, Presse, Fernsehen, und auf ihrer Unabhängigkeit vom politischen System. Und was ein totalitäres System ausmacht, ist das ideologische Monopol, dem die politische und kulturelle Kommunikation unterworfen ist.[22]

Den Theoretikern des demokratischen Pluralismus zufolge sind die Bürger souverän, wenn sie frei ihre Funktion als politische Konsumenten ausüben. Wenn es stimmt, daß sie, außer völlig marginal und gelegentlich, nicht an den politischen Entscheidungsprozessen teilnehmen, und wenn es stimmt, daß die Wähler in keinerlei plausiblem Sinn Mandanten gegenüber den Mitgliedern des Parlaments und der anderen gewählten Versammlungen sind, so sind sie dennoch keine reinen Konsumenten der politischen Darbietung.[23] Sie sind nicht mit den Fans in einem Sportstadion vergleichbar, die keinen Einfluß auf den Ausgang der sportlichen Begegnung nehmen können, es sei denn völlig indirekt oder illegal. Diese sind vielmehr Erwerber von Waren in einem Supermarkt und behalten auf lange Sicht die Fähigkeit, zum Erfolg oder Mißerfolg eines Produktes oder eines Herstellers beizutragen.

In einer pluralistischen Demokratie üben die Bürger wirkungsvoll die Schiedsrichterfunktion beim Wahlkampf der politischen Eliten aus, weil es der Wählerkonsens und damit die explizite und formalisierte (nicht stillschweigende oder plebiszitäre) Akzeptanz ist, welche die regierende Elite legitimiert. Und das Verfahren, das der politischen Elite auferlegt, ihren Willen zur Macht dem Ausgang des Wahlkampfes unterzuordnen, ist ›demokratisch‹, weil die Wählerschaft durch diesen freien Wettbewerb in die Lage versetzt wird, sei es auch innerhalb der Grenzen der bereits von Konkurrenten vorgenommenen Verminderung der Alternativen, ihren Willen auszudrücken und ihn als eine der Komponenten des demokratischen Spiels einzubringen. Und von daher soll, wie wir gesehen haben, jene Besonderheit der pluralistischen Systeme herrühren, welche die Responsivität der Regierungen gegenüber der politischen Nachfrage der Wähler darstellt.[24]

Das Urteil des Durchschnittswählers drückt keinen präzisen Standpunkt zu den einzelnen Problemen aus, noch ist die Erwartung gerechtfertigt, daß die Wählerschaft kompetente und verantwortungsbewußte Hinweise auf die allgemeine Programmausrichtung der Regierung liefert, insbesondere über politische Fragen, die weit außerhalb der täglichen Erfahrung liegen, doch handelt es sich in jedem Fall um ein im wesentlichen autonomes und vernunftbestimmtes politisches Urteil. Auch wenn die Bürger, meint Plamenatz, nicht die politische Kompetenz von Experten oder Führungspersönlichkeiten haben, sind sie doch in der Lage, auf autonome Weise zumindest die Verdienste zu bewerten, welche die Eliten als legitime Aspiranten auf die politische Führungsrolle qualifizieren und den Sieg den verdienstvollsten politischen Kandidaten zusprechen. Andererseits ist dies die einzige Kompetenz, die von ihnen verlangt wird.[25] In einer Wählerdemokratie, erklärt Giovanni Sartori mit Klarheit, kann die Inkompetenz und die politische Desinformation der Bürger ohne schwerwiegende Funktionsstörungen vom politischen System absorbiert werden, weil die den Wählern übertragene Aufgabe nicht die ziemlich heikle ist, über einzelne Fragen zu entscheiden, sondern jene, wer darüber entscheiden soll. Ob die Öffentlichkeit gut oder schlecht ist, zählt weitaus weniger als ihre Freiheit, das heißt ihre institutionell garantierte Fähigkeit, durch freie Wahlverfahren die Führung für eine Regierung zu bestimmen.[26]

Es ist daher klar, daß die Theoretiker des demokratischen Pluralismus, wenngleich auch zutiefst skeptisch gegenüber der klassischen Annahme der Autonomie, Rationalität und sittlichen Verantwortung des Bürgers, sich dessen nicht völlig entledigen können, ohne ihren Anspruch, sich als demokratische Theoretiker darzustellen, unvermeidlich zu kompromittieren.[27] Wäre dem nicht so, würde die Demokratie, die sie als einen schlichten Nebeneffekt eines *modus procedendi* auffassen, der die Informations-, Diskussions- und Pressefreiheit impliziert, Gefahr laufen, als das Ergebnis einer völlig zufälligen und irrationalen Freiheit angesehen zu werden.[28] Ohne eine wirkliche Autonomie und Rationalität der öffentlichen Meinung wären auch die prozeduralen Erfordernisse des Pluralismus und des Wahlkampfes vergeblich; sie würden nicht nur zu zufälligen und irrationalen Ergebnissen führen, sondern langfristig auch gegenteilige Wirkungen hervorrufen. Sie würden letzten Endes jedes Wirksamkeitskriterium der politischen Wahl verletzen und rückwirkend den freien Charakter der demokratischen Verfahren selbst bedrohen.

In diesem Fall ist meine Ansicht gerechtfertigt, daß die von den Befürwortern des demokratischen Pluralismus vorgebrachte Theorie der öffentlichen Meinung sich heute als ebenso zweideutig und unrealistisch herausstellt, wie sich für Schumpeter vor fünfzig Jahren die klassische liberaldemokratische Lehre dargestellt hat.

Für die Klassiker des liberaldemokratischen Denkens – von Locke bis Kant, Burke, Bentham und Constant – war die Institution eines gewählten Parlaments eng an die Vorstellung einer öffentlichen Meinung geknüpft, welche die Tätigkeit der legislativen Versammlung kontrollieren und deren Autorität legitimieren sollte. Die Mitglieder des Parlaments, die frei von jeder Verpflichtung des imperativen Mandats waren, mußten moralisch und politisch nur der öffentlichen Meinung Rede und Antwort stehen, weil diese der authentische, rationale Ausdruck des allgemeinen Interesses war.

Doch man gebe acht: die öffentliche Meinung war weder mit der Meinung der Wählerschaft noch mit der irgendeiner ihrer Mehrheiten genau gleichbedeutend. Die öffentliche Meinung brachte das allgemeine Interesse der Bürger zum Ausdruck, weil sie aus den Zentren der zivilen Gesellschaft hervorging – den Zeitungs- und Zeitschriftenredaktionen, den Berufsvereinigungen, den Clubs, den Salons, der Universität, der Börse, dem Markt usw. –, die den gleichzeitig öffentlichen und vernünftigen Charakter dieser ›Meinung‹ gewährleistete.[29] Die öffentliche Meinung besetzte also zweideutigerweise eine Art Zwischenbereich zwischen der Wählerschaft und der legislativen Gewalt. Sie, und nicht das Parlament, war autonom und unbestechlich und stellte somit die oberste Instanz für die politische Legitimation dar: ihr fiel insbesondere die Aufgabe zu, im Namen des Volkes der Regierung Zustimmung zu signalisieren in den Zeiträumen zwischen zwei Wahlen. Und damit das geschehen konnte, war es nötig, daß Öffentlichkeit und Transparenz – im Gegensatz zur Zensur und zur Geheimhaltung – die Taten des Parlaments und der Regierung charakterisierten und daß volle Presse- und Diskussionsfreiheit garantiert war.

Es ist außerordentlich bedeutsam, daß im Verlauf des neunzehnten Jahrhunderts, parallel zur Entwicklung des liberalen Staates in den Ausprägungen der Liberaldemokratie und, später, der sogenannten ›Massendemokratie‹, die liberaldemokratische Theorie der öffentlichen Meinung eine tiefgreifende Revision erfahren hat. Und ebenso bedeutsam ist es, daß diese Revision den unmittelbaren theoretischen Vorläufer zu den Formulierungen von Schumpeter und den neoklassischen Theoretikern darstellt.[30]

Während die begrenzten Oligarchien des liberalen Staates untergehen und sich das allgemeine Wahlrecht ausbreitet – und neue politische und gewerkschaftliche Kräfte machtvoll auf die politische Bühne Europas drängen –, gibt die liberaldemokratische Theorie die Vorstellung auf, daß die öffentliche Meinung ein Ausfluß der Kultur, der Rationalität und der Moral der bürgerlichen Gesellschaft sei. Vielmehr wird sie, auf der Linie von Tocqueville und Stuart Mill, als ein Ausdruck gesellschaftlicher Mehrheiten dargestellt, die sowohl von konformistischen als auch subversiven Ideologien beeinflußt sind, die für die intellektuelle und moralische Autonomie der Individuen gefährlich sind.[31] Man vertritt die Ansicht, diese Ideologien seien akritisch, elementar, inkohärent, konfus, wankelmütig, das Ergebnis kollektiver Impulse sentimentaler oder rein emotioneller Art, wie die Forschungen von Scipione Sighele[32] und Gustave Le Bon[33] über die Irrationalität der Massen aufzeigten und wie Graham Wallas in seinem Buch *Human Nature in Politics*[34] behauptet (die beiden zuletzt genannten Autoren haben Schumpeter unmittelbar inspiriert).

Auf der Grundlage dieser Prämissen wird die öffentliche Meinung letzten Endes mit den jeweils dominierenden Vorstellungen innerhalb der undifferenzierten Öffentlichkeit der gewöhnlichen Bürger identifiziert: sie verliert die Bedeutung der Rationalität, weil sie nicht mehr durch den öffentlichen Dialog auf die Universalität der Meinungen abzielt, sondern von erworbenen und opportunistischen Kriterien gelenkt wird. Und sie verliert auch die Bedeutung der Autonomie und der Kompetenz, weil sie von der Kulturindustrie beeinflußt ist, welche die Logik des Marktes auch auf die Information, das Wissen und die moralischen Werte anwendet.[35]

Auf diese Weise entsteht zu Beginn des zwanzigsten Jahrhunderts jene verbreitete philosophisch-politische Literatur, die den Untergang oder sogar das Verschwinden der öffentlichen Meinung hervorhebt.[36] Doch dies ereignet sich wiederum im Zeichen einer tiefgreifenden Ambiguität. Auch hier hält man nämlich einerseits am Prinzip der Freiheit der Information und der offenen, kritischen Debatte zwischen einer Pluralität von politischen Subjekten als unverzichtbarer Grundlage der Demokratie fest. Und zwar, so heißt es, weil die Möglichkeit einer freien und bewußten Auswahl seitens der Wähler von der Pressefreiheit und dem öffentlichen Wettbewerb der Parteien abhängt. Doch andererseits erkennt man an, daß die Voraussetzung der Souveränität, der Rationalität und der moralischen Autonomie der gewöhnlichen Bürger ein Postulat im idealen Sinn ist, das die Industriegesellschaft und die Massendemokratie verworfen haben.

Die Konsequenz, die man daraus in den Werken von liberaldemokratischen Theoretikern wie Lippmann, Kornhauser und Key[37] ableitet, ist die Notwendigkeit einer realistischen Konzeption der Demokratie, die nicht mehr beansprucht, die Legitimität der politischen Entscheidung an den Konsens oder die Kontrolle einer unzuverlässigen (ihre Pflichten verletzenden oder andererseits amorphen) öffentlichen Meinung zu binden. Mit anderen Worten: man muß offen anerkennen, daß auch die Demokratie ein System ist, in welchem die Meinung der Mehrheit eine marginale Rolle spielt und nur spielen kann.

Es ist klar, daß Schumpeter und die Theoretiker des demokratischen Pluralismus diese revisionistische Lehre auf die Spitze treiben und sie noch ambivalenter machen. Die Ambiguität wird offensichtlich, wie wir gesehen haben, in der Forderung nach Informations-, Presse- und Propagandafreiheit als Bedingung für die Unabhängigkeit der öffentlichen Meinung (und des demokratischen Charakters des politischen Wettbewerbs) und in der – bisweilen expliziten, öfter aber versteckten – gleichzeitigen Anerkennung der zerstörerischen Auswirkungen, die diese Freiheit unter dem Gesichtspunkt der autonomen Orientierungs- und Entscheidungsfähigkeit der Wähler hervorbringt.

Es besteht meines Erachtens kein Zweifel daran, daß Schumpeters realistische Analyse den Niedergang des Bürgerrechts in den »breit gefächerten und hoch differenzierten« (*large and highly differenciated*)[38] modernen Industriegesellschaften mit scharfem Blick zur Kenntnis nimmt und mit ebenso scharfem Blick die Grenzen der politischen Vernunft des Wählerverhaltens bloßlegt. Schumpeter hat nicht unrecht, wenn er annimmt, daß bei dieser Sachlage das individuelle Subjekt nicht mehr als der Dreh- und Angelpunkt des Urteils und des politischen Handelns betrachtet werden kann. Doch der Verdacht kommt auf, daß diese Aussage, bei Schumpeter genauso wie bei Dahl, Plamenatz oder Sartori, ausschließlich durch die Absicht begründet ist, im Namen des Prinzips der Führerschaft die Souveränität der Eliten und die Anerkennung ihrer unersetzbaren ›demokratischen‹ Funktion geltend zu machen.

Was in dieser Hinsicht zählt, scheint einzig die Anerkennung zu sein, daß die eigentlichen Akteure des demokratischen Spiels jene politischen, ökonomischen, beruflichen, ideologisch-religiösen usw. Gruppen sind, die in der Lage sind, ihre Erwartungen anzumelden und sie als Entsprechung des Gemeinwohls oder des allgemeinen Interesses darzustellen. Was zählt, ist die Freiheit dieser Gruppen zusammen mit einer guten, den (ökonomischen wie politischen) Konsumenten garantierten Portion an ›negativer Freiheit‹, weil dies die Bedingung für das Funktionieren beider Märkte ist, des ökonomischen wie des politischen. Doch die ›negative Freiheit‹ – beispielsweise die, freien Zugang zur Information und zur politischen Kommunikation zu haben – bedeutet keine Autonomie der politischen Subjekte, im Gegenteil, auf gewisse Weise widerspricht sie ihr.

Alles andere, einschließlich der Wahlverfahren, ist lediglich ein Ritus der prozeduralen Legitimation der Macht – ein Ritus der Rückversicherung und gesellschaftlichen Integration –, der nur ganz marginal auf die eigentlichen Inhalte der politischen Entscheidung einwirkt. Die Wählerschaften akzeptieren passiv den normativen Rahmen und applaudieren den allgemeinen Resultaten eines politischen Spiels, in dem die Akteure einige eng begrenzte Oligarchien sind – und es ist gut, daß sie es sind –, die sich in der Macht friedlich abwechseln. Der Gang zur Wahlurne hat allenfalls zum Ziel, die Beziehungen der Stärke zwischen den Eliten zu regulieren, nicht aber, die Wahlentscheidungen zu beeinflussen. Das Prinzip der Führerschaft verlangt, kurz gesagt, daß die Demokratie als etwas verstanden wird, das wesentlich mehr die Beziehungen unter den Eliten betrifft als die Beziehungen der Eliten zur Mehrheit der Bürger. ›Demokratie‹ ist nicht viel mehr als die Benennung der guten Beziehungen unter den Führungsgruppen.

Meiner Ansicht nach sind diese Positionen nicht nur ambivalent und stehen im Gegensatz auch zu einer Minimaldefinition der Demokratie im Sinne Bobbios. Heute erweisen sie sich vor allem als wenig realistisch im Verhältnis zu der Situation, die sich nach dem Zweiten Weltkrieg bis heute mit der gigantischen Entwicklung der Massenkommunikationsmittel herausgebildet hat. Diese Positionen verkennen das meines Erachtens entscheidende Thema der kognitiven, affektiven und verhaltensmäßigen Auswirkungen, welche die Massenkommunikationsmittel vor allem langfristig innerhalb der fortgeschrittenen, von der Informationsrevolution betroffenen Industrienationen ausüben. Und sie verkennen die Einwirkung, den diese Ergebnisse auf die Arbeitsweise der heutigen politischen Systeme haben, und das sowohl im allgemeinen als auch auf Grund ihrer spezifischen Interferenzen mit den Kreisläufen der politischen Kommunikation und den Prozessen der öffentlichen Meinungsbildung. Diesen Themen widmen beispielsweise weder Dahl noch Sartori auch nur eine Zeile in ihren jüngsten, umfangreichen Abhandlungen und entziehen sich wenigstens in dieser Hinsicht der Schumpeterschen Lehrmeinung.[39] Mir dagegen scheint es im Hinblick auf eine Neugestaltung der Demokratietheorie wichtig, daß die politische Philosophie das Thema der politischen Auswirkungen der Medienkommunikation ins Blickfeld und ins Zentrum ihrer Reflexionen rückt. Und daher scheint es mir notwendig, daß die politische Philosophie den theoretischen Problemen der Kommunikationsforschung, die heute besonders in der angelsächsischen Kultur betrieben wird, besondere Aufmerksamkeit zukommen läßt. Dies will ich in den folgenden Abschnitten dieses Kapitels versuchen.

2. Die langfristigen politischen Auswirkungen

An dieser Stelle muß ich eine kurze Bemerkung allgemeiner Art vorausschicken. Die heutige Forschung über die gesellschaftlichen Auswirkungen der Massenkommunikation weist, wie die soziologische Forschung im allgemeinen, unterschiedliche epistemologische und in weiten Bereichen miteinander unvereinbare Ausrichtungen auf.[40] Und die epistemologischen Orientierungen sind im Hinblick auf die Forschungsergebnisse nicht irrelevant. Daher ist es natürlich, daß, wenn man die Perspektive akzeptiert, die ich im ersten Kapitel dargestellt habe – die Vorstellung von einer auf den Begriff der Komplexität zentrierten ›reflexiven Epistemologie‹ –, daraus einige Konsequenzen auch für die Methoden und die

Ziele der kommunikativen Forschung folgen. Insbesondere schließt der Standpunkt einer reflexiven Epistemologie die Zuständigkeit des neoempiristischen Ansatzes aus, das heißt des Ansatzes, der die ersten Untersuchungen über die politischen Auswirkungen der Massenmedien gekennzeichnet hat und auch heute noch weite Teile der Forschung über die politische Kommunikation beeinflußt.[41] Einer besonders strengen Version des Empirismus, die mit Elementen aus der Systemtheorie und der Kybernetik kombiniert ist, verdankt man zudem den ersten Versuch durch Karl Deutsch, eine allgemeine Theorie des politischen Systems als kommunikativem Netzwerk zu konstruieren.[42]

Die erste systematische Felduntersuchung über die Auswirkungen der Tagespresse, des Radios und des Kinos wurde bekanntlich von Lazarsfeld, Berelson und Gaudet im Rahmen der von der Columbia University angeregten Studien über das Wahlverhalten durchgeführt. Es handelte sich um eine von den explikativen Mustern der empirischen Soziologie und der ›politischen Wissenschaft‹ inspirierte und an praktische und erkenntnistheoretische Ziele innerhalb des Mediensystems orientierte Forschung. Den Ergebnissen dieses Forschungsberichtes zufolge mußte die These von der Allmacht der Massenkommunikationsmittel für widerlegt gelten. In Wirklichkeit, so behauptete man, hatten die Forschungen erbracht, daß die Wahlpropaganda allenfalls die Wirkung hatte, die ursprünglichen Stimmabsichten der Bürger zu verstärken, während sie nur in äußerst seltenen Fällen zu einer politischen Bekehrung führte, das heißt zu einem Übergang von einer politischen Ausrichtung zu einer anderen.[43] Die Schlußfolgerung, zu der man gelangte, war, daß die Rezeption der Medienbotschaften auf Grund ihrer Natur selektiv ist. Die Empfänger der Kommunikation neigen dazu, die übermittelten Botschaften in differenzierten Formen zu entschlüsseln, wobei sie der Information den Vorzug geben, die im Einklang mit den eigenen Präferenzen steht, und die dissonante Information verdrängen. Die Überzeugungswirksamkeit der Kommunikation wird zudem noch weiter ausgewählt und vermittelt von Meinungsführern, die innerhalb bestimmter Subkulturen tätig sind, in denen sich die Zuhörerschaft findet.

Auf der Grundlage dieser empirischen Ergebnisse breitete sich in den USA und später in Europa schnell eine Art akademischer Orthodoxie aus, die zu Beginn der sechziger Jahre von Joseph Klapper in der These der

»begrenzten Auswirkungen« der medialen Kommunikation zusammengefaßt wurde.[44] Die Nutznießer der Massenkommunikation, so wurde gefolgert, waren gerade nicht manipuliert, sondern in der Lage, die Auswirkungen zu manipulieren. Auf dieser Grundlage, die in Einklang mit den methodologischen Ansätzen der politischen Wissenschaft und mit den allgemeinen Thesen über den demokratischen Pluralismus stand, gelangte man zu der Überlegung, daß die Empfänger der Massenkommunikation sich beim Gebrauch der Medien im wesentlichen an Kriterien der persönlichen Befriedigung orientieren.

In den demokratischen Systemen, so sagte man, sind die Bürger nicht auf passive und isolierte Weise dem Einfluß der Medien ausgesetzt – wie es in totalitären Ländern vorkomme –, sondern innerhalb eines Netzwerks mit hohen gesellschaftlichen Bezügen, welche die mediale Kommunikation selbst noch komplexer werden ließ. Den demokratischen Bürger, Nutznießer der medialen Kommunikation, mußte man sich mithin als ein aktives, bewußtes, sozialisiertes und kritisches Subjekt gegenüber den Inhalten der empfangenen Botschaften vorstellen. Das Medienverhalten war, kurz gesagt, intentional, utilitaristisch, von fest gegründeten Interessen geleitet und daher unzugänglich für die Überredungskunst.[45] Es war das Verhalten von Bürgern mit einem hohen Grad von Kritikfähigkeit und Autonomie.

Der Gedanke ist schwierig, daß – bei der Interpretation der empirischen Daten – die Forschungen von Lazarsfeld und Berelson nicht erheblich von den methodologischen Präjudizien des ersten und von den apologetischen Absichten des zweiten beeinflußt wurden. Lazarsfeld wandte bei der mediologischen Untersuchung die strengsten Kriterien der neopositivistischen Soziologie an, während Berelson das demokratische System der Vereinigten Staaten pries, gerade wegen seiner (behaupteten) Fähigkeit, auch in Ermangelung demokratischer Bürger demokratisch zu funktionieren. Von diesem Ansatz leitete Berelson bekanntermaßen die berühmte Apologie der Apathie und der politischen Nicht-Mitwirkung als funktionellem Element der Demokratie ab und, mehr noch, als Beweis für den hervorragenden Gesundheitszustand eines demokratischen Systems.[46]

Diese Untersuchungen waren trotz ihrer empirischen Grundlage genauso unzuverlässig wie die von Klapper später vorgebrachte Verallgemeinerung. Und nicht zufällig war seit Anfang der siebziger Jahre das Modell der begrenzten Auswirkungen einem zunehmenden Druck der Kritik im Kontext der allgemeinen Krise der empiristischen Epistemologie ausgesetzt.[47] Diese Art von Forschung hatte sich nicht im geringsten das Problem der allgemeinen und langfristigen Beziehungen zwischen dem Mediensystem und dem gesellschaftlichen System in seiner Gesamtheit gestellt. Den Vorschriften des empirischen Experimentismus folgend, hatten Lazarsfeld und Berelson den Erfahrungsbereich und den zeitlichen Bogen für ihre Analysen streng eingegrenzt. Das Modell der begrenzten Auswirkungen und der aktiven Medienrezeption hatte sich damit auf der Grundlage beschränkter Ermittlungen einzelner Kommunikationsereignisse und mit einer fast ausschließlich auf die direkten Folgen gerichteten Aufmerksamkeit durchgesetzt, welche die Medienkommunikation auf die politisch-ideologischen Ausrichtungen ihrer Adressaten ausübte.[48] Obwohl Lazarsfeld und Berelson die Regeln der empirischen Forschung absolut respektierten, hatten sie genau das gefunden, was sie zu finden beabsichtigten, nämlich daß die politische Kommunikation keinen *unmittelbaren ideologischen Einfluß*, allenfalls in einem unerheblichen Maß, auf seine Rezipienten ausübte.

Der neopositivistischen Epistemologie, die auch weiterhin ein Gutteil der Studien über die politische Kommunikation beeinflußt und nicht zufällig vorwiegend von amerikanischen Politikwissenschaftlern angeführt wird,[49] sollte meines Erachtens ein anderer theoretischer Ansatz entgegengestellt werden. Mein epistemologischer Vorschlag ist der, daß ins Zentrum der Forschungen über die politische Kommunikation die klassischen Probleme der Wissenssoziologie und der kulturellen Hermeneutik gestellt werden.[50] Der Ansatz, von dem man, wie ich glaube, notwendigerweise ausgehen muß, ist der, daß die Massenkommunikationsmittel heute nicht nur die Agenturen der politischen Sozialisierung, sondern, allgemeiner, der Hervorbringung und gesellschaftlichen Verteilung des Wissens sind.

Heute sind es im wesentlichen die Printmedien und die elektronischen Medien, die unsere Wahrnehmung formen und die kollektive Sinnkriterien festlegen, die uns das Begreifen der Gegenwart ermöglichen und als ständiger Bezugskontext fungieren, um auch unsere persönliche Erfahrung zu lenken.[51] Eine Forschung der Wissenssoziologie müßte, auch ohne Ablehnung der empirischen Untersuchung und der Techniken der Inhaltsanalyse, mit Nachdruck die Notwendigkeit eines holistischen und multidisziplinären Ansatzes hervorheben, welcher der wachsenden Komplexität des kommunikativen Phänomens, seiner schnellen Integration in funktioneller und territorialer Hinsicht (Multimedialität und Globalisierung), seiner Fähigkeit, die öffentlichen und privaten Formen der gesellschaftlichen Erfahrung mit den Mitteln der Propaganda und der kommerziellen Werbung zu modellieren und zu bestätigen, entspricht.[52]

Eine neue holistische Aufmerksamkeit für die Beziehung zwischen medialem Subsystem und gesamtem Gesellschaftssystem ist meiner Ansicht nach die notwendige Voraussetzung für die Entwicklung einer wissenssoziologischen Annäherung an das Thema der langfristigen politischen Auswirkungen der Medienkommunikation. Es würde sich natürlich vor allem um die Überwindung des Reduktionismus und des Optimismus handeln, welche die ersten in amerikanischen Universitäten durchgeführten Forschungen verfälscht hatten. Aber es wäre auch notwendig, die simplizistischen Ansätze und den dogmatischen Pessimismus der konspirativen Theorien aufzugeben: ich denke sowohl an die Theoretiker der Frankfurter Schule wie Adorno, Marcuse und Horkheimer, als auch an den westlichen Marxismus, insbesondere an die Althussersche Lehre von den Massenmedien als »ideologischen Staatsapparaten«.[53]

Eine wissenssoziologische Annäherung müßte als entscheidenden Gegenstand der Untersuchung über die Mechanismen der öffentlichen Meinung in einer Informationsgesellschaft die Prozesse in den Blickpunkt rücken, durch welche die Massenkommunikationsmittel das Bild der ›gesellschaftlichen Wirklichkeit‹ selektiv aufbauen und an die Öffentlichkeit übermitteln und auf dieser Grundlage politisch langfristig ebendiese gesellschaftliche Wirklichkeit selbst formen.[54] Was zu klären wäre, ist, auf welchen Wegen – und bis zu welcher Schwelle, vorausgesetzt es gibt eine Schwelle – es den Massenmedien gelingt, die eigene ›Wirklichkeit‹ selbstreferentiell als die für die Adressaten der Botschaften einzig erfahrbare aufzuzwingen und damit aus einem selektiven und verzerrten Bild der ›Wirklichkeit‹ die einzige, wahre gesellschaftliche Wirklichkeit zu machen, ohne Alternativen, es sei denn Schweigen, Trägheit oder Wahnsinn.

3. Asymmetrie, Selektivität, Nicht-Interaktion

Vom oben dargestellten epistemologischen Standpunkt aus verdanken wir den funktionalistischen Theorien der Massenkommunikation, einen Weg zu den neuen postempiristischen Tendenzen – den holistischen, langfristigen und multidisziplinären – geöffnet zu haben. Die grundsätzliche Frage, die sich der Funktionalismus seit den ersten mediologischen Arbeiten von C. R. Wright gestellt hat, betraf nicht die mehr oder weniger beabsichtigten Auswirkungen einzelner kommunikativer Akte.[55] Sie betraf die allgemeinen Funktionen, welche die Massenkommunikation innerhalb einer gesellschaftlichen Gruppe ausübt. In dieser Hinsicht sind der Gegenstand des Interesses nicht die durch besondere Informationskampagnen in Funktion der Ziele des Kommunikators oder der Beweggründe des Rezipienten kurzfristig erzielten (oder erzielbaren) Ergebnisse. Was interessiert, ist die normale, standardisierte und routinemäßige Kommunikationssituation, gebildet von der Hervorbringung, der Verbreitung und dem täglichen Konsum der medialen Botschaften.[56]

In einer holistischen und langfristigen Perspektive hat die funktionalistische Analyse des multimedialen Systems, jenseits aller Variablen, die durch institutionelle Gliederungen und durch die technische und organisatorische Spezifizität eines jeden Mediums gebildet wird, ein breites Spektrum von allgemeinen Funktionen (und, implizit, von allgemeinen Hypothesen hinsichtlich der langfristigen Effekte der Medieneinwirkung) ins Blickfeld gerückt. Diese umfassen die kognitiv-informativen Funktionen, die integrativen Funktionen der Selbstidentifizierung und der Absorption von Enttäuschungen, die ethisch-rhetorischen Funktionen der Stärkung sozialer Normen, die meritokratischen Funktionen der Zuschreibung von Autorität und Prestige und vor allem die Ersatzfunktionen der unmittelbaren Erfahrung. Gemäß der funktionalistischen Analyse führt der medial vermittelte indirekte Kontakt mit dem gesellschaftlichen Universum, zusammen mit dem sintflutartigen Angebot des Informationsflusses, zu einer Tendenz, mit der nicht medial vermittelten und direkten Erfahrung sparsam umzugehen. Die Nutzung der medialen Kommunikation fungiert so letztlich als Ersatz für das Handeln.

Doch was der holistische Ansatz vor allem deutlich macht, ist die tiefe Dissymmetrie zwischen der kommunikativen Rolle der Kommunikatoren und der der Rezipienten. Sowohl vom Standpunkt der kommunikativen Kompetenz wie vom Standpunkt der sozialen Strukturierung erscheinen die Kommunikatoren grundverschieden von den Rezipienten. Im ersten Fall handelt es sich um sehr kohäsive und formal organisierte Berufsgruppen wie kapitalistische Unternehmen oder Verwaltungsapparate. Sie sind darauf ausgerichtet, ihre eigene berufliche Tätigkeit als einen Beitrag zur einer objektiven und wahrheitsgemäßen Vorstellung der Wirklichkeit zu verstehen, und gleichwohl sind sie systematisch in Selektionsverfahren für den Informationsfluß eingebunden. Im zweiten Fall handelt es sich um Subjekte ohne eine spezifische Form gesellschaftlicher Zugehörigkeit, ohne Fähigkeit kollektiver Wahrnehmung ihrer selbst als Gruppe oder als Rolle, und Konsumenten – mehr oder weniger selektiv, doch ohne jede Fähigkeit zu einer interaktiven Kommunikation – einer symbolischen Welt, die bereits von den Selektionen der aussendenden Subjekte drastisch reduziert wurde.

Der Nachdruck, mit dem der Funktionalismus auf den asymmetrischen, selektiven und nicht-interaktiven Charakter der medialen Kommunikation aufmerksam gemacht hat, der von Theorien der begrenzten Auswirkungen und des »Gebrauchs und der Befriedigung« ausdrücklich negiert oder verschwiegen wurde, wurde durch einige jüngste Entwicklungen in der kommunikativen Forschung bestätigt, und diese scheinen mir von beachtlicher Bedeutung auch für die politische Theorie zu sein. Zwei Forschungsstränge verdienen meiner Ansicht nach besondere Aufmerksamkeit: die Soziologie der Kommunikationsproduzenten und vor allem – wegen ihrer unmittelbaren Verbindung mit der Theorie der öffentlichen Meinung – die Hypothese des Agenda setting.

Die Soziologie der Kommunikationsproduzenten analysiert die Verfahren, welche der Erzeugung der Kommunikation zugrunde liegen, insbesondere der Informationsherstellung. Diese Verfahren neigen dazu, von den Kommunikationsinhalten ausgeschlossen zu werden: normalerweise erklärt kein Medienproduzent der Öffentlichkeit, mit Hilfe welcher Vorgehensweisen er sein Produkt erworben hat oder mit Hilfe welcher Zutaten es hergestellt wurde. Er ist auch nicht gesetzlich zu dieser Art Erklärungen verpflichtet, wie es andererseits für viele andere technologische Produkte notwendig ist. Insbesondere das Produkt Nachricht wird als unmittelbares Bild von einem Ereignis oder von einer objektiven Sachlage dargestellt und wird von keinerlei ›reflexiver‹ Kommunikation über das außerordentlich dichte Netzwerk der Verfahren begleitet, welche die Nachricht herausgefiltert haben, und über die selektiven Entscheidungen, welche dem Kommunikationsakt in seiner endgültigen Fassung vorausgegangen sind, gleichsam als wären diese Elemente inexistent oder irrelevant.

Hingegen müßte es einer systematischen Erforschung der organisatorischen Strukturen, der Formen der Anwerbung, der allgemein gültigen Werte, der Karrierestandards, der professionellen Deontologien der Gemeinschaften von Kommunikationserzeugern – insbesondere der Nachrichtenproduzenten im Fernsehen – gelingen, die entscheidende Relevanz der selektiven Verfahren bei der Bestimmung des Endprodukts Nachricht zu beweisen und die ›Filterzonen‹ herauszufinden, in denen die Kräfte am Werk sind, die die Macht haben, Türen für den Informationsfluß zu öffnen oder zu schließen und die Art und die Qualität der beigemischten Zutaten zu kontrollieren. Und es gibt gute Gründe anzunehmen, daß bei der Entscheidung, ob eine Nachricht angenommen oder abgelehnt wird, die Selektoren der Information als Hauptbezugsquelle nicht die Erwartungen des Publikums zugrunde legen, für das die Information bestimmt ist. Das Publikum ist eine im allgmeinen unbekannte Größe und Gegenstand einer verschwommenen und rein intuitiven Vorstellung. Der Bezugskontext ist vielmehr der professionell-organisatorisch-bürokratische, welcher sowohl aus dem System der Quellen (beispielsweise den großen nationalen und internationalen Presseagenturen) als auch aus der Berufsgemeinschaft der Kollegen und ihrer Chefs besteht, im Rahmen der allgemeinen Verpflichtungen, die von den Sponsoren, vom Publikum und von den Einschaltquoten auferlegt werden.

Der Typus der kommunikativen Verzerrung, die daraus zu resultieren scheint – und dies könnte als eine weitere Entkräftung der konspirativen Theorien gelten –, ist zum größten Teil ein ungewolltes Vorurteil (*unwitting bias*), und zwar in dem Sinn, daß es nur in sehr geringem Maß der subjektiven Intention entspricht, spezifische ideologische Inhalte zu vermitteln, oder der Notwendigkeit, den von externen Einflüssen ausgeübten instrumentellen Druck zu unterstützen. Der Orwellsche Mythos vom »Big Brother« findet in diesem Sinn keinerlei Bestätigung. Die verzerrende Wirkung ist nicht auf den Zwang einer totalitären Ideologie zurückzuführen, sondern auf die Struktur des elektronischen Kommunikationsmittels – auf seinen funktionellen Code –, die wiederum durch ihre Stellung innerhalb umfassender technologischer, ökonomischer und politischer Kontexte beeinflußt wird. Wenn es bei diesem Phänomen einen totalitären Aspekt gibt, so ist dieser auf die Allgegenwart und auf die durchdringende Kraft der elektronischen multimedialen Mittel zurückzuführen, nicht aber auf einen Entwurf der weltumspannenden Homologisierung der Politik.

In diesem Zusammenhang sind vor allem die Kriterien des Stellenwerts einer Nachricht entscheidend, und davor rangiert noch der ›Nachrichtenwert‹ eines Ereignisses oder einer Situation, das heißt die Eignung, Nachricht zu werden. Nicht alle Tatsachen, wie auch nicht alle Ideen oder Persönlichkeiten, sind bekanntlich gleichermaßen telegen. Daraus ergibt sich, soweit es insbesondere um die Fernsehnachricht geht, daß der Nachrichtenwert eine systematische Herauslösung, Fragmentierung und Aktualisierung der Ereignisse erforderlich macht. Die allgemeinen Kontexte können nicht innerhalb der von der aktuellen Berichterstattung auferlegten sehr kurzen Zeitspanne rekonstruiert werden, und Nachrichten sind nur dann Nachrichten, wenn sie neu sind, das heißt in einem gewissen Maß überraschend, unerwartet, spektakulär: sie müssen daher dem Konsumenten ganz unmittelbar und so präzise wie möglich angeboten werden. Jede Nachricht muß wie ein erzählerischer *flash* aufgebaut sein, autonom und in sich abgeschlossen. Und im Mittelpunkt der Erzählung liegt immer das, was sich ereignet hat, und rührt selten an die tiefer liegenden Gründe des Geschehnisses.[57]

Die Hypothese vom Agenda-Effekt ist eng verbunden mit dem Thema der selektiven Funktionen und der Verzerrungseffekte des Produktionsprozesses der medialen Kommunikation.[58] Die Kernidee ist, daß die selektiv-verzerrenden Verfahren, welche die Information erzeugen, bei den Rezipienten nicht nur die Inhalte einer selektierten und verzerrten Information vermitteln: sie vermitteln auch die eigenen selektiv-verzerrenden Raster. Langfristig lagern sie sich in der Psyche des Publikums ab, bis sie sich in objektive Kriterien der Wichtigkeit der Meldungen und in Strukturen für selektive Organisation der Aufmerksamkeit, der Erkenntnis und der Motivation der Rezipienten verwandeln.

Wenn die Analyse der vom Publikum bevorzugten Themen den von den Medien einer Reihe von Themen beigemessenen Wichtigkeitswerten gegenübergestellt wird (im Sinn einer Fülle und/oder einer Häufigkeit der entsprechenden Information), zeigt sich die kognitive Abhängigkeit der ersteren von den letzteren sowohl bei der Definierung der Tagesordnung, welche als wichtig erachtete Themen einschließt und andere ausschließt, als auch bei der Festlegung der Prioritätenhierarchie der einzelnen Themen.

Daraus leitet sich eine Bestätigung her, die mir vom theoretisch-politischen Standpunkt sehr bedeutsam erscheint: die Auswirkung der Massenkommunikation ist langfristig die Definition des Horizontes dessen, was öffentlich Gegenstand der Aufmerksamkeit ist und daher als gesellschaftlich wichtig und äußerstenfalls als existent gilt. Umgekehrt besteht die Auswirkung in der Festlegung, daß das, was nicht die Schwelle der multimedialen Kommunikation überschreiten kann, gesellschaftlich in die Nichtbeachtung und in die Nicht-Existenz abgeschoben wird. Die Massenmedien vermitteln keine ideologisch bindenden Vorschriften zu spezifischen Themen – und darin lag paradoxerweise die Stichhaltigkeit der Ergebnisse von Lazarsfeld und Berelson –, sondern konzentrieren die Aufmerksamkeit der Öffentlichkeit auf bestimmte Themen, indem sie vom kognitiven Horizont andere Themen ausschließen oder ihre Zugehörigkeit nuancieren. Die Medien spielen eine entscheidende Rolle bei der Auswahl dessen, was die Öffentlichkeit als relevant wahrnimmt, weil sie dafür zuständig sind, das festzulegen und zu verbreiten, was wir als Aufmerksamkeitswerte bezeichnen können: sie sind daher die wirkungsvollsten Modulatoren der öffentlichen Aufmerksamkeit.

Insbesondere gelingt es den elektronischen Medien, mit strategischem Erfolg diese selektive Funktion wahrzunehmen, weil sie, anders als jede mögliche unmittelbare Erfahrung, mit grundlegenden Eigenschaften wie Kumulativität und Gleichklang ausgestattet sind.[59] Ihre Fähigkeit, der öffentlichen Aufmerksamkeit ein Thema aufzuzwingen, ist in der Tat ein Resultat, das die Auswirkungen unendlicher Wiederholungen summiert, das die kommunikative Affinität unter ihnen herstellt und Mißklänge ausscheidet, und welches letzten Endes seine Überzeugungskraft von der Tatsache bezieht, daß es allgemein als »öffentliches Wissen«, als der einzige, legitime und wirkliche Bereich wahrgenommen wird, welcher innerhalb der Industriegesellschaften des Informationszeitalters vorhanden ist. Das Endergebnis davon ist, wie scharfsichtig beobachtet wurde, daß die eigentliche Verteilung der öffentlichen Meinung die von den Medien widergespiegelte Meinung nach dem Schema einer sich selbst erfüllenden Prophezeiung reproduziert.[60] Der Agenda-Effekt ist, kurz gesagt, rekursiv und selbstreferentiell.

4. Teledemokratie

Innerhalb des Rahmens dieser Probleme und Forschungen muß meines Erachtens eine moderne Theorie der politischen Kommunikation angesetzt und das Thema der öffentlichen Meinung und ihrer Autonomie in den zeitgenössischen demokratischen Systemen in realistischen – weder oberflächlich optimistischen noch konspirativen – Begriffen neu überdacht werden.

Unter diesem Blickwinkel muß, meiner Meinung nach, das Bestreben, das Karl Deutsch und die Befürworter einer kybernetischen Politiktheorie angeregt haben,[61] unbeachtet bleiben: nämlich das Bestreben, eine allgemeine Theorie des politischen Systems als eines informativ-kommunikativen Netzwerks zu entwickeln. In *The Nerves of Government* hatte sich Deutsch vorgenommen, eine Kommunikationstheorie der Politik auf der Grundlage von Begriffen wie Information, Botschaft, Speicher, Kommunikationsnetz, Rückkopplung, Lernen, Selbstkontrolle usw. zu entwickeln, die er sich von der Kommunikationswissenschaft und der Kybernetik entliehen hatte.[62] Von der Annahme ausgehend, die informativen Phänomene seien meßbar und berechenbar, hatte Deutsch sich bemüht, eine Art Physik der politischen Kommunikation zu erarbeiten, die zu Erklärungen und Vorhersagen im strengen Sinn in der Lage ist.

Dieser in einer streng physikalistisch-epistemologischen Konzeption verankerte und im Rahmen des empiristisch-behavioristischen Paradigmas der politischen Wissenschaft durchgeführte Versuch erwies sich als von geringem heuristischem Wert und ist eine Einzelerscheinung geblieben, ohne nennenswerte Weiterentwicklungen.[63] Sein impliziter Ansatz – der Kernpunkt der politischen Erfahrung ist als ein System kommunikativer Prozesse darstellbar – ist meines Erachtens unhaltbar. Er ignoriert die Machtauswirkungen, welche die gesellschaftlichen Strukturen ohne jede kommunikative Vermittlung auf die Bürger ausüben, so wie er auch die unmittelbaren Zwangs- und Gewaltformen der politischen Macht ignoriert, welche keinerlei sprachliche Vermittlung erfordern: man denke beispielsweise nur an das gesellschaftliche Verhalten gegenüber einem Häftling, einem Geisteskranken, einem Behinderten oder einem farbigen Einwanderer als Gesamtresultante der ökonomischen, kulturellen, religiösen und nicht zuletzt politischen Situation einer gesellschaftlichen Umwelt. Und es ignoriert vor allem die Phänomenologie der ›unsichtbaren‹ Macht, das heißt jenes weiten Bereichs der Macht, die wirkungsvoll ausgeübt werden kann, eben weil sie sich jeder Form einer expliziten politischen Kommunikation zu entziehen vermag.

Aus der Perspektive meiner Intention – einer Neugestaltung der Demokratietheorie der öffentlichen Meinung – würde es eher um die Ausarbeitung einer Theorie der politischen Kommunikation gehen, die sich die neue Morphologie vor Augen hält, welche die Kommunikationsprozesse innerhalb der von der Datenverarbeitung beeinflußten politischen Systeme annehmen werden. Unter politischer Kommunikation verstehe ich in diesem Fall den Fluß von Informationen mit explizit politischem Inhalt, der von der Führungsspitze des politischen Systems und seiner gewählten oder bürokratischen Organisationen zu den Bürgern weitergeleitet wird.[64]

Zweitens und insbesondere würde es um die Ausarbeitung einer politischen Theorie der Kommunikation gehen: das Problem liegt in der Erforschung der Wechselwirkung zwischen modernen Formen der Massenkommunikation und dem Funktionieren des politischen Systems. Und dies sowohl in Beziehung zu der Einwirkung, die sie auf die Techniken der politischen Machtausübung haben, als auch in Beziehung zu den allgemeinen politischen Auswirkungen, die der Fluß der elektronischen Kommunikation, auch in ihren nicht ausdrücklich politischen Formen, langfristig auf die Öffentlichkeit ausübt. Der Ansatzpunkt ist, daß die nicht-politische Kommunikation – wahrscheinlich in wesentlich höherem Maße als die explizit politische – zentrale Funktionen vom Standpunkt der gesellschaftlichen Integration und der Bildung der öffentlichen Meinung im Hinblick auf Einfluß, Autorität, Kontrolle, Verhandlung und symbolischem Austausch ausübt.[65]

Diese Art von Forschung müßte vor allem die Probleme ins Blickfeld rücken, die innerhalb der modernen politischen Systeme als Folge der Tatsache auftreten, daß die Parteien Mittel der Datenverarbeitung zur Kommunikation untereinander und mit der Öffentlichkeit benutzen. Es ist bekannt, daß die Parteien für die Anfertigung und Verbreitung der Selbstdarstellung auf Werbeagenturen zurückgreifen, die kommerzielle Kriterien der Werbung auf die politische Kommunikation anwenden. Neben der durchdringenden Fähigkeit der Werbemodelle gegenüber dem gesamten Kommunikationssystem beobachtet man auf diese Weise ein Vordringen der Werbetechniken auch innerhalb des politischen Systems; sie interferieren nicht nur mit den Produktionsmechanismen des Parteibildes, sondern auch mit den Inhalten der Kommunikation und der politischen Entscheidung. Die funktionelle Logik der kommerziellen Werbung, beispielhaft durch den Fernsehspot dargestellt, beeinflußt die Kriterien des Wettbewerbs unter den Kandidaten, der Anwerbung von Mitarbeitern, der Auswahl von Themen der politischen Debatte im Hinblick auf ihre Fernsehwirksamkeit.[66]

Insbesondere in den Vereinigten Staaten hat der Wahlkampf längst die Merkmale einer ›Teledemokratie‹ angenommen, die sich fast ausschließlich außerhalb der bürokratischen Parteienorganisation abspielt und sich demoskopischen Agenturen, Unternehmen der Politikberatung, den ›Political Action Committees‹ (PACs) anvertraut, die eigens für die Finanzierung – außerhalb der Parteien – von persönlichen Werbekampagnen der verschiedenen Kandidaten eingerichtet sind.[67]

Daher kommt etwas zunehmend Spektakuläres in die Politik mit einem deutlichen Übergewicht der mediengerechten Fähigkeit der Kandidaten – oder besser ihrer *ad hoc* von den Werbefachleuten aufgebauten Selbstdarstellungen – zum Nachteil einer Darstellung und vernünftigen Diskussion der Themen der politischen Entscheidung und der verfügbaren Alternativen.[68] Daraus erfolgen neuartige Verfahren der Fernseh-Legitimität, die nicht nur von der Vermittlung durch die Parteien absehen, sondern eben auch die selektive Funktion des traditionell den demokratischen Wählerschaften zugesprochenen Urteils vorwegnehmen und sie übergehen. Grundlage ist das besondere Charisma der teledemokratischen Führungspersönlichkeit – die ebenfalls durch multimediale Manipulationen produziert wurde –, das in der Kurzschließung der Konsument/Zuschauer-Erwartung besteht, welche die Medien in die Öffentlichkeit eingepflanzt haben, und der Erfüllung dieser Erwartungen in Form von persönlichkeitsbezogenen und idealisierten Fernsehbildern.[69] Das Urteil über die politische Eignung eines Kandidaten wird, noch vor dem Zutun der Wählerschaften und der Fernsehzuschauer, von den Spezialisten der Werbekommunikation gefällt, welche die telecharismatischen Gaben des Kandidaten abwägen und herausarbeiten und damit seine Wahlkampagne glaubwürdig und auch finanzierbar machen.

Wie jüngst auch Giovanni Sartori zugegeben hat, hängt in den Vereinigten Staaten die Wahl der Repräsentanten mehr als von irgendeinem anderen Faktor von der Summe der finanziellen Ressourcen ab, welche die Kandidaten investieren können, um Strategen, Ghostwriter, Meinungsforscher und Werbetexter zu bezahlen und Fernsehzeit zu kaufen. Auf diese Weise kommt es, schreibt überraschenderweise einer der unnachgiebigsten Befürworter des demokratischen Elitismus, zum ›Paradox der amerikanischen öffentlichen Meinung‹: dieses besteht in dem Umstand, daß die Vereinigten Staaten dasjenige Land ist, »das sich am meisten dem Diktat der öffentlichen Meinung beugt und gleichwohl einer öffentlichen Meinung entbehrt, die diesen Namen verdient hat«.[70]

Beispielhaft in diesem Sinn waren die unterschwelligen Wirkungen der politischen Kommunikation von Ronald Reagan. Seine Fähigkeit, das Beschützerbild des Vater-Helden, des Hüters einer idealisierten Selbstdarstellung der ›amerikanischen Werte‹ darzubieten, hat dazu geführt, daß jeder Angriff seitens seiner Gegner letzten Endes die Bedeutung einer Aggression gegen die amerikanische Nation durch einen äußeren Feind annahm. Das gleiche gilt in einem allgemeineren Sinn für die Verpersönlichung der politischen Kommunikation bei den Wahlkampagnen der westlichen Länder, die weitaus mehr auf die biographischen Daten der charismatischen Führungspersönlichkeit oder des Aspiranten gerichtet sind – von den chirurgischen Eingriffen bis hin zu häuslichen, sportlichen und sexuellen Aktivitäten – als auf die Darlegung seines politischen Entwurfs.

Ein zweiter Aspekt der Fernsehdemokratie ist die zunehmende Veränderung der Wahlkämpfe zu Metawahlkämpfen und der Wählerschaften zu Metawählerschaften. Die Fähigkeit der Meinungsforschungsinstitute, (computergestützte) Untersuchungen über die politischen Ausrichtungen der Öffentlichkeit durchzuführen, sie augenblicklich zusammenzutragen und oftmals mit beachtlichem zeitlichen Vorsprung und großer Genauigkeit die Wahlergebnisse hochzurechnen, erschafft eine elektronische Scheinwählerschaft neben der eigentlichen Wählerschaft. Die wirklichen Wähler sehen sich durch ihre Demoskopie- und Fernsehhochrechnung ersetzt, vorzeitig informiert und zu passiven und fernen Zuschauern ihrer selbst gemacht. Der einzelne Bürger, Inhaber des Wahlrechts, erfährt den Druck öffentlicher Prognosen, die dazu neigen, sich rundherum selbst zu erfüllen und ihn aus dem Wahlgeschehen auszuschließen: der Sieg der gegnerischen Partei, der bereits als sicher gilt, entmutigt ihn nicht weniger, seine Stimme abzugeben, als der voraussichtliche Sieg der eigenen Partei, eine Aussicht, die jede persönliche Initiative überflüssig macht. Auf diese Weise ersetzt die ›Umfragekratie‹ die Demokratie, das Bild kommt der ›Realität‹ zuvor und entleert sie, indem sie die Wahlenthaltung und die politische Apathie fördert.[71]

5. Narkotisierung und politisches Schweigen

In epistemologischer und theoretisch-politischer Beurteilung, die ich hier absichtlich bevorzugt habe, sind die relevantesten Resultate, die durch die Forschungsarbeit über die Massenkommunikationsmittel erzielt wurden, die, welche ihre indirekten, latenten und langfristigen Auswirkungen hervorheben. Diese Resultate müssen – dies ist meine abschließende These – nicht nur in Verbindung mit der Demokratietheorie der öffentlichen Meinung gebracht werden, sondern letzten Endes mit der Demokratietheorie schlechthin.[72]

Die politische Diskussion um die demokratische Kontrolle der Massenkommunikationsinstrumente tendiert insbesondere in Kontinentaleuropa dazu, sich auf den Einfluß zu konzentrieren, den die Parteien und die großen Wirtschafts- und Finanzgruppen auf die Inhalte der Kommunikation ausüben, welche sie vom politischen und ökonomischen Standpunkt aus für unmittelbar relevant halten. Im Mittelpunkt der Diskussion stehen Probleme wie das Verhältnis zwischen öffentlichem Dienst und freiem Markt, die »Parteibuchwirtschaft« des öffentlichen Dienstes durch die politischen Parteien, die Situation des Oligopols, das die privaten

Gruppen sich im Rahmen des Marktes sichern wollen, das Verhältnis zwischen ökonomischer Führung der staatlichen Stellen (oder der Unternehmen) und die Verzerrungen des Werbemarktes, die oftmals unentwirrbare Verflechtung zwischen ›unsichtbarer‹ Macht und Fernsehinteressen. Es handelt sich um rechtliche, politische und konstitutionelle Probleme, und es wäre von schwerwiegender Naivität, sie für das Schicksal der politisch-demokratischen Institutionen nicht für entscheidend wichtig zu halten. Doch neben diese Probleme müssen, in einer umfassenderen theoretisch-politischen Sicht, die Probleme gestellt werden, die mit den kognitiven Auswirkungen der Massenkommunikation verbunden sind, insoweit sie langfristig politisch Einfluß nehmen.

In dieser umfassenderen Sichtweise scheinen mir die auftauchenden Fragen dermaßen schwerwiegend zu sein, daß das Wesen des demokratischen Systems in den Informationsgesellschaften problematisch und sein Schicksal völlig ungewiß ist. Auf theoretischer Ebene scheint mir die Situation derart, daß sie ein weiteres – und wahrscheinlich das entscheidende – Argument für die Kritik der neoklassischen Demokratietheorie liefert und gleichzeitig die erhöhte Dringlichkeit einer vollständigen Umgestaltung der Demokratietheorie.

Ein erster wichtiger Aspekt unter diesem letzten Gesichtspunkt ist der asymmetrische und nicht interaktive Charakter der politischen Massenkommunikation. Man kann einwenden, daß die politische Kommunikation immer schon eingleisig und nur dürftig dialogisch gewesen sei, und das selbst in demokratischen Gesellschaften. Das ändert nichts daran, daß die elektronischen und telematischen Formen der Massenkommunikation heute Gesamtwirkungen von selektivem Gleichklang hervorbringen, die den Medien des Prä-Informationszeitalters nicht gestattet waren.

Die Welt der Kommunikation besteht heute aus einem Archipel meist profitorientierter Berufsgruppen, die die Absicht haben, in der internationalen Geschäftswelt zu erstarken und sich in sie zu integrieren: sie arbeiten – genauso wie die großen multinationalen Ökonomie- und Finanzgruppen, oft sogar in Abhängigkeit von ihnen – außerhalb und oberhalb jeglicher demokratischen Kontrolle. Und ihre internen Machtbeziehungen weisen die hierarchische Struktur kapitalistischer Unternehmen oder öffentlicher Bürokratien auf. Im Hinblick auf das gute Funktionieren des Marktes haben diese nationalen und internationalen Informationsagenturen die Tendenz, die kontroversesten gesellschaftlichen Themen abzuschatten (oder durch ständige Wiederholung stereotyper Darstellungen abzunutzen): man denke beispielsweise nur an die Auswirkungen des internationalen Marktes auf den Lebensstandard der Völker der Dritten Welt, an die Rassendiskriminierung in den Vereinigten Staaten, in Israel oder in Europa, oder an das Problem des italienischen Südens. Auf der Grundlage ihrer normalen funktionalen Logik – die immer eher eine Logik des Marktes ist, auch in Fällen des öffentlichen Dienstes – neigt die multimediale Kommunikation ursprünglich dazu, Organisationen mit beherrschenden Interessen zu fördern, die Partei der Produzenten eher als die Seite der Konsumenten vorzuziehen, die gesellschaftlich schwächeren Subjekte und ihre diffusen Interessen an den Rand zu drängen, die politische Erneuerung zu entmutigen.

Unüberwindbare politische Hürden haben noch vor den technischen und ökonomischen Schwierigkeiten, die mit der Übertragung via Satellit und Kabel verbunden waren, bald den utopischen Charakter des Projektes einer elektronischen Demokratie deutlich gemacht, wie sie vor einigen Jahrzehnten von Soziologen wie Charles Cooley und R.E. Park[73] oder von Statistikern und Politikwissenschaftlern wie George Gallup und Harald Lasswell[74] vorhergesagt wurde. Weil interaktive Kommunikationstechniken zur Verfügung ständen (Telekonferenzen, Meinungsumfragesysteme, automatische Feedback-Programme, Zweiweg-TV usw.), würde die Informationsrevolution auch, so behauptete man, bisher unbekannte Formen der Beteiligungsdemokratie, eine richtiggehende elektronische *agora* hervorbringen. Danach wäre es möglich, die Wahlverfahren durch ein Netz ständiger Volksbefragung zu ersetzen, durch Referenden und Meinungsumfragen gegliedert, die der Empfangs- und Sendemodus des Mediums Fernsehen ermöglicht. Heute wissen wir, daß die *instant referenda democracy* ein szientistisches Trugbild ist und wohl auch bleiben wird. Wer immer noch mit dieser Vorstellung liebäugelt, berücksichtigt nicht die zunehmende Spezialisierung der politischen Funktionen und die Knappheit der gesellschaftlich verfügbaren Ressourcen an Zeit, Aufmerksamkeit und Kompetenz in Gesellschaften mit hoher Komplexität und funktioneller Differenzierung.[75]

Ein zweiter entscheidender Aspekt im Hinblick auf eine Erneuerung der Demokratietheorie ist der zunehmende Beitrag zur Fragmentierung und zur Zerstreuung des öffentlichen Bereichs, der auf die »narkotisierende Funktionsstörung« zurückzuführen ist. Die Gewohnheit, mit der Welt der Politik in einem medial vermittelten Kontakt zu stehen, führt zur Tendenz, mit der unmittelbaren politischen Erfahrung sparsam umzugehen, weil der symbolische Genuß gleichwertige politische Gratifikationen anzubieten scheint, doch mit einem wesentlich geringeren Risiko der Frustration. Zudem hat der Abhängigkeitseffekt, der auf den Umstand zurückzuführen ist, daß ein Großteil der Information Erfahrungsbereiche betrifft, die für die Rezipienten unerreichbar sind, die Tendenz, sich auch auf den Erfahrungsbereich auszuweiten, der in Reichweite liegt. Die narkotisierende Funktionsstörung nimmt daher die Form von Stumpfheit und operativer Trägheit an, insbesondere gegenüber den traditionellen Formen kollektiver Beteiligung am gesellschaftlichen und politischen Leben. Mit der Zunahme der Kommunikationsflüsse geht eine Tendenz einher, sich in die allerprivatesten Bereiche der eigenen Erfahrungen und persönlichen Beziehungen zu flüchten, wo noch eine Kontrolle der Umwelt und die Behauptung einer eigenen Restidentität möglich zu sein scheint.

Analog dazu bringt die ungeheure Menge an politischen, von den Medien vermittelten Informationen – zudem eine von den Notwendigkeiten des Neuigkeitswerts und des Spektakulären verzerrte politische Information – keine genaueren und weiterführenden politischen Erkenntnisse, noch intensivere Motivationen, noch eine breitere Beteiligung des Volkes. Langfristig scheint sie sogar das Gegenteil zu bewirken.

Einerseits scheint sich der öffentliche Bereich in einen reflexiven Ort, in eine atemporale Metadimension ohne Vergangenheit und ohne Zukunft zu verwandeln, in welcher die reale Öffentlichkeit passiv an den Handlungen einer elektronischen Öffentlichkeit teilnimmt wie an einer Art ständiger Live-Fernsehnachrichtensendung. Andererseits desorientiert die Informationsüberfrachtung alle die – und das ist die übergroße Mehrheit –, die nicht auf der Seite des digitalen Informations-Input arbeiten oder nicht über privilegierte Ressourcen verfügen. Statt daß sich die kognitive Differenz zwischen sendenden und empfangenden Subjekten aufgrund der Auswirkungen der Kommunikation abschwächt, tendiert sie dazu, sich zu reproduzieren und zu multiplizieren: während die mit größeren kulturellen, ökonomischen und politischen Ressourcen ausgestatteten Subjekte in der Lage sind, die von der Information gebotenen Vorteile zu optimieren, sind die weniger gut ausgestatteten Subjekte unfähig, sie zu entschlüsseln und sie zum eigenen Nutzen einzusetzen. Auf diesem Weg verstärkt sich sowohl der asymmetrische Charakter der politischen Kommunikation als auch die narkotisierende Funktionsstörung, die das Engagement und die persönliche Beteiligung durch eine kommunikative Rezeption ohne Interaktion ersetzt.

Sofern es stimmt, daß die Bürger in den komplexen Gesellschaften eine zunehmende Tendenz zeigen, den Anweisungen der politischen Autorität ›ohne besondere Motivationen‹ Folge zu leisten, dann muß einer der Schlüssel für die Erklärung dieses Phänomens mit Sicherheit hier gesucht werden. Er muß in der narkotisierenden Übermittlung des politischen Konsenses gesucht werden, der sich darauf richtet, eines der klassischen Themen der politischen Philosophie des Westens und der Demokratietheorie obsolet werden zu lassen: die Instanz der Legitimation der Macht und der nicht-zirkulären Rechtfertigung der politischen Verpflichtung.[76]

Und sofern es stimmt, wie die Befürworter der Theorie des *non-decision making* meinen, daß die Ausübung der Macht nicht nur Entscheidungen fällt, sondern auch und vor allem Nicht-Entscheidungen – das heißt die stillschweigende Verdrängung der Probleme von den Kanälen der politischen Entscheidung, die für die Stabilität des politischen Systems gefährlich sind –, dann verfügen wir über einen wichtigen Schlüssel zum Verständnis der Funktionsweise der politischen Systeme in den postindustriellen Gesellschaften: es geht um die Analyse der Nicht-Entscheidungs-Konsequenzen hinsichtlich der langfristigen Auswirkungen von Mediendarstellungen, und vor allem des Agenda-Effekts.[77]

Der politische Einfluß der Massenkommunikationsmittel, das scheint mir inzwischen gesichert, hängt nicht von ihrer Eignung ab, die Inhalte einer spezifischen Ideologie zu verbreiten und der Öffentlichkeit einzutrichtern, noch hängt er von der Möglichkeit ab, die sie bieten würden, eine kapillare Kontrolle über die Meinungen und Verhaltensweisen der Bürger auszuüben. Hierin lag der analytische Schwachpunkt der Verschwörungslektüren, von George Orwell bis Herbert Marcuse und Louis Althusser. Die Erfahrung der ideologisch-autoritären Handhabung der politischen Kommunikation in den Ländern des real existierenden Sozialismus ist, mit seinem endgültigen Zusammenbruch, eine entscheidende Bestätigung in dieser Hinsicht. Sie zeigt, daß in den komplexen Gesellschaften die Formen des politischen Despotismus, um sich zu erhalten, wesentlich verfeinert und komplexer werden müssen: sie müssen sich wesentlich mehr auf die Überredung als auf die intellektuelle Unterdrückung und die Indoktrinierung stützen.[78] Die ideologische Propaganda begegnet unüberwindbaren Hindernissen gerade wegen ihres pädagogischen – naiv katechetischen – Anspruchs, die Aufmerksamkeit und die Zustimmung der Bürger für explizite Inhalte der politischen Kommunikation zu erlangen. Doch in einer Öffentlichkeit, die zunehmend von symbolischen Stimuli überflutet wird, ist die Fähigkeit zu bewußter Aufmerksamkeit äußerst reduziert. Und andererseits stellt die bewußte Aufmerksamkeit, wie Schumpeter klar gesehen hat, eher ein Hindernis als ein Vehikel für die Übermittlung von Überredungsbotschaften dar. Und das ist paradoxerweise der Grund dafür, weshalb die Medien ihre Einflußmacht gerade in den demokratischen Ländern maximieren, in denen der explizite ideologische Inhalt der Botschaften relativ dürftig ist, während ihr Potential der indirekten Überredung sehr hoch ist.[79]

Die politischen Folgen der Massenkommunikation sind im wesentlichen verknüpft mit der Begünstigung des Dranges zum Konformismus, zur Apathie und zum politischen Schweigen, der nicht so sehr von dem herrührt, was gesagt wird, als von *dem, was nicht gesagt wird*, von dem, was die Kommunikationsfilter stillschweigend von der Tagesordnung der öffentlichen Aufmerksamkeit ausschließen. Das Schweigen ist zweifellos das wirksamste Mittel für die unterschwellige Überredung bei der Massenkommunikation,[80] das geeignetste Instrument für eine negative Homologisierung der Öffentlichkeit im Informationszeitalter. Die politische Integration der Informationsgesellschaften verwirklicht sich auf diese Weise, dank einer stillschweigenden Reduktion der Komplexität der politischen Kommunikationsthemen, wesentlich mehr als auf der Grundlage ihrer positiven Selektion, Diskussion und Entscheidung.

Doch das Schweigen betrifft nicht einfach nur Themen, die bereits für die politische Agenda formuliert wurden: es betrifft die Fähigkeit, sie zu denken und auszusprechen. Außerhalb des von den Medien standardisierten politischen Kodexes scheinen die politischen Subjekte nicht in der Lage, die Probleme darzustellen, die eigenen Interessen klar zu erfassen und sie in einer kommunizierbaren und gesellschaftlich wirksamen Sprache zum Ausdruck zu bringen.[81] Angesichts des Mangels an ausdrucksstarken Stereotypen verharren die politischen Konsumenten in Schweigen, werden wirklich stumm, weil die Bandbreite ihrer Ausdrucks- und Erfahrungsmöglichkeiten vorher durch einen präventiven Komplexitätsreduktor eingeschränkt wurde. Sie sind wie die Sklaven und Barbaren in der Demokratie der Polis, *aneu logou* (ohne Verstand/Worte), bar jeder Fähigkeit zu sprechen und zu kommunizieren.[82] Und auf sie übt diese Instanz einen intellektuell einschüchternden Druck aus, wie Elisabeth Noelle-Neumann gesagt hat, die Angst, die den erfaßt, der sich den Regeln des gesellschaftlichen Konformismus entzieht.[83] Sich von der »Schweigespirale« verschlingen zu lassen, ist daher eine beruhigende Alternative für den, der es nicht wagt, sich der öffentlichen Meinung zu widersetzen, und dafür die Risiken der Isolierung in Kauf nimmt. Wer schweigt, kann immer auf die Komplizenschaft zählen, welche die politische Gruppe denen garantiert, die zeigen, daß sie die Vorurteile und Sonderinteressen teilen, auf deren Grundlage sie sich gebildet hat.

Wenn wir gemeinsam mit Schattschneider, Bachrach und Luhmann die Macht in den Informationsgesellschaften als Mittel der Kommunikation definieren, durch das einige Subjekte »Komplexität für andere reduzieren«, indem sie vorab die Alternativen ihrer Entscheidung festlegen und damit den Horizont der Möglichkeiten verengen,[84] dann ist es klar, wo sich in diesen Gesellschaften der eigentliche Kern der Macht, ihr verborgener und unkontrollierbarer Bereich befindet. Und es ist klar, daß die Demokratie in einem informationsrelevanten Kontext zum großen Teil übereinstimmt mit der Grenze der Sichtbarkeit der kommunikativen Prozesse und, symmetrisch dazu, mit dem Grad der Reduktion der *arcana communicationis*.

Und schließlich ist es klar, in welchem Ausmaß der Realismus von Schumpeter und der neoklassischen Lehre sich heute als vereinfacht und obsolet erweist. Und ebenso offensichtlich sollte die Unhaltbarkeit der Demarkationslinie zwischen Demokratie und Totalitarismus sein, welche die Theoretiker des Pluralismus zu ziehen versuchen, indem sie als unterscheidend ebenso schwache wie zweideutige Begriffe von Autonomie der öffentlichen Meinung und von Polyzentrismus der Massenkommunikationsmittel aufnehmen. Gegen die klassischen Thesen des demokratischen Pluralismus scheinen die wissenschaftliche Untersuchung und die historische Erfahrung zu beweisen, daß die überzeugende Wirksamkeit der Massenmedien in Ländern mit pluralistischer Demokratie (und mit Marktwirtschaft) weitaus tiefer geht als in totalitären Ländern.

Die unzureichende Information, die dürftige Kompetenz und der schwache Sinn für politische Verantwortung, die nach allgemeiner Kenntnis der neoklassischen Theoretiker die demokratischen Wähler kennzeichnen, können nicht mehr nur als schlichte Merkmale des Durchschnittsbürgers angesehen werden. Wie wir gesehen haben, war Schumpeter so weit gegangen, in dieser Hinsicht eine Art Gesetz der abnehmenden intellektuellen Leistung zu verkünden. Der Durchschnittsbürger zeigte sich um so weniger leistungsfähig, je mehr er sich vom engen Bereich seiner unmittelbaren Erfahrung entfernte, und er erreichte das Maximum an Unfähigkeit, als er sich mit allgemeinen politischen Themen beschäftigte. Hier waren seine Urteile und Entscheidungen von keinerlei Realitätssinn gestützt.

Es ist leicht, gemeinsam mit Gehlen einzuwenden, daß es in den hochtechnologisierten Gesellschaften längst schwierig geworden ist, einen Bereich unmittelbarer Erfahrung zu ermitteln, wo die Bürger mit einem sicheren Realitätssinn auf der Grundlage unabhängiger Urteilskriterien und größter intellektueller Leistungsfähigkeit arbeiten. Die Überfrachtung mit Kommunikation und symbolischer Stimulierung scheint mit besonderer Wirksamkeit gerade den privaten Lebensbereich und den der intimsten Gefühle, angefangen bei den sexuellen, getroffen zu haben. Die beeindruckende Verbreitung der psychoanalytischen Praxis und der unterschiedlichsten Formen privater Beratung in der nordamerikanischen Gesellschaft kann als Indikator für einen allgemein schwachen Realitätssinn und zunehmende Unsicherheit innerhalb der Informationsgesellschaften mit hohem Komplexitätsniveau angesehen werden. Und in diesem Sinn kann vielleicht auch das Phänomen des Selbstmordes von Jugendlichen gedeutet werden, der in den Vereinigten Staaten und in zahlreichen europäischen Ländern ständig zunimmt.

Andererseits gibt es gute Gründe anzunehmen, daß das ständige Ausgesetztsein gegenüber den Medien seinen deformierenden Einfluß nicht nur auf den gewöhnlichen Bürger ausübt, sondern auch und vor allem auf die Bürger, die gehobenen Schichten der aktiven Bevölkerung angehören, die klassischerweise als die authentische Quelle der öffentlichen Meinung gegolten hatten. Die politische Desinformation kann durchaus mit einem sehr hohen Niveau an spezifischer Kultur einhergehen, während die politische Enthaltung und Apathie, die einmal das fast ausschließliche Vorrecht der ärmsten, nicht urbanisierten und weniger gebildeten Gesellschaftsschichten waren, sich neben den Frauen heute auf breiter Ebene in den Vereinigten Staaten wie in Europa auch unter jungen, gebildeten, wohlhabenden Bürgern männlichen Geschlechts zeigen.[85]

Andererseits dürfen die politischen Auswirkungen der Massenkommunikation nicht vereinfachend als beabsichtigte Ergebnisse einer manipulatorischen Geschicklichkeit gedeutet werden, über die ein paar politische, ökonomische oder intellektuelle Eliten innerhalb der einzelnen Staaten verfügen, zumal diese Ergebnisse auch im Gegensatz zum Polyzentrismus und zur Konkurrenz stünden. Man kann in der Tat nicht der Meinung sein, daß der Pluralismus der Information aussendenden Agenturen auf lokaler oder nationaler Ebene ein Gegenmittel gegen die Auswirkungen der von den Massenmedien erzeugten Abhängigkeit oder Verzerrung darstellt, sofern es stimmt, daß in diesem Sektor der Pluralismus keinerlei bedeutende Form des Wettbewerbs unter den Erzeugern und der Differenzierung ihrer Produkte hervorbringt.[86]

Es handelt sich eher um ein systemisches Phänomen, das gigantische Ausmaße angenommen hat und eine zweite, weitaus tiefergreifende strukturelle Umwandlung des öffentlichen Bereichs hervorbringt als den, den Jürgen Habermas klassischerweise analysiert hat. Kein Aspekt des öffentlichen und privaten Lebens und kein Subjekt, ob gewöhnlicher Bürger oder Mitglied der Führungseliten, scheint sich zumindest in dieser Phase dem entziehen zu können, was immer mehr einer anthropologischen Mutation gleicht.

Elementar und paradox scheint mir schließlich die von Schumpeter implizit und von Plamenatz und Sartori explizit vertretene These, derzufolge das Kompetenzniveau, das vom Durchschnittsbürger durch seine Rolle als politischer Konsument verlangt wird, völlig vereinbar sei mit seiner schwachen Rationalität und seiner Subordination unter die politischen Propagandamittel. Die Souveränität des politischen Konsumenten – das heißt seine Autonomie, Rationalität und moralische Verantwortung als Bürger, der aufgerufen ist, souverän den Parteienwettbewerb zu entscheiden – erscheint mir heute als reine Alibifunktion im Zusammenhang mit der gigantischen Maschinerie der Teledemokratie, auf die sich nicht nur in den Vereinigten Staaten der pluralistische Wettbewerb zwischen den Parteien zu reduzieren scheint. Und diese Souveränität kommt mir noch verschwommener vor innerhalb des von der Analyse der Kommunikationsforschung heraufbeschworenen Szenarios von Phänomenen wie Betäubung, kognitive Abhängigkeit, Spaltung und politisches Schweigen, die langfristig dadurch herbeigeführt werden, daß man den Medien ausgesetzt ist.

Schlußbetrachtung

1. Ein neues Demokratiemodell?

Wesentliche Aufgabe der politischen Philosophie ist es, entsprechend der berühmten, von Norberto Bobbio gezeichneten Landkarte, radikale Fragen zu stellen über Themen wie die Rechtfertigung der Macht, die Grundlagen der politischen Verpflichtung, die gute Regierung, ja sogar noch die Definition von Politik. Persönlich würde ich noch hinzufügen, daß sie sich verpflichten müßte, auch die konsolidierten theoretisch-politischen Kategorien zu problematisieren, einschließlich derer, die der humanistischen und demokratischen Tradition des Westens und seinem Befreiungsprogramm angehören. Im übrigen scheint mir dies die Bedingung dafür zu sein, daß die politische Philosophie heute, in einem postmodernen (und postkommunistischen) kulturellen Klima, einen gewissen öffentlichen Nutzen für sich in Anspruch nehmen kann, damit sie sich nicht auf eine redundante Apologie der existierenden Machtordnungen reduziert.

In diesem Sinn ist die politische Reflexion eine ziemlich riskante intellektuelle Übung, die, auch in Zeiten einer verbreiteten ideologischen Ernüchterung, Reaktionen von Mißtrauen und Irritation hervorrufen kann, und das nicht nur unter den Vertretern des intellektuellen Establishments. Es ist angemessen zu erkennen, daß diese Reaktionen auch auf den Umstand zurückzuführen sind, daß den Fragen in ihrer Radikalität keine angemessenen Antworten entsprechen und es auch nicht können. Dies stimmt heute um so mehr, als wir uns in einer Situation befinden, in der die klassischen Probleme der politischen Philosophie auf Grund der zunehmenden Globalisierung und weltumspannenden Interdependenz der politischen Ressourcen, der gesellschaftlichen Risiken und der Konfliktursachen komplizierter werden. Es sieht so aus, als gebe es in der politischen Philosophie, zumindest seit Rousseau und Kant, eine Komponente von intellektueller und sittlicher Velleität, und das um so mehr, je offensichtlicher es sich um eine strenge Reflexion handelt.

Trotz dieses Eingeständnisses zähle ich mich zu denen, für die die Unzufriedenheit in ihrer umfassenden philosophischen Bedeutung, welche an die Wahrnehmung der radikalen Kontingenz der Welt grenzt, die Triebfeder für die theoretische Erforschung und die moralische Erfahrung darstellt. Ich glaube, dies trifft insbesondere auf die politische Reflexion zu, die dennoch ausgeprägte Gaben der Klugheit erfordert und sich daher mehr als jede andere Disziplin vor dem Wunschdenken der Doktrinäre und Moralisten hüten muß. In der politischen Theorie sollte sich eine realistische Haltung durch ihre Fähigkeit auszeichnen und überzeugen, ebenso gründlich in ihrer Kritik der Machtinstitutionen wie besonnen beim Aufzeigen allgemeiner Alternativen zu sein.

Dies scheint mir im übrigen die wichtige Lehre aus dem Postkommunismus zu sein und der einzige Weg, um aus jener »Theoriemüdigkeit« herauszukommen, von der Jean-François Lyotard im Hinblick auf den Verfall der universalistischen Diskurse der Moderne gesprochen hat.

Dies alles vorausgeschickt, hoffe ich, daß mein Zögern, am Ende dieser Seiten etwas vorzustellen, das wie eine Schlußfolgerung oder sogar wie der Vorschlag für ein neues ›Modell‹ der Demokratie aussehen könnte, mit geringerer Enttäuschung aufgenommen wird. Ich habe große Zweifel, daß es möglich sein wird, ein neues Modell zu entwerfen, das über den akademischen Bereich hinaus Interesse erregen und Bedeutung erlangen kann. Jedenfalls verfüge ich über keinerlei Modell, sondern nur über ein paar sehr allgemeine Anhaltspunkte, die mir lediglich die Behauptung gestatten, daß es erforderlich ist, die Demokratietheorie neu zu gestalten. Zwar behandeln sie meine realistische Position unterschiedlich, die im Vergleich zu anderen philosophisch-politischen Paradigmen zuweilen eine äußerst unbeugsame Form annimmt. Aber es ist auch richtig, daß sie sehr voreingenommene konstruktive Hinweise liefern, die allenfalls dazu dienen könnten, die ersten Schritte einer tiefergehenden Reflexion anzuleiten.

Hinzufügen muß ich, daß mir der Eindruck, meine Hypothesen über die Zukunft der Demokratie und über das Schicksal der Informationsgesellschaften könnten vielen als zu pessimistisch erscheinen, ein beträchtliches Unbehagen bereitet. Ich stelle ohne jede Genugtuung fest, daß mein Buch sich in die bereits umfangreiche Literatur über die Krise der Moderne und der Philosophie der Aufklärung, die es angeregt hat, einreiht. Vielleicht irre ich mich ja, in jedem Fall aber werde ich es mit Erleichterung hinnehmen, wenn ich durch unterschiedliche Interpretation der Fakten und durch verschiedene Vorhersagen widerlegt werde. Und ich schließe nicht aus, daß andere, mit mehr »soziologischer Vorstellungskraft« und guter Laune begabte Beobachter als ich tröstlichere, wenn nicht gar erbaulichere theoretische Perspektiven ersinnen können.

Nach meiner Einschätzung erscheinen die Aussichten der einfachen Erhaltung (nicht der Entwicklung) der demokratischen Institutionen in den postindustriellen Ländern äußerst ungewiß, und das nicht nur auf Grund der evolutiven Risiken, auf die ich in diesem Buch hingewiesen habe, das heißt aufgrund der Tendenzen innerhalb der politischen Systeme, die immer komplexere Gesellschaften steuern. Die Ungewißheit über die Zukunft der Demokratie ist meiner Ansicht nach auch auf äußere Risiken zurückzuführen, mit denen ich mich auf diesen Seiten nicht beschäftigen konnte, die aber Gegenstand einer breit angelegten interdisziplinären Reflexion werden müßten.

Ich meine Phänomene von unvorstellbar großen Dimensionen wie die Bevölkerungsexplosion, verbunden mit einem zunehmenden ökonomischen Ungleichgewicht zwischen der begrenzten Anzahl der demokratischen (und reichen) Länder und der hohen Zahl nicht-demokratischer Länder, die keine Entwicklung erleben oder sogar von einem Rückgang heimgesucht werden, der das Leben von Millionen von Menschen zerstört; die gigantischen Migrationsbewegungen, die sich höchstwahrscheinlich daraus herleiten und mit ihrem Drängen nach Gleichheit darauf hinauszulaufen scheinen, in den demokratischen Ländern Reaktionen rassistischer Art und gewalttätige Konflikte um die Bewilligung der Staatsbürgerschaft auszulösen; die dauernde militärische Gefahr, welche durch die Verbreitung atomarer, chemischer und biologischer Waffen auch in Entwicklungsländern gestiegen ist, und die unaufhaltsame Ausweitung des Terrorismus, der auf internationaler Ebene von Ländern ohne Entwicklung gefördert wird; der Terrorismus scheint sich inzwischen als die ›arme‹ Alternative zur ökonomischen und militärischen Hegemonie der Großmächte herauszubilden und zu dem Versuch in jüngster Zeit, als eine Weltregierung unter der Ägide der Vereinten Nationen aufzutreten; die Verschlimmerung der ökologischen Mißverhältnisse mit unkalkulierbaren Folgen nicht nur im Hinblick auf die

Lebensqualität, sondern auch auf die politischen Strukturen der Industrienationen.

Dieses Szenario von Unordnung, Überbevölkerung und weltweiter Umweltzerstörung ist vor allem deshalb alarmierend, weil es das Ungenügen der Polis aufzeigt, auf das sich Daniel Bell bezogen hat, wenn er das Fehlen eines politischen Denkens und einer Fähigkeit zum Regieren in diesen Größenordnungen von Weite, Komplexität und Interdependenz der zu lösenden Probleme feststellt. Es rechtfertigt meines Erachtens jedoch keinerlei Erwartungshaltung einer Katastrophe oder Apokalypse, wenigstens hinsichtlich der extremen Unsicherheit für jede weitreichende Vorhersage über die Zukunft unseres Planeten. Doch es scheint auch nicht den Optimismus von Denkern wie Friedrich Hayek und Karl Popper und ihren längst auch in den einstmals sozialistischen Ländern anzutreffenden Anhängern zu rechtfertigen. Es rechtfertigt nicht den Optimismus derer, die, wie Ralf Dahrendorf, im Postkommunismus eine besonders günstige Situation für die Entwicklung der Freiheit, des Wohlstandes und der Demokratie zu erkennen meinen. Und es legitimiert auch nicht die aufklärerische und moralistische Hartnäckigkeit, mit der Jürgen Habermas rastlos weiterhin die Fetzen des »modernen Diskurses« zusammennäht und sein brüchiges Penelopegewebe wie eine Art philosophische Erste Hilfe anbietet, um die Frustrationen der Demokraten und der Sozialisten zu besänftigen. Meines Erachtens ist eher zu befürchten, daß der Untergang des Sozialismus, das Ende seiner epochalen Perspektive auf die Überwindung des Kapitalismus und des repräsentativen Formalismus, statt die liberaldemokratischen und sozialdemokratischen Ideale wieder mit Kraft zu erfüllen, sie in diese Art demokratischer Melancholie mitreißt, in diese Verflechtung von Apathie, Gier und konsumistischer Frustration, worauf vor kurzem Pascal Bruckner und Cornelius Castoriadis hingewiesen haben.

2. Einige Punkte zur Erneuerung der Demokratietheorie

Statt einen abschließenden Vorschlag zu unterbreiten, beschränke ich mich auf die nüchterne Benennung einiger Punkte, die den Gesamtsinn meiner Reflexion zusammenfassen. Auf epistemologischer Ebene empfehle ich sie als eine realistische Alternative sowohl zur politischen Wissenschaft als auch zum neokantischen Moralismus. Auf theoretisch-politischem Gebiet verstehe ich sie als überzeugende Hinweise für eine Überwindung der klassischen und neoklassischen Demokratielehre und für einen postklassischen Versuch einer Erneuerung der Demokratietheorie.[1]

2.1. *Mehr als die Vorstellung einer Repräsentation.* Ich glaube zunächst, ein paar gute Gründe dafür geliefert zu haben, einen Großteil des politischen Gesamtwissens von Europa als obsolet zu betrachten, insbesondere die Vorstellung von einer repräsentativen Demokratie. Die neueren Versuche, diese Vorstellung auf der universalistischen Grundlage einer öffentlichen Ethik kantischer Prägung neu erstehen zu lassen, sind meiner Ansicht nach wenig mehr als akademische Übungen, die Tag für Tag von der partikularistischen Gewalt der politischen Konflikte widerlegt werden.

Eine realistische Konzeption der Demokratie müßte darauf verzichten, wie Rawls öffentliche Ethiken zu definieren, auf deren Grundlage ein öffentliches anthropologisches Modell entworfen, gemeinsame Werte festgelegt und universelle Rechte gegründet werden sollen. Vielmehr müßte sie die eigenen Grenzen und die eigene radikale Kontingenz erkennen und anderen gesellschaftlichen Bereichen – Kultur, Kunst, Musik, Freundschaft, Liebe, wissenschaftliche Reflexion und auch religiöser Glaube – die Suche nach der letzten Dimension und die Förderung der Verbreitung von Werten überlassen, einschließlich eines Gutteils jener Ziele, die der Kommunismus dem politischen Kampf zugewiesen hatte. Die Politik müßte daher, auch in den anspruchsvollsten und radikalsten Demokratiemodellen, wieder in ihre weltlichen Funktionen einer Organisation für Sonderinteressen, für Konfliktvermittlung, für Sicherheitsgarantie und für den Schutz bürgerlicher Freiheiten eingesetzt werden.

Selbstverständlich bin ich nicht der Meinung, daß man zur Verwirklichung dieser Ziele wieder bei Null anfangen muß, denn ich weiß sehr wohl, daß weder in der politischen Philosophie noch in irgendeiner anderen Disziplin die Suche nach einer kartesianischen *tabula rasa* sinnvoll ist. Ich vertrete ganz einfach nur die Ansicht, daß das Vokabular und das theoretische Gefüge, die wir gebrauchen, um uns auf die politischen Systeme des Westens zu beziehen, heute ganz und gar irreführend sind und deshalb in einem vielleicht noch möglichen Maß in eine andere theoretische Sprache, die realistischer und komplexer ist, übersetzt werden müßten.

Auch die Theorie des demokratischen Pluralismus, selbst in seiner radikalsten Version, bewegt sich im Bereich des repräsentativen Paradigmas und seines Sprachgebrauchs. Dies gilt vor allem für den Begriff der Responsivität, welche die äußerste Abschwächung des (aristotelisch-rousseauschen) Paradigmas der Politik als Suche nach dem Gemeinwohl und als Ausführung eines allgemeinen Willens darstellt. In diesem Sinn gehört auch das Modell der Demokratie als politischer Markt zu einer klassischen, freilich auch schwachen Konzeption der Politik.

Mein Vorschlag besteht darin, dieses archaische Theoriemodell fallenzulassen und an seiner Stelle die heuristische Ergiebigkeit einer liberalisierten systemischen Perspektive zu erproben. In dieser Perspektive stellt sich das politische System als Gesellschaftsstruktur dar, welche die Kernfunktion der ›Angstverminderung‹ ausübt, indem sie die gesellschaftlichen Risiken selektiv reguliert. Folglich wird das Verhältnis zwischen der von den Machtinstitutionen gelieferten Sicherheitsleistung und der zunehmenden Differenzierung der modernen Gesellschaften zum zentralen Thema der politischen Philosophie. Diese Differenzierung neigt dazu, sich der Schutzfunktion des politischen Systems entgegenzustellen, indem sie ihm jeden Anspruch auf Universalität abspricht und individuelle Freiheitsrechte geltend macht. Auf diese Weise löst sich die aristotelische politische Philosophie auf, die auch die mittelalterliche Vorstellung von der politischen Stadt gebildet und eine Unzahl utopistischer Projekte auch in moderner Zeit beeinflußt hat. Jenes organizistische und konsensualistische Modell einer politischen Gemeinschaft stürzt ein, das später in Europa vergebens und auf dramatische Weise zuerst von der Romantik und dann vom Kommunismus wieder vorgeschlagen wurde und heute Gegenstand der harmlos akademischen Sehnsüchte der nordamerikanischen Kommunitaristen ist.

2.2. Differenzierte und begrenzte Autokratien. Sofern man diese theoretische Sicht übernimmt, erscheinen uns die Systeme, die wir heute demokratisch nennen, als Systeme, in denen eine erhöhte funktionelle Differenzierung eine explizite Beschränkung des von seiner Neigung her monokratischen und unbeschränkten politischen Systems und eine Anerkennung der funktionellen Autonomie von anderen gesellschaftlichen Subsystemen, insbesondere des ökonomischen, des wissenschaftlichen, des der privaten Lebensbereiche und des der religiösen Erfahrung erforderlich gemacht hat. Die Systeme, die wir demokratisch nennen, sind im eigentlichen Sinn *differenzierte und begrenzte Autokratiesysteme*, das heißt, um die regelkonforme Ausdrucksweise zu verwenden, liberale Oligarchien. In diesen Systemen hat sich ein völlig neues, das heißt modernes Gleichgewicht zwischen den gegensätzlichen Instanzen der Sicherheit und der Komplexität/Freiheit verwirklicht. In ihnen wird die oligarchische (und nicht monokratische) Struktur der Macht durch den Pluralismus der ›privaten Regierungen‹ garantiert, und dieser Pluralismus ist funktionell mit der Vielfältigkeit der differenzierten und autonomisierten gesellschaftlichen Bereiche verbunden.

Sowohl die interne Gliederung der Machtfunktionen (die Gewaltenteilung) als auch die verfassungsmäßige Anerkennung der negativen Freiheiten (der Rechtsstaat) entsprechen der Notwendigkeit, das Niveau der von den modernen Industriegesellschaften erreichten Differenzierung und Komplexität zu bewahren. Die individuellen Freiheitsrechte – das Privateigentum, die Freiheit des Austauschs, das *habeas corpus*, der Schutz der körperlichen Unversehrtheit und der Privatsphäre, die religiöse Toleranz – sind die Einrichtungen und Verfahren, durch welche die wechselseitige Autonomisierung des politischen Subsystems und der anderen gesellschaftlichen Subsysteme verwirklicht und formell abgesegnet wird. Insbesondere verlangt die Marktwirtschaft die Freiheit des ökonomischen Subjekts als unumgängliche funktionelle Bedingung, so daß man, Schumpeter paraphrasierend, sagen könnte, die liberale Demokratie ist kein Nebenprodukt des Parteienwettbewerbs, sondern eines der Differenzierung zwischen dem politischen und dem ökonomischen System.

In diesem Sinn ist die Erhaltung der gesellschaftlichen Komplexität gegenüber der funktionellen Hegemonie eines bestimmten Subsystems – des produzierenden, des wissenschaftlich-technologischen, des religiösen, des gewerkschaftlichen und vor allem des politischen Subsystems – das Versprechen, das die Demokratie erfüllen *muß*, wenn sie sich nicht nur in rein formellen Begriffen von den despotischen oder totalitären Systemen unterscheiden will.

Andererseits scheint in der effektiven Funktionsweise der sogenannten demokratischen Systeme praktisch nichts dem zu entsprechen, was die politische Theorie – und die Sprache der Politiker, der Journalisten und der multimedialen Kommunikation im allgemeinen – annimmt oder mit Begriffen wie Volkssouveränität, Mitbestimmung, Repräsentanz, öffentliche Meinung, Konsens, Gleichheit zu beschwören versucht. Insbesondere dieser letztere – die Vorstellung von Gleichheit, verstanden in jedweder nicht rein formellen Bedeutung – scheint keinerlei entscheidende Verbindung mit den modernen politischen Institutionen zu haben, heißen sie nun liberaldemokratisch, sozialdemokratisch oder sozialistisch. Sie ist ein ›nicht eingehaltenes Versprechen‹ der Demokratie, das offenbar kein modernes politisches System einzuhalten vermag.

2.3. *Die negativen Freiheiten gegen die Autonomie: das Singapur-Modell.* In diesem theoretischen Kontext ist die Kernhypothese meiner Abhandlung die politische Zweideutigkeit und Gefahr des Prozesses einer weiteren Differenzierung und Steigerung der Komplexität, der in den postindustriellen Gesellschaften im Gange ist. Die Ambiguität und die daraus folgenden Risiken betreffen das moderne Gleichgewicht, das im Westen in oligarchisch-liberalen Formen des Rechtsstaates zwischen politischem Schutz und gesellschaftlicher Komplexität, zwischen Sicherheit und Freiheit, zwischen Verwaltung und individuellen Rechten verwirklicht worden ist. Dieses Gleichgewicht, das aus dem besteht, was Bobbio den Minimalinhalt der Demokratie genannt hat, scheint heute bedroht, und die liberalen Oligarchien sind in Gefahr, durch eine Reihe unwahrnehmbarer funktioneller Abweichungen, die sich innerhalb unbeweglicher Strukturen ohne Alternative einstellen, zu antiliberalen Oligarchien zu werden.

Auf der einen Seite nähren die Zunahme der Differenzierung und die beeindruckende Entwicklung der Mobilität, des Wissens und der Erfahrungsmöglichkeiten, die durch die technologische Innovation in die Wege geleitet worden ist, in den postindustriellen Gesellschaften dringende Forderungen nach funktioneller Unabhängigkeit und individueller Freiheit. Die zentrifugale Abdrift der differenzierten Subsysteme lehnt sich gegen den Zentralismus der öffentlichen Verwaltungen auf, während die Individuen, emanzipiert von Bindungen des Organizismus und des politischen Konsensualismus, im Vergleich zu den traditionellen Formen der Sozialisierung und der politischen Integration immer stärker losgelöste Haltungen einnehmen. Die Erhöhung des Informationsniveaus und der Qualität der Verbrauchsgüter scheint die Voraussetzungen für eine ›postmaterialistische‹ Forderung nach positiver Freiheit zu schaffen – jene intellektuelle und moralische Autonomie, welche die klassische Lehre dogmatisch als selbstverständlich voraussetzte –, und zwar von Männern und Frauen, die auf Formen ausdrucksvoller und existentieller Selbstbehauptung bei der Suche nach einer genau definierten individuellen Identität hin orientiert sind.

Aber auf der anderen Seite wird, wie wir gesehen haben, die Autonomie der Individuen gerade von der Ausübung der negativen Freiheiten bedroht, insbesondere der bürgerlichen und politischen Rechte wie die Freiheit der politischen, wirtschaftlichen und gewerkschaftlichen Initiative oder wie Gedanken-, Presse- und Propagandafreiheit. In ihrer Anwendung tendieren die negativen Freiheiten, die von den kollektiven Kräften der demokratischen Polyarchie – politische Parteien, Gewerkschaften und andere ›private Regierungen‹ – beherrscht werden, dazu, sowohl die öffentliche Dimension der gesellschaftlichen Erfahrung als auch den Raum der individuellen Autonomie auszuhöhlen.

Einerseits ist es in der Tat der Prozeß der Differenzierung, der die demokratische Führung der komplexen Gesellschaften unwahrscheinlich macht, weil die Verschiedenartigkeit und Veränderlichkeit der differenzierten Interessen das Erreichen eines Konsenses ohne partikularistische Entscheidungsbefugnis ausgesprochen schwierig macht. Und damit zeichnet sich die Lösung des Dezisionismus als Strategie der opportunistischen politischen Entscheidung ab, welche von jeglicher Art allgemeiner Interessenberücksichtigung entbunden ist. Andererseits ist es die größere Verwundbarkeit der Informationsgesellschaften, die immer drastischere und heimtückischere Formen der Verminderung gesellschaftlicher Komplexität erfordert, bis hin zur äußersten Grenze der subliminalen Überredung, welche die Massenkommunikationsmittel gefördert haben.

Die von Autoren wie Hayek und Popper entworfene »offene Gesellschaft« neigt auf diese Weise dazu, sich in »Nicht-Entscheidungsprozesse« der konsumistischen und multimedialen Homologisierung der

Bürger/Konsumenten zu verschließen und zu versteifen, welche die individuelle Autonomie auf ihrer tiefsten Ebene bedrohen, weil sie Einfluß auf die kognitiven und gefühlsmäßigen Formungsprozesse der Präferenzen und des politischen Willens nehmen. Diese Gesellschaften scheinen ein Maximum an gesellschaftlicher Integration zu verwirklichen, indem sie nicht auf die Durchsetzung totalitärer Ideologien oder auf unmittelbare Zwangsmaßnahmen zurückgreifen, sondern auf die Destrukturierung des öffentlichen Bereichs und die Privatisierung und Zerstreuung der politischen Kräfte. Die Perspektive dieser neuen und äußerst raffinierten Form des Wächtertums, welche die ursprüngliche Vorstellung einer politischen Stadt auszulöschen scheint, findet seine tägliche Bestätigung in zahlreichen demokratischen Ländern, die scheinbar längst von gewählten Oligarchien mit immer beschränkteren gesellschaftlichen Stützen regiert werden. Sie sind sowohl unter dem Gesichtspunkt der Unabsetzbarkeit des Personals der politischen Partei beschränkt – der neuen Besitzerkorporation, die neopatrimonialistische Beziehungen zum Staat festlegt – als auch unter dem Gesichtspunkt der anwachsenden Rate der politischen Enthaltung, und dies betrifft nicht nur Länder wie die Vereinigten Staaten, Frankreich oder die Schweiz, sondern breitet sich heute überraschenderweise auch in postkommunistischen Ländern wie Polen und Ungarn aus.

Daher dürfte an dieser Stelle der Hinweis auf das Singapur-Modell als einer Art Alptraum der Demokratietheorie nicht unpassend sein. Bekanntlich ist Singapur heute, nach Japan, das reichste und technologisch am weitesten entwickelte Land des südostasiatischen Raumes. Dieser moderne Stadtstaat wurde in den vergangenen dreißig Jahren von Le Kuan Yew, einer Art Philosophen-König, regiert und wird es auch heute noch. Ohne sich an irgendeiner politischen Ideologie explizit zu orientieren, hat Le Kuan Yew für seine drei Millionen Mitbürger die Umwelt, den Lebensrhythmus, die individuellen und kollektiven Interessen und Ziele, einschließlich des absoluten Verbots zu rauchen und in der Öffentlichkeit zu spucken, minutiös geplant und vorgeschrieben. Auf der Schwelle zum dritten Jahrtausend zeichnet sich Singapur als das Modell der allervollkommensten modernen »Antipolis« ab: es wird gekennzeichnet durch eine ungewöhnlich hohe technologische Effizienz, umfassende Anwendung von Informationsmitteln, weit verbreiteten Wohlstand, hervorragende öffentliche Dienstleistungen (insbesondere Schulen und Krankenhäuser), keinerlei Arbeitslosigkeit, effiziente und aufgeklärte Bürokratie, gesellschaftliche Beziehungen, die aseptisch von ausschließlich funktionellen Bedürfnissen vermittelt werden, und einem völligen Fehlen von politischen Ideologien und öffentlicher Diskussion.

Anmerkungen

Vorwort

1 R. A. Dahl, *Democracy and Its Critics,* New Haven, London 1989, S. 223.

Vorwort zur deutschen Ausgabe

1 Dieser Erfolg ist über die englische Ausgabe hinaus auch an die amerikanische, italienische und spanischsprachige gebunden. Vgl. *Democracy and Complexity. A Realist Approach,* Cambridge 1992; *Il principato democratico,* Mailand 1992, 1996; *Democracia y complejidad. Un enfoque realista,* Buenos Aires 1994.

I. Allgemeine Standpunkte

1 Vgl. R. A. Dahl, *Democracy and Its Critics,* zit., S. 3 ff.
2 Hier will ich gleich deutlich machen, daß ich unter postindustrieller Gesellschaft – ein unter bestimmten Gesichtspunkten zu Recht kritisierter Begriff – ganz einfach die industriellen Gesellschaften unserer Zeit verstehe, insofern sie von der Informationsrevolution in ihren drei hauptsächlichen Entwicklungssträngen berührt werden: der Telematik, welche die elektronische Archivierung und Übertragung von Daten umfaßt; der Robotertechnik, welche die Automatisierung der Produktions- und Dienstleistungsprozesse umfaßt; und schließlich den Massenkommunikationsmitteln, und da vor allem dem Fernsehen.
3 Vgl. H. Simon, *How Complex are Complex Systems?,* in F. Suppe, P.D. Asquith (Hg.), *Proceedings of the 1976 Biennial Meeting of the Philosophy of Science Association,* East Lansing (Mi) 1976, Bd. 2, S. 501 ff.
4 Vgl. H.W. Gottinger, *Coping with Complexity,* Dordrecht, Boston 1983, S. IX–XV; siehe auch R. L. Flood, *Dealing with Complexity,* New York 1988; C. Calude, *Theories of Computational Complexity,* Amsterdam, New York 1988; C. Cherniak, *Minimal Rationality,* Cambridge (Ma) 1986.
5 Siehe E. Morin, *La Mèthode,* I. *La Nature de la Nature,* Paris 1977; N. Luhmann, *Soziologische Aufklärung,* I., Opladen 1970; H. R. Maturana, F. J. Varela, *Autopoiesis and Cognition. The Realisation of the Living,* Dordrecht, Boston 1980 (*Der Baum der Erkenntnis. Die biologischen Wurzeln des menschlichen Erkennens,* Bern, München, Wien 1987); M. Zeleny (Hg.), *Autopoiesis. A Theory of Living Organization,* New York, Oxford 1981; H. von Foerster, *Observing Systems,* Seaside (Ca) 1984; versch. Autoren, *Api o architetti,* Rom 1990.
6 Vgl. J. Casti, *Connectivity, Complexity and Catastrophe in Large-scale Systems,* New York 1979, S. 102 ff.
7 Die Phänomene des ersten Typus sind durch die Theorie der Attraktoren erforscht worden und wurden u. a. von René Thom und Christopher Zeeman formalisiert. Die Phänomene des zweiten Typus haben die Vorstellung von der Komplexität als Selbstorganisation entstehen lassen. Diese Vorstellung stimmt mit den Forschungen von Henri Atlan über ›die Ordnung durch das Geräusch‹, von Ilya Prigogine über dissipative Strukturen, von Eric Jantsch über die Selbstorganisation des Universums und von Friedrich von Hayek über die spontane Morphogeneseprozesse sozialer Gruppen überein. Siehe R. Thom, *Stabilité structurelle et morphogénèse,* Paris 1972; C. Zeeman, *Catastrophe Theory,* Reading (Ma) 1977; H. Atlan, *Entre le cristal et la fumée. Essai sur l'organisation du vivant,* Paris 1979; I. Prigogine, I. Stengers, *La Nouvelle Alliance. Métamorphose de la science,* Paris 1979 (*Dialog mit der Natur. Neue Wege wissenschaftlichen Denkens,* München 1993); E. Jantsch, *The Self-Organizing Universe,* Oxford 1980 (*Die Selbstorganisation des Universums. Vom Urknall zum menschlichen Geist,* München 1992); F. A. von Hayek, *Kinds of Order in Society,* Studies in Social Theory, Nr. 5, Menlo Park 1975; F. A. Hayek, *The*

Theory of Complex Phenomena, in M. Bunge (Hg.), *The Critical Approach to Science and Philosophy*, New York 1964. Siehe außerdem M. Eigen, P. Schuster, *The Hypercycle*, Berlin 1979.

8 Vgl. N. Luhmann, *The Differentiation of Society*, New York 1981, S. 229 ff.
9 Siehe N. Luhmann (Hg.), *Soziale Differenzierung*, Opladen 1985.
10 Vgl. N. Luhmann, *The Differentation of Society*, zit., S. 232 ff.
11 Ebd., S. 229–254.
12 Ebd., S. 252. Selbst im Bereich der biologischen Evolution ist der ›darwinistische Ansatz‹ alles andere als eine gesicherte Theorie, wenn man ihre allgemeineren Züge ausnimmt, die sie zu einem historisch-evolutiven Entwurf der natürlichen Umwelt als Alternative zu einer Schöpfungsthese machen. Doch die Art, die Schritte und vor allem der Adaptions- und Richtungscharakter der Evolution sind gegen Zweifel nicht immun. Andererseits ist auch der Begriff der funktionalen Differenzierung, wenn man ihn als Kern einer Evolutionstheorie der Gesellschaft versteht, wenig zuverlässig. Vgl. N. Eldredge, S. J. Gould, *Punctuated Equilibria. The Tempo and Mode of Evolution Reconsidered*, Paleobiology, 3 (1977), 2, S. 115 ff; H. Tyrell, *Anfragen an die Theorie der gesellschaftlichen Differenzierung*, Zeitschrift für Soziologie, 7 (1978), 2, S. 175 ff.
13 Siehe H. A. Simon, *Bounded Rationality*, in C. B. McGuire, R. Radner (Hg.), *Decision and Organization*, Amsterdam 1971; R. Boudon, *Effets pervers et ordre social*, Paris 1977 (*Widersprüche sozialen Handelns*, Darmstadt 1979).
14 Vgl. R. Benjamin, *The Limits of Politics. Collective Goods and Political Change in Postindustrial Societies*, Chicago, London 1980, S. VII ff.
15 Siehe A. Gehlen, *Der Mensch, seine Natur und seine Stellung in der Welt*, Wiesbaden 1978. Zur Frage der zunehmenden Forderung nach symbolischer Beruhigung, welche die Individuen innerhalb technologischer Gesellschaften von hoher Komplexität an das politische System richten, siehe T. R. La Porte (Hg.), *Organized Social Complexity. Challenge to Politics and Polity*, Princeton 1975.
16 Vgl. A. Gehlen, *Die Seele im technischen Zeitalter*, Reinbek 1957; J. Habermas, N. Luhmann, *Theorie der Gesellschaft oder Sozialtechnologie*, Frankfurt a.M. 1971, S. 156 ff. Ich will hier deutlich sagen, daß ich unter ›System‹ jede gesellschaftliche Einheit verstehe, die einen ausreichenden Grad an Organisation aufweist, der ihre Stabilisierung im Verhältnis zu ihrer Umgebung ermöglicht. Unter ›Umwelt‹ verstehe ich den Zusammenhang exogener Stabilitäts- oder Entwicklungsbedingungen des Systems. Damit wird deutlich, daß mein Ansatz der systematischen Erforschung und den klassischen Theorien der Komplexität verpflichtet ist, von Ludwig von Bertalanffy bis Herbert Simon, Ross Ashby, Ilya Prigogine und Niklas Luhmann. Siehe L. von Bertalanffy, *General System Theory*, New York 1968; H. A. Simon, *The Architecture of Complexity*, jetzt in H. A. Simon, *The Science of the Artificial*, Cambridge (Ma) 1981 (*Die Wissenschaft vom Künstlichen*, Wien 1994); W. R. Ashby, *Principles of the Self-Organizing System*, in W. Buckley (Hg.), *Modern System Research for the Behavioral Scientist*, zit., S. 108 ff; I. Prigogine, I. Stengers, *La Nouvelle Alliance: Métamorphose de la science;* N. Luhmann, *Soziologische Aufklärung*, I., zit., N. Luhmann, *Politische Planung*, Opladen 1971; N. Luhmann, *Rechtssoziologie*, Reinbek 1972.
17 Vgl. O. Neurath, *Foundations of the Social Sciences*, Chicago 1944, S. 47; siehe auch O. Neurath, *Gesammelte philosophische und methodologische Schriften*, Wien 1981; zum Thema verweise ich auch auf meine *Reflexive Epistemology. The Philosophical Legacy of Otto Neurath*, Dordrecht, Boston, London 1989, S. XV ff., 22 f., 36, 48.
18 Siehe W. V. O. Quine, *Two Dogmas of Empiricism*, in W. V. O. Quine, *From a Logical Point of View*, Cambridge (Ma) 1980 (*Von einem logischen Standpunkt. 9 logisch-philosophische Essays*, Frankfurt a.M. 1979). Bezüglich Neuraths Metapher siehe auch H. Blumenberg, *Schiffbruch mit Zuschauer. Paradigma einer Daseinsmetapher*, Frankfurt a.M. 1979; P. Lorenzen, *Methodisches Denken*, Frankfurt a.M. 1968; C. Cherniak, *Minimal Rationality*, zit.; und auch meine *Reflexive Epistemology*, zit.
19 Siehe T. Kuhn, *The Structure of Scientific Revolutions*, Chicago 1970 (*Die Struktur wissenschaftlicher Revolutionen*, Frankfurt a.M. 1996); L. Fleck, *Entstehung und Entwicklung einer wissenschaftlichen Tatsache*, Frankfurt a.M. 1980; B. Barnes, *Interests and the Growth of Knowledge*, London, Boston 1977.

20 Ich verwende den Begriff in dem von Neurath vorgeschlagenen sehr umfassenden Sinn des Komplexes der gesellschaftlichen Praktiken und der historisch innerhalb bestimmter Traditionen von einer Generation auf die andere überlieferten moralischen und religiösen Glaubensvorstellungen; vgl. meine *Reflexive Epistemology*, zit., S. 146, 152, 175.
21 Siehe E. Stein, *Werke*, Löwen 1950–87.
22 Siehe F. Suppe, *The Structure of Scientific Theories*, Urbana (Il) 1977.
23 Siehe K. Popper, *The Logic of Scientific Discovery*, London 1968 (*Logik der Forschung*, Tübingen 1994); C. G. Hempel, *Aspects of Scientific Explanation*, New York 1965 (*Aspekte wissenschaftlicher Erklärung*, Berlin 1977).
24 Zu diesen Themen erlaube ich mir noch einmal auf meine *Reflexive Epistemology* zu verweisen, zit., insbesondere auf die Seiten XIII–XVIII, 169 f.
25 Siehe T. Kuhn, *The Structure of Scientific Revolutions*, zit.; M. Hesse, *Revolutions and Reconstructions in the Philosophy of Science*, Brighton 1980.
26 Siehe z. B. S.W. Hawking, *A Brief History of Time. From the Big Bang to Black Holes*, Toronto, New York 1988 (*Eine kurze Geschichte der Zeit*, Reinbek 1988). Es ist bezeichnend, daß dieses Buch, das große wissenschaftliche Verbreitung fand und sich optimistisch mit der Ansicht beschäftigt, das Problem der Vereinheitlichung der Physik sei noch offen, einen außerordentlichen Erfolg hatte.
27 Siehe N. Rescher, *The Limits of Science*, Berkeley 1984 (*Die Grenzen der Wissenschaft*, Stuttgart 1985).
28 Vgl. M. Hesse, *Revolutions and Reconstructions in the Philosophy of Science*, zit., S.VII ff.
29 Siehe R. Aron, *Dix-huit leçons sur la société industrielle*, Paris 1962. Um von Rom nach Paris zu gelangen, brauchte Cäsar ungefähr so viel Zeit wie Napoleon. Der Patrizier aus dem antiken Rom verfügte über Mittel, die nicht wesentlich hinter denen des Jahrhunderts von Ludwig XIV. zurückblieben. In der Folge sind die Unterschiede dann enorm geworden.
30 Siehe U. Beck, *Risikogesellschaft. Auf dem Weg in eine andere Moderne*, Frankfurt a.M. 1986; U. Beck, *Gegengifte. Die organische Unverantwortlichkeit*, Frankfurt a.M. 1988; siehe außerdem M. Douglas, *Risk Acceptability According to the Social Sciences*, London 1986; J. Keane, *Democracy and the Decline of the Left*, unveröffentlicht, London 1989, S. 10 f.
31 Vgl. A. Gehlen, *Die Seele im technischen Zeitalter*, zit., S. 87 et passim; siehe auch F. Rapp, *Analytical Philosophy of Technology*, Dordrecht, Boston, London 1981 (*Analytische Technikphilosophie*, Freiburg 1978). Zu Gehlen siehe U. Fadini, *Il corpo imprevisto. Filosofia, antropologia e tecnica in Arnold Gehlen*, Mailand 1988; U. Fadini, *L'etica nell'età della tecnica*, in: Versch. Autoren, *Etica e linguaggi della complessità*, Mailand 1966.
32 Zu diesem Thema siehe die wichtige Aufsatzsammlung: V. Reynolds, V. Falger, I. Vine (Hg.), *The Sociobiology of Ethnocentrism. Evolutionary Dimensions of Xenophobia, Discrimination, Racism and Nationalism*, London 1987.
33 Siehe D. Lyon, *The Information Society. Issues and Illusions*, Cambridge 1988; W.P. Dizard, Jr., *The Coming Information Age*, New York, London 1985.
34 Vgl. U. Fadini, *L'assoluto della velocità in Paul Virilio*, Iride, 2 (1989), 3, S. 255 ff; siehe auch P. Virilio, *Vitesse et politique*, Paris 1976 (*Geschwindigkeit und Politik. Ein Essay zur Dromologie*, Berlin 1980).
35 Siehe D. I. Altheide, *Media Power*, Beverly Hills (Ca) 1985; P. Elliot, *Intellectuals, the Information Society and the Disappearance of the Public Sphere*, in R. Collins et al. (Hg.), *Media, Culture and Society. A Critical Reader*, London 1986; J. Curran, A. Smith, P. Wingate (Hg.), *Impact and Influences. Essays on Media Power in the Twentieth Century*, London 1987; siehe außerdem A. Door, *Television and Children*, Beverly Hills (Ca) 1986.
36 Gianni Vattimo erkennt in der durch die Entwicklung der Massenmedien hervorgerufenen Erosion des Realitätsprinzips und Zertrümmerung des Erkenntnishorizonts eines der grundlegenden Kennzeichen der postmodernen Welt. Er glaubt allerdings, daß die Auflösung der Einheit der Welt und der Geschichte in eine Vielzahl von Subsystemen, die mit einer großen Fluidität ausgestattet sind, und mit der Zunahme der daraus folgenden gesellschaftlichen Komplexität eine Möglichkeit zur Emanzipierung der Menschheit darstellt. Dieser philosophische Optimismus scheint, im Augenblick wenigstens, nicht von den analytischen Ergebnis-

sen der *communication research* bestätigt zu werden. Vgl. G. Vattimo, *La società trasparente,* Mailand 1989, S. 7 ff (*Die transparente Gesellschaft,* Wien 1992).

II. Eine realistische Theorie der Politik

1 Siehe D. Easton, *The Current Meaning of ›Behavioralism‹,* in G. G. Charlesworth (Hg.), *The Limits of Behavioralism in Political Science,* Philadelphia 1962.
2 Siehe T. Schelling, *The Strategy of Conflict,* New York 1963; als Ausdruck dieser Begeisterung siehe auch W. H. Riker, P. C. Ordeshook, *An Introduction to Positive Political Theory,* Englewood Cliffs (NJ) 1973; M. P. Fiorina, *Formal Models in Political Science,* American Journal of Political Science, 19 (1975), 2, S. 133 ff.; P. C. Ordeshook, *Game Theory and Political Science,* New York 1978. Sehr viel vorsichtiger war das Urteil von K. Deutsch in *Game Theory and Politics. Some Problems of Application,* Canadian Journal of Economics and Political Science, 20 (1954), 1, S. 76 ff. Eine gemäßigt optimistische Anthologie über die Ergiebigkeit des theoretischen Ansatzes wurde kürzlich für die italienischen Leser zusammengestellt von G. E. Ruscai, *Giochi e paradossi in politica,* Turin 1989.
3 Für eine technische Analyse und eine ebenso brillante wie radikale Kritik der Hauptthesen bez. des wirtschaftlichen Ansatzes der Politik empfehle ich den Aufsatz von A. Pappalardo, *L'analisi economica della politica,* in A. Panebianco (Hg.), *L'analisi della politica,* Bologna 1989, S. 193 ff.
4 Siehe die bibliographischen Angaben bei D. K. Whynes, R. A. Bowles, *The Economic Theory of the State,* Oxford 1981, S. 225 ff.; in der deutschsprachigen Literatur siehe beispielsweise P. Herder-Dorneich, M. Grosser, *Ökonomische Theorie des politischen Wettbewerbs,* Göttingen 1977; F. Schneider, *Politisch-ökonomische Modelle,* Königstein/Ts. 1978; F. Meyer-Krahmer, *Politische Entscheidungsprozesse und ökonomische Theorie der Politik,* Frankfurt a. M., New York 1979; C. Hillinger, M. J. Holler, *Ökonomische Theorie der Politik,* München 1979.
5 Siehe A. Downs, *An Economic Theory of Democracy,* New York 1957 (*Ökonomische Theorie der Demokratie,* Tübingen 1969); M. Olson, *The Logic of Collective Action,* Cambridge (Ma) 1965 (*Die Logik kollektiven Handelns. Kollektivgüter,* Tübingen 1992); J. M. Buchanan, G. Tullock, *The Calculus of Consent. Logical Foundations of Constitutional Democracy,* Ann Arbor 1962; zum Thema im allgemeinen siehe J. R. Pennock, *Democratic Political Theory,* Princeton 1979.
6 Zu deren bedeutendsten Vertretern zählen J. M. Buchanan, G. Tullock und R. Tollison; vgl. C. K. Rowley, *Democracy and Public Choice,* New York 1987, S. 1 ff.
7 Vgl. A. Downs, *Ökonomische Theorie der Demokratie,* zit., S. 27–30; J. M. Buchanan et al., *The Economics of Politics,* Lancing 1978, S. 3 ff.; siehe außerdem A. Breton, R. Wintrobe, *The Logic of Bureaucratic Conduct,* Cambridge 1982.
8 Vgl. A. Downs, *Ökonomische Theorie der Demokratie,* zit. (»Schumpeters tiefschürfende Analyse der Demokratie war für unsere gesamte Abhandlung Anregung und Grundlage. Wir stehen sehr in seiner Schuld und empfinden ihm gegenüber große Dankbarkeit.«); J. M. Buchanan et al., *The Economics of Politics,* zit., S. 11.
9 Zur Kritik am Modell von Downs und einer genauen Standortbestimmung der Elemente, die es von Schumpeters Modell unterscheiden, vgl. D. Miller, *The Competitive Model of Democracy,* in G. Duncan (Hg.), *Democratic Theory and Practice,* Cambridge 1985, S. 141 ff.
10 Zu einer ebenso strengen Kritik, wenn auch auf völlig unterschiedlichen Voraussetzungen beruhend, siehe J. Plamenatz, *Some American Images of Democracy,* in R. M. Hutchins, M. J. Adler (Hg.), *The Great Ideas of Today,* New York 1968; siehe des weiteren J. F. J. Toye, *Economic Theories of Politics and Public Finance,* British Journal of Political Science, 6 (1976), 4, S. 433 ff.; S. I. Benn, *The Problematic Rationality of Political Participation,* in P. Lalett, J. Fishkin (Hg.), *Philosophy, Politics and Society,* Oxford 1979, S. 291 ff.; W. N. Nelson, *On Justifying Democracy,* London 1980, S. 72 ff.; A. Pizzorno, *Sulla razionalità della scelta democratica,* Stato e mercato, 3 (1983), 7, S. 3 ff. Etwas unscharf dagegen scheint mir die im Grunde sympathetische Analyse von B. Barry in *Sociologists, Economists and Democracy,* Chicago, London 1978.
11 Vgl. A. Pappalardo, *L'analisi economica della politica,* zit., S. 215.
12 Vgl. A. Downs, *Ökonomische Theorie der Demokratie,* zit., S. 14.

13 Ebd., S. 290.
14 Ebd., S. 291, 194 ff.
15 Vgl. G. Tullock, *Towards a Mathematics of Politics*, Ann Arbor 1967, S. 110 ff.; W. H. Riker, P. C. Ordeshook, *An Introduction to Positive Political Theory*, zit.; D. C. Mueller, *Voting Paradox*, in C. K. Rowley, *Democracy and Public Choice*, zit., S. 78 ff.; S. J. Brams, *Paradoxes in Politics*, New York 1976, S. 53 ff.
16 Für eine Diskussion über die (ökonomischen oder politischen) Gründe der Stimmenthaltung bei Wahlen in den Vereinigten Staaten siehe R. Teixera, *Why Americans Don't Vote. Turnout Decline in the United States 1960–1984*, Westport (Co) 1987; F. F. Piven, R. A. Cloward, *Why Americans Don't Vote*, New York 1988.
17 Vgl. G. Sartori, *Demokratietheorie*, Darmstadt 1992, S. 1–2.
18 Die Absicht, die Demokratie als eine Methode oder als ein einfaches Verfahren zu definieren, geht auf Joseph Schumpeter zurück (vgl. *Kapitalismus, Sozialismus, Demokratie*, Tübingen 1993, S. 242 f., 269 f.). Darauf komme ich im vierten Abschnitt des folgenden Kapitels zurück.
19 Vgl. C. F. Cnudde, D. E. Neubauer (Hg.), *Empirical Democratic Theory*, Chicago 1969, S. 2; zur Kritik siehe W. J. Stankiewicz, *Approaches to Democracy*, London 1980, S. 157 ff.
20 Vgl. G. Sartori, *Demokratietheorie*, zit., S. 15–17.
21 Ebd., S. 4.
22 Vgl. C. F. Cnudde, D. E. Neubauer, *Emprical Democratic Theory*, zit., S. 3 ff.
23 Vgl. G. Sartori, *La scienza politica*, Mondoperaio, 38 (1985), 11, S. 118.
24 Vgl. G. Sartori, *Demokratietheorie*, zit., S. 1–7; immerhin vertritt Sartori heute die Ansicht, daß die Demokratie von einer Spannung zwischen Tatsachen und Werten gekennzeichnet ist und eine Theorie der Demokratie sich aus der Interaktion zwischen Beschreibung der Tatsachen und ihrer Bewertung ergeben müsse; vgl. auch meine Rezension von Sartoris Buch in Ethics, 99 (1989), 2, S. 431 ff.
25 Siehe D. Miller, L. Siedentop, *Introduction*, in dies. (Hg.), *The Nature of Political Theory*, Oxford 1983.
26 Vgl. R. A. Dahl, *A Preface to Democratic Theory*, Chicago 1956, S. 149 ff. (*Vorstufen zur Demokratietheorie*, Tübingen 1976, S. 141 f.).
27 Siehe. D. Lerner, H. D. Lasswell (Hg.), *The Policy Science. Recent Developments in Scope and Method*, Stanford 1951; D. B. Truman, *The Implications of Political Behavior Research*, Items, 5 (1951), 4; R. A. Dahl, *The Behavioral Approach in Political Science. Epitaph for a Monument of Successful Protest*, American Political Science Review, 55 (1961), 4; D. Easton, *The Current Meaning of ›Behavioralism‹*, zit.; H. Eulau, *The Behavioral Persuasion in Politics*, New York 1963; G. A. Almond, *Political Theory and Political Science*, American Political Science Review, 40 (1966), 4; K. Deutsch, *Recent Trends in Research Methods*, in J. Charlesworth (Hg.), *A Design for Political Science. Scope, Objectives, and Methods*, Philadelphia 1966. Zur epistemologischen Diskussion innerhalb der amerikanischen Politikwissenschaft siehe J. F. Falter, *Der ›Positivismusstreit‹ in der amerikanischen Politikwissenschaft*, Opladen 1962.
28 Siehe C. E. Lindblom, *The Science of ›Muddling Through‹*, Public Administration Review, 19 (1959), 2, S. 79 ff.; G. A. Almond, S. J. Genco, *Clouds, Clocks, and the Study of Politics*, World Politics, 29 (1977), 4; D. Easton, *Political Science in the United States. Past and Present*, International Political Science Review, 6 (1985), 1.
29 D. M. Ricci, *The Tragedy of Political Science*, New Haven 1984.
30 Ebd., S. 20 ff., 291 ff.
31 Vgl. G. A. Almond, S. J. Genco, zit., S. 489, 521, 522.
32 Ebd., S. 504, 518.
33 Vgl. D. Easton, *Political Science in the United States. Past and Present*, zit., S. 102, 105, 109 ff.
34 Siehe G. Sartori, *The Tower of Babel*, in G. Sartori, F. W. Riggs, H. Teune, *Tower of Babel*, Pittsburgh 1975.
35 Vgl. N. Bobbio, *Il futuro della democrazia*, Turin 1984, S. 16 ff., S. 75 ff. (*Die Zukunft der Demokratie*, Berlin 1988, S. 21 ff., S. 86 ff.).
36 Immer noch aktuell zu diesen Themen ist die Kritik der ersten traditionellen politischen Philosophen, die sich der Hegemonie der Politikwissenschaft widersetzt und den Niedergang

der politischen Theorie erklärt haben; siehe L. Strauss, *What is Political Philosophy and Other Studies*, Glencoe (Il) 1959; P.H. Partridge, *Politics, Philosophy, Ideology*, Political Studies, 9 (1961), 3; I. Berlin, *Does Political Theory Still Exist?*, in P. Laslett, W. G. Ruciman (Hg.), *Philosophy, Politics and Society*, Oxford 1962; J. Plamenatz, *The Use of Political Theory*, in A. Quinton (Hg.), *Political Philosophy*, Oxford 1967.

37 Vgl. N. Bobbio, *Scienza politica*, in N. Bobbio, N. Matteucci, G. Pasquino, *Dizionario di politica*, Turin 1983, S. 1025.

38 Vgl. O. Neurath, *Foundations of Social Sciences*, zit., S. 26 ff.

39 Norberto Bobbio hat eine Landkarte der politischen Philosophie entworfen, welche Gegenstand einer ausgiebigen Diskussion war. Vgl. *Dei possibili rapporti fra filosofia politica e scienza politica*, in N. Bobbio et al., *Tradizione e novità della filosofia della politica*, Annali della Facoltà di Giurisprudenza dell'Università di Bari, Nr. 1, Bari 1971, S. 23 ff.; siehe außerdem C. Taylor, *Political Theory and Practice*, in C. Lloyd (Hg.), *Social Theory and Political Practice*, Oxford 1983; A. MacIntyre, *The Indispensability of Political Theory*, in D. Miller, L. Siedentop (Hg.), *The Nature of Political Theory*, zit.

40 Siehe P. Laslett, W. G. Runciman, *Introduction*, in dies. (Hg.), *Philosophy, Politics and Society*, Oxford 1967; P. Laslett, J. Fishrin, *Introduction*, in dies. (Hg.), *Philosophy, Politics and Society*, zit.; A. Brown, *Modern Political Philosophy*, Harmondsworth 1986, S. 11 ff.; R. Bellamy, *Rinascita della filosofia politica anglo-americana?*, Teoria politica, 5 (1989), 1, S. 93 ff.

41 Ich erlaube mir, auf eine meiner frühen Arbeiten hinzuweisen, die in exegetischer Hinsicht in verschiedenen Punkten nützlich ist: *La teoria comunista dell'estinzione dello Stato*, Bari 1974.

42 Zu diesem Thema siehe F. Volpi, *La rinascita della filosofia pratica in Germania*, in C. Pacchiani (Hg.), *Filosofia pratica e scienza politica*, Padua 1980, S. 11 ff.; F. Volpi, *La riabilitazione della filosofia pratica e il suo senso nella crisi della modernità*, Il Mulino 35 (1986), Nr. 6; *Rehabilitierung der praktischen Philosophie*, hg. von M. Riedel, Freiburg 1972–1974; siehe außerdem M. Riedel, *Metaphysik und Metapolitik. Studien zu Aristoteles und zur politischen Sprache der neuzeitlichen Philosophie*, Frankfurt a.M. 1975; nützlich ist die kritische Zusammenstellung von L. Baccelli, *Critica della modernità e filosofia politica. Nota sulla ›riabilitazione‹ di Arendt, Strauss, Voegelin*, Fenomenologia e società, 12 (1989), 3, S. 157 ff.

43 Siehe J. G. A. Pocock, *The Machiavellian Moment. Florentine Political Thought and the Atlantic Republican Tradition*, Princeton 1975; A. MacIntyre, *After Virtue*, Notre Dame (In) 1981. Zur Denkschule der Kommunitaristen siehe A. Ferrara, *Sul pensiero postliberale in America e in Inghilterra*, Micromega, 4 (1989), 3, S. 123 ff.; A. Passerin D'Entrèves, *Comunitarismo*, Notizie di Politeia, 6 (1990), 18, S. 20 ff.

44 Siehe R. Dworkin, *Taking Rights Seriously*, Cambridge, New Haven 1977 (*Bürgerrechte ernstgenommen*, Frankfurt a.M. 1990); R. Nozick, *Anarchy, State and Utopia*, Oxford 1974 (*Anarchie, Staat, Utopie*, München 1979); B.A. Ackerman, *Social Justice in the Liberal State*, New Haven (Ct) 1980; zu einer allgemeinen Kritik der ethischen Version der liberalen Theorien siehe R. Bellamy, *Defining Liberalism. Neutralist, Ethical or Political?*, in R. Bellamy (Hg.), *Liberalism and Recent Legal and Social Philosophy*, Archiv für Rechts- und Sozialphilosophie, Beiheft Nr. 36, Stuttgart 1989.

45 Einer umfassenden Vorstellung von Macht als gesellschaftlicher Disziplin zufolge ist es nicht leicht, zwischen Vorschriften im eigentlichen Sinn – beispielsweise juristischen, die in letzter Instanz von der Ordnungsmacht sanktioniert werden – und anderen Formen evalutativer Kommunikation zu unterscheiden, die in jedem Fall die Wirkung haben, gesellschaftliche Verhaltensweisen zu beeinflussen und zu gestalten. In diesem Sinn würden die Familie, die Schule, das Krankenhaus, die wissenschaftlichen Einrichtungen, die Massenkommunikation und, par excellence, die psychiatrische Klinik asymmetrische und präskriptive Sprachspielereien entstehen lassen, die weit über die streng sprachlichen Strukturen der Kommunikation und der bewußten Motivierung der Akteure hinausgehen würden. Emilio Santoro verdanke ich ein anregendes Gespräch über diesen Punkt, der es meiner Meinung nach verdient hätte, vertieft zu werden. Siehe M. Foucault, *Surveiller et punir. Naissance de la prison*, Paris 1975 (*Überwachen und Strafen. Die Geburt des Gefängnisses,* Frankfurt a.M. 1995).

46 Unter wertenden, jedoch nicht präskriptiven Urteilen verstehe ich Sätze wie: »Dieses Lied ist melancholisch«; »Maria ist ein sympathisches Mädchen«; »Der Duft dieser Blumen ist angenehm«; »*Eine Theorie der Gerechtigkeit* ist ein langweiliges Buch«; »Diese Wand ist gelb«; unter präskriptiven Urteilen (die natürlich auch wertend sind) verstehe ich Sätze wie: »Freiwillige Abtreibung ist ein Verbrechen«; »Lügen ist unmoralisch«; »Das Leben ist heilig«; »Privateigentum ist ein Naturrecht«; »Es ist richtig, den politischen Autoritäten zu gehorchen«.
47 Für eine streng analytische Argumentationsweise verweise ich auf meinen Aufsatz *Theoretical Language. Evalutations and Prescriptions. A Postempiristic Approach,* in Reason in Law, hg. von E. Pattaro, Bd. 2, Mailand 1988, S. 371 ff.
48 Vgl. meine *Reflexive Epistemology,* zit., S. 147 ff.
49 Vgl. J. Rawls, *A Theory of Justice,* Cambridge (Ma) 1971 (*Eine Theorie der Gerechtigkeit,* Frankfurt a.M. 1996). Zur jüngsten Allgemeinbewertung der politischen Philosophie von Rawls siehe das *Symposium on Rawlsian Theory of Justice. Recent Developments* in Ethics, 99 (1989), 4, S. 695-944.
50 J. Rawls, zit., S. 74 ff., 88 ff., 508 ff.
51 Ebd., S. 29 f., 46; siehe auch J. Rawls, *A Well-Ordered Society* in P. Laslett, J. Fishkin (Hg.), *Politics and Society,* zit., S. 6 ff.
52 J. Rawls, *Eine Theorie der Gerechtigkeit,* zit., S. 283 f.
53 Ebd., S. 40 ff.
54 Übrigens spricht genau die axiomatisierte Theorie von der sozialen Auswahl von der Unmöglichkeit kohärenter und deontologisch gerechtfertigter kollektiver Entscheidungen, d. h. implizit: von der Unhaltbarkeit ethischer Erkenntnis als Grundlage für eine Theorie der Verteilungsgerechtigkeit; siehe A. K. Sen, *The Impossibility of a Paretian Liberal,* Journal of Political Economy, 78 (1970), 1, S. 152 ff.; K. J. Arrow, *Social Choice and Individual Values,* New Haven 1963.
55 Siehe C. Offe, *Contradictions of the Welfare State,* London 1984; C. Offe, *Disorganized Capitalism,* Cambridge 1985.
56 Vgl. J. Rawls, *A Well-Ordered Society,* zit., S. 6 ff.
57 Siehe J. Rawls, *Justice as Fairness. Political, not Metaphysical,* Philosophy and Public Affairs, 14, (1985), 3, S. 223 ff.; J. Rawls, *The Idea of an Overlapping Consensus,* Oxford Journal of Legal Studies, 7 (1987), 1, S. 1 ff.
58 Vgl. P. Laslett, J. Fishkin, *Introduction,* zit., S. 4 f.
59 Vom Standpunkt einer Kritik der politischen Moral aus betrachtet sind die Einwände wenig interessant, die sich, nachdem das von Rawls vorgeschlagene Diskussionsterrain akzeptiert worden ist, auf die inneren Gliederungen seiner theoretischen Konstruktion konzentrieren, wie das zum Beispiel in den Beiträgen von John Harsanyi, Richard Hare, Thomas Scanlon und insbesondere Brian Barry der Fall ist; vgl. J. C. Harsanyi, *Can the Maximin-Principle Serve as Basis for Morality?,* American Political Science Review, 69 (1975), 2, S. 594 ff.; R. M. Hare, *Rawls' Theory of Justice,* in N. Daniels (Hg.), *Reading Rawls,* Oxford 1975, S. 81 ff.; T. Scanlon, *Rawls' Theory of Justice,* ebd., S. 169 ff.; B. Barry, *The Liberal Theory of Justice,* Oxford 1973.
60 Siehe M. Seliger, *The Marxist Conception of Ideology,* Cambridge 1977; N. Bobbio, *Pareto e la critica delle ideologie,* in N. Bobbio, *Saggi sulla scienza politica in Italia,* Rom, Bari 1977, S. 79 ff.; N. Bobbio, *L'ideologia in Pareto e in Marx,* ebd., S. 109 ff.
61 Vgl. D. Hume, *Of the Original Contract,* in: *Essays. Moral, Political, and Literary,* Oxford 1974, S. 452 ff (*Politische und ökonomische Essays,* Hamburg 1988).
62 Vgl. J. Habermas, *Zur Rekonstruktion des Historischen Materialismus,* Frankfurt a.M. 1976, S. 276 ff.
63 Diese These vertrat jüngst wieder Salvatore Veca in *Questioni di giustizia,* Parma 1985, S. 9 f.
64 Dies wird bereits auffallend klar in Ciceros *De Re Publica,* III, XV; vgl. M. Revelli, *Cicerone, Sant'Agostino, San Tommaso,* Turin 1989, S. 25 ff.
65 Dieses Urteil stammt von Kardinal Reginald Pole.
66 Vgl. J. Habermas, *Moralbewußtsein und kommunikatives Handeln,* Frankfurt a.M. 1983, S. 53-125; siehe auch J. Habermas, *Die nachholende Revolution,* Frankfurt a.M. 1990.
67 Nachdem Salvatore Veca meiner Kritik an der Rawlsschen Moral die umfassende Bedeutung der Ausführungen des Thrasymachos zugeschrieben hatte, vertrat er die Ansicht, daß es sich

um ein sich selbst widerlegendes Argument handle: würde sie ernstgenommen, führe sie letzlich zur Negation »des Bereichs der öffentlichen Rationalität, der intelligenten politischen Diskussion über Interessen und Rechte« (*Questioni di giustizia*, zit., S. 9 f., 65). Zu dieser Frage siehe auch meine Antwort *Realismo politico ed etica pubblica*. *Una discussione con Salvatore Veca*, Iride, 2 (1989), 3, S. 189 ff.; Vecas Entgegnung ebd., S. 207 ff. und meine kurze Schlußbemerkung, ebd., S. 215 f. Sebastiano Maffettone vertrat eine analoge These: Wer die Existenz einer »prä-theoretischen und natürlichen Ethik« leugnet, wer er sich weigert, sich zu Werten wie ›Güte, Treue, Vertrauen, Achtung seiner selbst und anderer, Suche nach Stabilität, Liebe zu gerechten Einrichtungen‹ zu bekennen, schließt sich selbst aus dem intellektuellen und gesellschaftlichen Leben einer Demokratie aus; vgl. Maffettone, *Valori comuni*, Mailand 1989, S. 12.

68 Persönlich teile ich die u. a. von Nicola Matteucci auf den schönen, Machiavelli gewidmeten Seiten seines Buches *Alla ricerca dell'ordine politico*, Bologna 1984, S. 57 ff., zum Ausdruck gebrachte Ansicht, daß der *Der Fürst* »Machiavellis faszinierendstes und tiefstes Werk« (dort, S. 63) ist. Dagegen teile ich nicht die von F. Gilbert und J.G.A. Pocock eingeleitete Tendenz, dem Machiavelli der *Discorsi* den Vorzug zu geben, weil er sich darin als Begründer der republikanischen Tradition zu erkennen gebe. Selbstverständlich hindert mich dies nicht, die Bedeutung dieser Interpretation anzuerkennen. Siehe F. Gilbert, *Machiavelli and Guicciardini*, Princeton 1965; J.G.A. Pocock, *The Machiavellian Moment. Florentine Political Thought and the Atlantic Republican Tradition*, Princeton (NJ) 1975; Q. Skinner, *Machiavelli*, Oxford 1981. Auch David Held folgt dieser Interpretationslinie, vgl. *Models of Democracy*, Cambridge 1987, S. 43 ff.
69 N. Machiavelli, *Der Fürst*, hg. und übers. von Philipp Rippel, Stuttgart 1986, Kap. XVII., S. 129.
70 Vgl. C. K. Rowley (Hg.), *Democracy and Public Choice*, zit., S. 3.
71 Vgl. A. Gehlen, *Der Mensch. Seine Natur und seine Stellung in der Welt*, zit., S. 62.
72 Zum Verhältnis zwischen Angst und Politik bei Hobbes siehe z. B. J. Freund, *Le thème de la peur chez Hobbes*, Ress-Cahiers V. Pareto, 49 (1980), 1, S. 15 ff. Unter den von Guglielmo Ferrero dem Thema Angst und Politik gewidmeten Aufsätzen siehe vor allem G. Ferrero, *Pouvoir. Les génies invisibles de la Cité*, New York 1942 (*Macht*, Bern 1944). Für Ferrero ist »die Macht die äußerste Offenbarung der Furcht, die der Mensch, durch seine Anstrengung, sich von ihr zu befreien, sich selbst einflößt. [...] Wenn nämlich die Untertanen stets Angst vor der Macht haben, der sie unterworfen sind, so hat die Macht stets Angst von den Untertanen, denen sie befiehlt. [...] Die tiefe Natur der Legitimitätsprinzipien ist es, die Bannung der Furcht zu sein: jener geheimnisvollen und gegenseitigen Furcht, die immer zwischen der Macht und ihren Untertanen besteht.« (ebd., S. 62, 66, 73); siehe des weiteren G. Sorgi, *Paura e politica in Guglielmo Ferrero*, in D. Pasini (Hg.), *La paura e la città*, Bd. I, Rom 1983, S. 61 ff.; V. Mura, *Il potere della paura, la paura del potere. Le tesi di Hobbes e di Ferrero*, ebd., Bd. II, 1984, besonders S. 122 ff.; D. Pasini, *Problemi di filosofia politica*, Neapel 1977.
73 Vgl. F. Neumann, *Angst und Politik*, Recht und Staat, (1954), S. 178 f.
74 Siehe K. Lorenz, *Das sogenannte Böse. Zur Naturgeschichte der Aggression*, Wien 1963. Zum Verhältnis Ethologie/Politiktheorie siehe R.D. Masters, *The Impact of Ethology on Political Science*, in A. Somit (Hg.), *Biology and Politics. Recent Explorations*, Mouton 1976, S. 197 ff.
75 Siehe I. Eibl-Eibesfeldt, *Liebe und Haß. Zur Naturgeschichte elementarer Verhaltensweisen*, München 1970.
76 Vgl. A. Gehlen, *Der Mensch. Seine Natur und seine Stellung in der Welt*, zit., S. 86 ff.
77 Vgl. A. Gehlen, *Die Seele im technischen Zeitalter*, zit., S. 785 ff.
78 Zum Begriff Risiko und seiner Unterscheidung von anderen ähnlichen Begriffen vgl. N. Luhmann, *Familiarity, Confidence and Trust. Problems and Alternatives*, in D. Gambetta (Hg.), *Trust. Making and Breaking Cooperative Relations*, Oxford 1988; siehe außerdem J. F. Short, *The Social Fabric of Risk*, American Sociological Review, 49 (1984), S. 711 ff.
79 Vgl. A. Gargani, *Il sapere senza fondamenti*, Turin 1975, S. 94 ff.
80 Siehe N. Luhmann, *Vertrauen. Ein Mechanismus der Reduktion sozialer Komplexität*, Stuttgart 1973; B. Barber, *The Logic and Limits of Trust*, New Brunswick 1983; D. Gambetta (Hg.), *Trust. Making and Breaking Cooperative Relations*.

81 Vgl. N. Luhmann, *Rechtssoziologie*, außerdem: N. Luhmann, *Macht*, Stuttgart 1975; N. Luhmann, *Legitimation durch Verfahren*, Neuwied, Berlin 1969.
82 Für eine interessante, wiewohl strittige Darstellung der von einer modernen Staatsgesetzgebung paternalistischen Typs gedeckten Risiken siehe G. Dworkin, *Paternalism*, in P. Laslett, J. Fishkin (Hg.), *Philosophy, Politics and Society*, zit., S. 78, 96.
83 Über das Verhältnis zwischen Angst und Gewalt gibt es bekanntermaßen eine weitgefächerte psychologische, ethologische und biologische Literatur; seltener sind dagegen sozio-anthropologische Untersuchungen: unter diesen siehe D. L. Scruton (Hg.), *Sociphobics. The Anthropology of Fear*, Boulder, London 1986. Praktisch nicht vorhanden sind Untersuchungen über das Verhältnis zwischen Unsicherheit der sozialen Umwelt und politischer Aggressivität.
84 Siehe E. E. Schattschneider, *The Semisovereign People*, New York 1960.
85 Siehe P. Bachrach, M. S. Baratz, *Power and Poverty. Theory and Practice*, New York 1970 (*Macht und Armut. Eine theoretisch-empirische Untersuchung*, Frankfurt a.M. 1977).
86 Vgl. S. Lukes, *Power. A Radical View*, London 1974, S. 21 ff.
87 Vgl. F. Neumann, *Angst und Politik*, zit.; Neumann listet fünf Verschwörungstheorien auf: die jesuitische, die freimaurerische, die kommunistische, die kapitalistische und die jüdische.
88 Vgl. R. Dahrendorf, *Pfade aus Utopia. Arbeiten zur Theorie und Methode der Soziologie*, München 1967; siehe auch R. D. Masters, *The Impact of Ethology on Political Science*, in A. Somit (Hg.), *Biology and Politics. Recent Explorations*, zit., S. 197 ff.
89 Siehe Max Stirner, *Der Einzige und sein Eigentum*, Leipzig 1845; R. Nozick, *Anarchy, State and Utopia*, zit.
90 Vgl. V. Pareto, *Trattato di sociologia generale*, Mailand 1964, §§ 842–1396, S. 507–877.
91 Vgl. F. Neumann, *Angst und Politik*, zit., S. 21–33.
92 Dies schließt nicht aus, daß die Durchführung des demokratischen Ritus eine marginale Wirkung der Zusicherung auch auf die hat, die nicht persönlich daran teilnehmen, dennoch aber einen irgendwie gearteten Nutzen als *Free riders* davon erwarten. Auf dem Aspekt der Suche nach kollektiver Identität beharrt vor allem A. Pizzorno, *Sulla razionalità della scelta democratica*, zit., S. 3–46; vgl. außerdem D. Miller, *The Competitive Model of Democracy*, zit., S. 146 ff.
93 Siehe C. Schmitt, *Der Begriff des Politischen*, Berlin 1928.
94 Vgl. J. Freund, *Sociologie du conflit*, Paris 1983, S. 85.
95 Siehe R. Bodei, *La democrazia fra due modelli*, Problemi della transizione, 2 (1980), 5.

III. GESELLSCHAFTLICHE KOMPLEXITÄT UND DEMOKRATIETHEORIE

1 Unter komplex verstehe ich hier: ›der Komplexität der Umwelt angemessen‹ unter einem erkenntnistheoretischen, adaptiven oder planerischen Gesichtspunkt.
2 Unter revisionistischen Theorien verstehe ich, mit John Plamenatz (*Democracy and Illusion*, London 1973, S. IX) und Crawford Macpherson (*Democratic Theory. Essays in Retrieval*, Oxford 1973, S. 78; *Demokratietheorie*, München 1977) die Theorien der Achse Schumpeter-Dahl. Vgl. auch H. S. Kariel (Hg.), *Frontiers of Democratic Theory*, New York 1970, S. 31–94.
3 Der Ausdruck stammt von Matteucci im Hinblick auf Machiavelli, der in *Der Fürst* die ›Ernsthaftigkeit der Politik‹ dargelegt hat; vgl. N. Matteucci, *Alla ricerca dell'ordine politico*, zit., S. 57 ff.
4 Vgl. D. Held, *Models of Democracy*, zit., S. 186 ff.
5 Vgl. N. Bobbio, *La crisi della democrazia e la lezione dei classici*, in N. Bobbio, G. Pontara, S. Veca, *Crisi della democrazia e neocontrattualismo*, Rom 1985, S. 15 f.
6 Genau das ist die Strategie, die traditionell sowohl in der Ausübung der väterlichen und patriarchalischen Autorität als auch in der paternalistischen und patriarchalistischen Ausübung der politischen Macht angewandt wird.
7 Vgl. G. Schwab, *The Challenge of the Exception*, Berlin 1970.
8 Die Seiten bei Hobbes, auf welche ich mich unmittelbar beziehe, sind die berühmten aus dem *Leviathan*, Kap. 13 des ersten Teils und Kap. 17 des zweiten Teils; vgl. T. Hobbes, *Leviathan*, hg. von H.W. Scheider, Indianapolis (In) 1982, Part I and Part II, S. 104 ff., 130 ff.

9 Gegenteilig und wesentlich weniger durchdringend stellt Montesquieu die Tugend, verstanden als Prinzip der Demokratie, der Angst gegenüber, die als Prinzip des Despotentums angesehen wird; vgl. N. Bobbio, *Il futuro della democrazia*, zit., S. 19.
10 N. Machiavelli, *Der Fürst*, VII, dt. übers. zit., S. 57.
11 Ebd.; »Die Brutalität dieses Schauspiels löste bei der Bevölkerung zugleich Genugtuung und Betroffenheit aus«, kommentiert Machiavelli am Ende; wie bekannt, äußert sich Machiavelli über das Verhältnis von Politik und Angst ausführlich in Kap. XVII.
12 Auf den paradoxerweise späten und inflationistischen Charakter der politischen und theoretischen Zustimmungen, derer sich das demokratische Modell heute erfreut, kommen viele Autoren zu sprechen; vgl. zum Beispiel C.B. Macpherson, *The Real World of Democracy*, Oxford 1966, S. 1; D. Held, *Models of Democracy*, zit., S. 1 ff.
13 Vgl. G. Sartori, *Demokratietheorie*, zit., S. XIII.
14 Siehe zum Beispiel J.G.A. Pocock, *The Machiavellian Moment*, zit.
15 Vgl. u. a. A. Arblaster, *Democracy*, Milton Keynes 1987, S. 13 ff. Arblaster vertritt die Ansicht, daß die Demokratie in Athen entsteht und nach zweitausend Jahren mit der Bewegung der Diggers und der Levellers im England des siebzehnten Jahrhunderts »wieder auftaucht«.
16 Auf den Abstand, der die moderne bürgerliche Auffassung von Politik vom Gemeinschafts-*Pathos* der griechischen Polis und dem italienischen Stadtstaat trennt, geht C. Meier ein, *Die Entstehung des Politischen bei den Griechen*, Frankfurt a.M. 1980.
17 Zu diesem Thema siehe, außer den beiden zitierten Bänden, hg. von M. Riedel, F. Volfi, *La riabilitazione della filosofia pratica e il suo senso nella crisi della modernità*, Il Mulino, 35 (1986), 6; R. Cubeddu, *La critica della modernità in Leo Strauss*, Filosofia, 38 (1987), 1, S. 25 ff. R. Gatti, *Pensare la democrazia*, Rom 1989, S. 85 ff.
18 Vgl. D. Held, *Models of Democracy*, zit., S. 13 ff.
19 Aus dieser These besteht die tragende Struktur der letzten Arbeit von Robert Dahl, wonach sich die Demokratie seit der griechischen Antike auf der Grundlage aufeinanderfolgender ›Transformationen‹ entwickele. Die dritte und letzte ›Transformation‹ könnte, nach Dahls Wunschvorstellungen, von der einfachen »Polyarchie« zur »Polyarchie I« und zur »Polyarchie II« führen, d. h. zu höheren Ebenen der politischen Mitbestimmung; vgl. R. Dahl, *Democracy and Its Critics*, zit., S. 13–33, 213–224, 311–341. Zu einer Kritik dessen, was man als »demokratischen Kontinuismus« bezeichnen könnte, wie er in diesem letzten Werk Dahls entwickelt wurde, vgl. A. Panebianco, *Democrazia e liberalismo*, Micromega, 5 (1990), 4, S. 227 f.
20 Vgl. N. Bobbio, *Quale Socialismo?*, Turin 1976, S. 53 (»Die Demokratie ist im radikalsten Wortsinn umstürzlerisch, weil sie, wohin sie auch immer gelangt, die traditionelle Auffassung von Macht umstürzt; und diese Auffassung ist dermaßen traditionell, daß sie für natürlich gehalten wird und demzufolge die Macht – ob es sich um politische oder ökonomische, um väterliche oder priesterliche Macht handelt – von oben nach unten gelangt.«)
21 Zumindest in dieser Hinsicht teile ich die von J. L. Talmon vertretene klassische These in *The Origins of Totalitarian Democracy*, Boulder 1985.
22 Vgl. J. Plamenatz, *Democracy and Illusion*, zit., S. 52–93; R. Dahl, *Democracy and Its Critics*, zit., S. 265–279.
23 Siehe R. Aron, *Démocratie et totalitarisme*, Paris 1965 (*Demokratie und Totalitarismus*, Hamburg 1970); vgl. D. Beetham, *Max Weber and the Theory of Modern Politics*, Oxford 1985.
24 Zum Begriff der ›bürgerlichen Gesellschaft‹ vgl. N. Bobbio, *Sulla nozione di ›società civile‹*, De Homine, 7 (1968), 24–5, S. 19–36; N. Bobbio, *Stato, governo, società*, Turin 1985, S. 23–42; zu diesem Thema kann man auch meine Arbeit *La teoria comunista dell'estinzione dello Stato*, zit., S. 86 ff., nachlesen.
25 Siehe B. Constant, *De la liberté chez des modernes. Écrits politiques*, Paris 1980; siehe auch M. Barbèris, *Benjamin Constant. Rivoluzione, costituzione, progresso*, Bologna 1988.
26 Vgl. N. Luhmann, *Soziologische Aufklärung*, I., zit., S. 154–177.
27 Auf der ›schützenden‹ Funktion der *democratic franchise* in den Theorien der ersten liberaldemokratischen und utilitaristischen Denker – James Madison, Jeremy Bentham und James Mill – beharren Crawford Macpherson und in seinem Gefolge David Held; vgl. C. B. Macpherson,

The Life and Times of Liberal Democracy, Oxford 1977, S. 23–43 (*Vergangenheit und Zukunft der liberalen Demokratie,* Frankfurt a.M. 1983); D. Held, *Models of Democracy,* zit., S. 60–71;
28 Die Entwicklung der bürgerlichen Kultur zerbricht die Bindungen der organischen und schützenden Struktur der mittelalterlichen Stadt. Marx hat polemisch hervorgehoben, daß die Bedingungen des Lohnarbeiters innerhalb der bürgerlichen Gesellschaft wesentlich weniger geschützt seien als die eines Leibeigenen und sogar die des Sklaven in der Antike.
29 Vgl. N. Bobbio, *Quale socialismo?* zit., S. 53.
30 »Heute ist in der Politik *Demokratie* der Name für das, was wir nicht haben können, gleichwohl aber nicht aufhören können zu wollen«, vgl. J. Dunn, *Western Political Theory in the Face of the Future,* Cambridge 1979, S. 27.
31 Vgl. A. Gehlen, *Die Seele im technischen Zeitalter,* zit., S. 57.
32 Über das Verhältnis zwischen Demokratie und Feminismus siehe C. Pateman, *Feminism and Democracy,* in G. Duncan (Hg.), *Democratic Theory and Practice,* zit., S. 204–217; vgl. D. Held, *Models of Democracy,* zit., S. 79–85, 97 ff.; siehe auch den Beitrag von S. Rowbotham, *Feminism and Democracy,* in D. Held, C. Pollitt (Hg.), *New Forms of Democracy,* London 1986, S. 78–109.
33 Über das wachsende Gefühl der Unsicherheit (»*confusion, social discontinuity and personal uncertainty*«), das in den postindustriellen Gesellschaften die steigende Komplexität der sozialen Umwelt begleitet, und über die politische Erwartungshaltung symbolischer Rückversicherung, die sich daraus ergibt (»politics of psychic reassurance«) siehe die interessanten Analysen über die kalifornische Gesellschaft in T. R. La Porte, C. J. Abrams, *Alternative Patterns of Postindustria. The Californian Experience,* in L. N. Lindberg (Hg.), *Politics and Future of Industrial Society,* New York 1976, S. 37, 40–48; siehe außerdem T. R. La Porte, *Complexity and Uncertainty. Challenge to Action,* in T. R. La Porte (Hg.), *Organized Social Complexity,* zit., Kap. 10.
34 Vgl. C. Offe, U. K. Preuss, *Democratic Institutions and Moral Resources,* Zentrum für Sozialpolitik, Universität Bremen, Arbeitspapier Nr. 5, 1990, S. 4, 31.
35 Siehe J.-F. Lyotard, *La condition postmoderne,* Paris 1979 (*Das postmoderne Wissen. Ein Bericht,* Wien 1994); J.-F. Lyotard, *Le différend,* Paris 1983 (*Der Widerstreit,* München 1989).
36 Unter positiver Macht verstehe ich die Macht zu handeln, aufzubauen, zu planen, und zwar mit dem Ziel, ›Probleme zu lösen‹; sie unterscheidet sich analytisch von der negativen Macht, die darin besteht zu verbieten, zu verhindern, zu unterdrücken.
37 Vgl. die Diskussion zwischen Marcel Gauchet und Cornelius Castoriadis, *L'idea di rivoluzione ha ancora un senso?,* Micromega, 5 (1990), 1, S. 190–202. Zum Thema Zukunft der Demokratie kann man meine Diskussion mit Niklas Luhmann heranziehen, D. Zolo, *Il futuro della democrazia. Domande a Niklas Luhmann,* Il Mulino, 36 (1986) 6, S. 565–572; N. Luhmann, *Il futuro della democrazia. Delusioni e speranze,* ebd., S. 573–583.
38 Siehe A. MacIntyre, *After Virtue,* zit. (*Der Verlust der Tugend. Zur moralischen Krise der Gegenwart,* o. Ort 1995), passim.
39 Das Thema der spontanen gesellschaftlichen Initiativen – die Bürgerinitiativen – ist im deutschen Kulturraum als mögliche Alternative zur repräsentativen Parteiendemokratie ausführlich diskutiert worden; siehe B. Guggenberger, U. Kempf (Hg.), *Bürgerinitiativen und repräsentatives System,* Opladen 1978.
40 G. Roth und D. Held betonen die Dankesschuld, welche Schumpeters Theorie von der Demokratie als konkurrierender *leadership* gegenüber dem von Weber entwickelten Konzept der ›Demokratie mit plebiszitärer Führerschaft‹ hat; vgl. G. Roth, *Introduction* zu M. Weber, *Economy and Society,* 2 Bde., Berkeley 1978, S. XCII; D. Held, *Models of Democracy,* zit., S. 164–185; siehe außerdem D. Beetham, *Max Weber and the Theory of Modern Politics,* zit., S. 111 f.; T. Bottomore, *Theories of Modern Capitalism,* London 1985; T. Bottomore, *Introduction* in J. A. Schumpeter, *Capitalism, Socialism and Democracy,* London 1987.
41 Vgl. J. Schumpeter, *Kapitalismus, Sozialismus und Demokratie,* zit.; Trotz des außergewöhnlichen Erfolgs des politischen Denkens von Schumpeter gibt es zu diesem Thema bis heute keine erschöpfende Monographie, wohl aber zahllose Aufsätze, die direkt oder indirekt Bezug auf seine Anschauung von der Demokratie nehmen, u. a. M. Kessler, *The Synthetic Vision of Joseph Schumpeter,* Review of Politics, 23 (1961), 3, S. 334–355; E. Schneider, *Joseph A. Schumpeter,* Lincoln 1975; A. Heertje (Hg.), *Schumpeter's Vision. ›Capitalism, Socialism and*

Democracy after 40 Years, New York, Eastbourne 1981; W. C. Mitchell, *Precursor to Public Choice?*, Public Choice, 42 (1984), 1, S. 73–88; W. C. Mitchell, *Democracy and the Demise of Capitalism. The Missing Chapter in Schumpeter*, ebd., S. 161–174; G. Urbani, *Schumpeter e la scienza politica*, Rivista italiana di scienza politica, 14 (1984), 3, S. 383–412; M. Ferrera, *Schumpeter e il dibattito sulla teoria ›competitiva‹ della democrazia*, ebd., S. 413–432; R. D. Coe, C. K. Wilber (Hg.), *Capitalism and Democracy: Schumpeter Revisited*, Notre Dame (In) 1985.

42 Eine sorgfältige Kritik findet sich bei C. Pateman, *Participation and Democratic Theory*, Cambridge 1970, S. 16 ff. Schumpeter bezeichnet das als ›klassische Lehre‹, was er für die Konzeption des 18. Jahrhunderts von Demokratie hält. Danach ist, so behauptet er, die demokratische Methode »jene institutionelle Ordnung zur Erzielung politischer Entscheide, die das Gemeinwohl dadurch verwirklicht, daß sie das Volk selbst die Streitfragen entscheiden läßt, und zwar durch die Wahl von Personen, die zusammenzutreten haben, um seinen Willen auszuführen.« (*Kapitalismus, Sozialismus, Demokratie*, zit., S. 397); nach D. Held stellt Schumpeters Definition »ein kurioses theoretisches Amalgam dar, das Elemente miteinander verbindet, die aus einer Vielzahl unterschiedlicher Modelle stammen« (*Models of Democracy*, zit., S. 171).

43 Vgl. G. Duncan, S. Lukes, *The New Democracy*, Political Studies, 11 (1963), 2, S. 156–177, jetzt auch in der brauchbaren Anthologie: H. S. Kariel (Hg.), *Frontiers of Democratic Theory*, New York 1970; siehe auch G. Parry, *Political Elites*, London 1969.

44 Vgl. C. Pateman, *Participation and Democratic Theory*, Cambridge 1970, S. 17; vgl. auch D. Held, *Models of Democracy*, zit., S. 164–185; W. N. Nelson, *On Justifying Democracy*, zit., S. 34–52. Ich teile den klaren Ansatz von D. Miller in *The Competitive Model of Democracy*, zit., S. 150 ff.

45 Zur Frage der marxistischen Politiktheorie kann man meine Anthologie heranziehen: *I marxisti e lo Stato. Dai classici ai contemporanei*, Mailand 1977.

46 Über das aporetische Verhältnis zwischen Selbstbestimmung des Volkes und Mehrheitsentscheid bei Rousseau vgl. V. Mura, *Democrazia ideale e democrazia reale*, Teoria politica, 6 (1990), 1, S. 62 f. Für Mura bestehen keine Zweifel, daß »Rousseaus Theorie das Modell einer unmöglichen Demokratie darstellt« (ebd., S. 63).

47 Dabei darf nicht vergessen werden, daß die *Ekklesia* klar von der großen, nicht zum *Demos* gehörenden Bevölkerungsmehrheit getrennt war, und daß ihre Arbeiten vom Geheimnis streng gehütet wurden. Zudem wurde die eigentliche Macht zum großen Teil indirekt innerhalb der komplexen politisch-administrativen Organisation der *Polis* ausgeübt (in Athen der Rat der Fünfhundert, die zivilen Verwaltungen und das Rechtssystem).

48 Zu einer Kritik des demokratischen Utopismus von Rousseau siehe über den zitierten klassischen Aufsatz von J. L. Talmon hinaus: L. G. Crocker, *Rousseau's Social Contract. An Interpretative Essay*, Cleveland 1968; J. W. Chapman, *Rousseau Totalitarian or Liberal?*, New York 1956; contra: V. Mura, *La teoria democratica del potere. Saggio su Rousseau*, Pisa 1979.

49 Vgl. K. Marx, *Kritik des Hegelschen Staatsrechts*, in K. Marx, F. Engels, *Werke*, Berlin 1956–69, Bd. I, S. 229 ff., 320–329; K. Marx, *The Civil War in France*, in *Archiv Marxa i Engelsa*, III (VIII), Moskau, 1934; siehe auch K. Marx, *Zur Judenfrage*, in K. Marx, F. Engels, *Werke*, zit., Bd. 1, S. 350–370. Die Behauptung, daß das politische Denken von Marx bereits vollständig in Rousseaus Konzeption von der Souveränität des Volkes und der unmittelbaren Demokratie enthalten ist, ist m. E. richtig: vgl. L. Colletti, *Ideologia e società*, Bari 1969, S. 250 f., 261. Norberto Bobbio hat, in einem allgemeineren Sinn, das Nichtvorhandensein einer marxistischen Staatstheorie festgestellt, und was er geschrieben hat, hat großen Einfluß auf die theoretisch-politische Diskussion in Italien gehabt: vgl. *Quale Socialismo?*, zit. S. 3–41.

50 Vgl. K. Marx, *Kritik des Hegelschen Staatsrechts*, zit., S. 246 ff.; vgl. H. P. Kainz, *Democracy East and West. A Philosophical Overview*, London 1984, S. 86 ff.

51 Vgl. K. Marx, *The Civil War in France*, zit., S. 328 ff. Zum utopistischen Charakter des politischen Denkens von Marx trotz seines realistischen Entwurfs vom Staat als Ort des Konflikts zwischen den Gesellschaftsklassen siehe die klarsichtigen Vorstellungen von Norberto Bobbio in *Quale Socialismo?*, zit., S. 39 ff.

52 Vgl. C.-H. de Saint-Simon, *Cathéchisme des industriels*, in *Oeuvres*, Paris 1869, Bd. IX, S. 131; F. Engels, *Antidühring*, in K. Marx, F. Engels, *Werke*, zit., Bd. 20, S. 261 f.

53 Zur Rechtsphilosophie von Stučka und Pasukanis siehe J. N. Hazard (Hg.) *Soviet Legal Philosophy*, Cambridge (Ma) 1951; U. Cerroni (Hg.), *Teorie sovietiche del diritto*, Mailand 1964; R. Guastini (Hg.), *Marxismo e teorie del diritto*, Bologna 1980; D. Zolo, *La teoria comunista dell'estinzione dello Stato*, zit., S. 20-43.
54 Vgl. A. Gramsci, *Quaderni del carcere*, Turin 1975, S. 1565 f., 1570 f., 751 f.; L. Ferrajoli, D. Zolo, *Marxism and the Criminal Question*, Law and Philosophy, 4 (1985), 1, S. 71-99; D. Zolo, *La teoria comunista della estinzione dello Stato*, zit., S. 60 f.
55 Vgl. A. Gramsci, *Quaderni del carcere*, zit., S. 1519, 1049 f., 763 f.
56 Vgl. A. J. Vyšinskij, *Voprosy prava i gosudarstva u Marksa*, in *Voprosy teorii gosudarstva i prava*, Moskau 1949, S. 43 ff.; vgl. auch meine *La teoria comunista dell'estinzione dello Stato*, zit., S. 36-43.
57 Für eine analytischere Rekonstruktion der versch. Modelle der radikalen Version derer, welche ich ›klassische Lehre‹ nennen möchte, vgl. D. Held, *Models of Democracy*, zit., bes. S. 4 f.
58 Vgl. C. Pateman, *Participation and Democratic Theory*, zit., S. 22-44.
59 Vgl. M. Weber, *Wirtschaft und Gesellschaft*, Tübingen 1922.
60 Vgl. in diesem Sinn O. Neurath, *Das Problem des Lustmaximums*, Jahrbuch der Philosophischen Gesellschaft an der Universität zu Wien, 1912, S. 89-100, jetzt auch in O. Neurath, *Gesammelte philosophische und methodologische Schriften*, zit., S. 47-55; vgl. auch meine *Reflexive Epistemology*, zit., S. 153 ff.
61 Was die Möglichkeit des Kompromisses nicht ausschließt, sofern man unter politischem Kompromiß eine Transaktion praktischer Art versteht, die auf keiner allgemeinen Regel für Konfliktlösung beruht, noch auf einem wirklichen Konsens, sondern die Gründe für die andere Auffassung bestehen läßt, indem sie ›opportunistisch‹ die widerstreitenden Forderungen auf der Grundlage gegenseitiger Konzessionen reguliert.
62 Vgl. B. Berelson, P. Lazarsfeld, W. McPhee, *Voting*, Chicago 1954, S. 306 f.; S. M. Lipset, *Political Man*, New York 1963, S. 32.
63 Vgl. N. Luhmann, *Macht*, zit., S. 87 ff.
64 Vgl. C. Offe, U.K. Preuss, *Democratic Institutions and Moral Resources*, zit., S. 28 f.
65 Als charakteristisches Beispiel für diese expansive und prozedurale Politikkonzeption (die Aristoteles mit Rousseau, Marx und Gramsci verbindet) kann man den folgenden Text von Pietro Ingrao lesen: »Die Eingliederung der politischen Wissenschaft und der programmierten Richtung in die produktive und gesellschaftliche Aktivität muß allgemein und durchdringend werden, muß *Massenprozeß* werden, der Millionen von Männern und Frauen einbezieht und verändert und sich in einer Vielfalt von Ausdrucksformen und Stätten verwirklicht. Dieser diffuse Prozeß einer *Vergesellschaftung der Politik* ist nicht nur der Weg, um der Demokratie Konkretheit zu verschaffen, sondern auch, um vom derzeitigen Durcheinander zu dem zu gelangen, was wir eine neue Ordnung nennen, das heißt, um eine wirkliche Disziplin zu verwirklichen, die den enormen Risiken für einen Verfall und einer korporativen Zersplitterung entgegenzutreten vermag.« (*Crisi e terza via*, Rom 1978, S. 100)
66 Vgl. N. Luhmann, *Politische Planung*, zit., S. 39. Die italienische Erfahrung mit den Stadtviertelräten und Schulräten scheint diese pessimistische Sicht zu bestätigen. Im Verlauf der siebziger und achtziger Jahre hat sich die erste Begeisterung in Skepsis und Desinteresse gegenüber Mitbestimmungsmodellen verwandelt, die politisch marginal und unwirksam sind.
67 Vgl. C. Oppe, U. K. Preuss, *Democratic Institutions and Moral Resources*, zit., S. 22 f.
68 Bobbio weist die auf Rousseau zurückgehende Vorstellung des ›totalen Bürgers‹ zurück und unterstreicht die naturgemäße Verbindung zum Konzept des ›totalen Staates‹. Auch für Bobbio gibt es folglich Aspekte der Transitivität zwischen der politischen Philosophie Rousseaus und den totalitären Entwürfen der Demokratie; vgl. N. Bobbio, *Il futuro della democrazia*, zit.
69 Auch Pietro Ingrao scheint heute die Grundsätzlichkeit dieses Themas wahrzunehmen. Er erkennt an, daß die Entwicklung der Industriegesellschaften zu einer zunehmenden Komplizierung gesellschaftlicher Gestalten, zur Zersplitterung der Rollen, zur Differenzierung, Spezialisierung und Sektorialisierung der politischen Apparate führt; vgl. *Tradizione e progetto*, Bari 1982, S. 26-38.
70 Vgl. N. Bobbio, *Il futuro della democrazia*, zit., S. 7-28.
71 Siehe P. Ingrao, *Masse e potere*, Rom 1977 (*Massenbewegung und politische Macht*, Hamburg

1979); P. Ingrao, *Crisi e terza via*, zit.; zu einem interessanten, wenn auch problematischen Versuch, Elemente aus der liberalen und der marxistischen Tradition miteinander zu verbinden, siehe das letzte Kapitel von D. Held, *Models of Democracy*, zit., S. 267–299; darin findet sich außerdem eine gute Diskussion der theoretisch-politischen Thesen von Nicos Poulantzas, Ralph Miliband und Claus Offe (ebd., S. 205–214). Siehe auch K. Graham, *The Battle of Democracy*, Brighton 1986; D. Held, *Political Theory and the Modern State*, Stanford 1989, S. 174–188.
72 Siehe J. Burnheim, *Is Democracy Possible?*, Cambridge 1985 (*Über Demokratie. Alternativen zum Parlamentarismus*, Berlin 1987); J. Burnheim, *Democracy, Nation, States and the World System*, in D. Held, C. Pollitt (Hg.), *New Forms of Democracy*, zit., S. 218–239; B. R. Barber, *Strong Democracy*, Berkeley 1984 (*Starke Demokratie. Über die Teilhabe am Politischen*, Hamburg 1994); B. Holden, *New Directions in Democratic Theory*, Political Studies, 36 (1988), 2, S. 324–333.
73 Vgl. J. Schumpeter, *Kapitalismus, Sozialismus und Demokratie*, zit., S. 239.
74 Ebd., S. 244 f.
75 Ebd., S. 245.
76 Ebd., S. 249.
77 Ebd., S. 269 f.
78 Ebd., S. 252.
79 Vgl. R. Dahl, *Democracy and Its Critics*, zit., S. 13–33.
80 Vgl. H. Kelsen, *Foundations of Democracy*, Ethics, 66 (1955–56), 1, S. 1–101; R. Dahl, *Democracy and Its Critics*, zit., S. 28 ff., 215 ff.
81 Vgl. R. Dahl, *Democracy and Its Critics*, zit., S. 215 f., 225–231; für eine gegenteilige These siehe A. Levine, *Liberal Democracy. A Critique of Its Theory*, New York 1981, S. 139–152.
82 Vgl. R. Dahl, *Democracy and Its Critics*, zit., S. 18 ff.; siehe auch D. Held, *Models of Democracy*, zit., S. 15–23; N. Bobbio, *Il futuro della democrazia*, zit., S. 42.
83 Vgl. R. Dahl, *Democracy and Its Critics*, zit., S. 28.
84 Vgl. H. Kelsen, *Foundations of Democracy*, S. 3. (»Die Beteiligung an der Regierung, das heißt an der Schaffung und Anwendung allgemeiner und individueller Normen für die gesellschaftliche Ordnung, welche die Gemeinschaft hervorbringen, ist das wesentliche Merkmal der Demokratie. Ob diese Beteiligung unmittelbar oder mittelbar sein soll, das heißt ob die Demokratie unmittelbar oder repräsentativ sein soll, ist in jedem Fall eine Frage des *Verfahrens*, der spezifischen Methode.«)
85 Ebd., S. 85.
86 Ebd., S. 84.
87 Siehe M.V. Clarke, *Medieval Representation and Consent*, London 1936; vgl. V. Mura, *Rappresentazione politica*, in P. Farneti (Hg.), *Politica e società*, Florenz 1979, Bd. 2, S. 707–722.
88 Vgl. K. Marx, *Kritik des Hegelschen Staatsrechts*, zit., S. 327 ff.
89 Vgl. D. Beetham, *Max Weber and the Theory of Modern Politics*, zit., S. 102 ff.
90 Vgl. H. Kelsen, *General Theory of Law and State*, Cambridge (Ma) 1945, S. 294 ff.
91 Vgl. H.F. Pitkin, *The Concept of Representation*, Berkeley 1967; J. R. Pennock, *Democratic Political Theory*, Princeton 1979, S. 309–362.
92 Zum Begriff ›öffentliche Meinung‹ siehe Kap. 5.
93 Vgl. G. Mosca, *Elementi di scienza politica*, Bari 1953, Bd. 2, S. 96 (*Die herrschende Klasse*, Düsseldorf 1962); H. Kelsen, *Vom Wesen und Wert der Demokratie*, Tübingen 1929, S. 85.
94 Vgl. D. Beetham, *Max Weber and the Theory of Modern Politics*, zit., S. 95–118.
95 Virgilio Mura merkt an, daß die Schumpetersche Forderung, den politischen Raum des Bürgers auf den reinen Wahlaugenblick zu beschränken, eines der am wenigsten realistischen Elemente seiner ansonsten hyperrealistischen Demokratietheorie ist; vgl. V. Mura, *Democrazia ideale e democrazia reale*, zit., S. 68.
96 Vgl. H. Kelsen, *General Theory of Law and State*, zit.; H. Kelsen, *Vom Wesen und Wert der Demokratie*, zit., S. 29, 86.
97 Vgl. N. Bobbio, *Il futuro della democrazia*, zit., S. 10 ff.
98 Vgl. J. Schumpeter, *Kapitalismus, Sozialismus und Demokratie*, zit.
99 Ebd., S. 428. (»[...] die demokratische Methode ist diejenige Ordnung der Institutionen zur

Erreichung politischer Entscheidungen, bei welcher einzelne die Entscheidungsbefugnis vermittels eines Konkurrenzkampfs um die Stimmen des Volkes erwerben.«)
100 Zu dieser paradoxen These von Schumpeter siehe die klarsichtige Kritik von Hans Kelsen in *Foundations of Democracy*, zit., S. 4 ff.
101 Vgl. J. Schumpeter, *Kapitalismus, Sozialismus und Demokratie*, zit.
102 Ebd., über das Verhältnis zwischen Demokratie und Wettbewerb siehe R. D'Alimonte, *Sulla teoria della democrazia competitiva*, Rivista italiana di scienza politica, 7 (1977), 1, S. 3–25; R. D'Alimonte, *Democrazia e competizione*, ebd., 19 (1989), 2, S. 301–319.
103 Vgl. J. Schumpeter, *Kapitalismus, Sozialismus und Demokratie*, zit.
104 Ebd.
105 Als typisches Beispiel für eine solche Interpretation vgl. G. Urbani, *Schumpeter e la scienza politica*, zit., S. 386 ff.; vgl. auch den Aufsatz von M. Ferrera, *Schumpeter e il dibattito sulla teoria ›competitiva‹ della democrazia*, zit., S. 423 ff.
106 Vgl. G. Sartori, *Demokratietheorie*, zit., S. 152 ff.
107 Nach Ansicht einiger Interpreten stellen die letzten Arbeiten von Robert Dahl, vor allem *A Preface to Economic Democracy*, Cambridge 1985), und *Democracy and Its Critics*, zit., eine endgültige Abkehr des amerikanischen Theoretikers vom ursprünglichen Modell des demokratischen Pluralismus dar. David Held verwendet den Begriff Neopluralismus, um die gegenwärtige Position Dahls aufzuzeigen, und um hervorzuheben, daß Dahl heute wichtige radikaldemokratische und sozialistische Instanzen aufnimmt, besonders bei der Frage der ökonomischen Demokratie und der gesellschaftlichen Gleichheit (vgl. *Models of Democracy*, zit., S. 201 ff.). Ohne einige Entwicklungsaspekte in seinem Denken unterbewerten zu wollen, beziehe ich mich auf Dahl als einen der typischen Vertreter des ›demokratischen Elitismus‹ und schließe in diese Sichtweise, meines Erachtens zu Recht, auch seine jüngsten Arbeiten mit ein.
108 Siehe P. Bachrach, *The Theory of Democratic Elitism*, Boston 1967 (*Die Theorie demokratischer Elitenherrschaft*, Frankfurt a.M. 1971); J. L. Walker, *A Critique of the Elitist Theory of Democracy*, American Political Science Review, 60 (1966), 2, S. 285–295.
109 Siehe R. Dahl, *A Preface to Democratic Theory*, zit.; R. Aron, *Social Structure and the Ruling Class*, British Journal of Sociology, 1 (1950), 1, S. 1–16; Vgl. G. Sartori, *Demokratietheorie*, zit.
110 Vgl. R. Dahl, *A Preface to Democratic Theory*, zit., S. 133.
111 Vgl. G. Sartori, *Democrazia e definizioni*, Bologna 1957, S. 98, 74.
112 Vgl. R. Dahl, *Hierarchy, Democracy and Bargaining in Politics and Economy*, in H. Eulau (Hg.), *Political Behaviour*, Glencoe (Il) 1956, S. 7 (»die Demokratie scheint auch mit einem relativ dürftigen Niveau an Mitbestimmung seitens des Volkes gebührend zu funktionieren«).
113 Vgl. E. E. Schattschneider, *The Semisovereign People*, zit., S. 141.
114 Vgl. R. Dahl, *Hierarchy, Democracy and Bargaining in Politics and Economy*, zit., S. 7.
115 Zum Begriff der ›responsiveness‹ und dessen Schwierigkeiten vgl. H. Eckstein, T. R. Gurr, *Patterns of Authority*, New York 1975, S. 216 ff., 318 ff., 381 ff.; J. R. Pennock, *Democratic Political Theory*, zit., S. 261 ff.; R. D'Alimonte, *Sulla teoria della democrazia competitiva*, zit., S. 6 f.; D. Fisichella (Hg.), *Il problema della rappresentanza politica nella scienza politica americana*, in: *La rappresentanza politica*, Mailand 1983; Transizione, 2 (1986), 7, S. 101–111; V. Mura, *Democrazia ideale e democrazia reale*, zit., S. 70–76.
116 Vgl. P. Birnbaum, *Consensus and Depoliticisation in Contemporary Political Theory*, in P. Birnbaum, J. Lively, G. Parry (Hg.), *Democracy, Consensus and Social Contract*, Beverly Hills (Ca) 1978, S. 176 ff.
117 Vgl. H. Kelsen, *Vom Wesen und Wert der Demokratie*, zit., S. 93: »Daß die Idee der Gleichheit, sofern sie etwas anderes ist als der Gedanke der formalen Gleichheit in der Freiheit, d. h. der Gleichheit der politischen Berechtigung, mit dem Begriffe der Demokratie nichts zu tun hat (...)«
118 Vgl. R. Dahl, *Democracy and Its Critics*, zit., S. 220 ff.
119 Vgl. J. Schumpeter, *Kapitalismus, Sozialismus, Demokratie*, zit., S. 272; H. Kelsen, *Vom Wesen und Wert der Demokratie*, zit., S. 66–76.
120 Vgl. R. Dahl, *Democracy and Its Critics*, zit., S. 276; vgl. auch G. Sartori, *Democrazia competitiva*

ed élites *politiche*, Rivista italiana di scienza politica, 7 (1977), 3, S. 350; G. Sartori, *Demokratietheorie*, zit.
121 Vgl. E. E. Schattschneider, *Party Government*, New York 1942, Kap. 3.
122 Vgl. J. Schumpeter, *Kapitalismus, Sozialismus und Demokratie*, zit., S. 260.
123 Zur Unterscheidung zwischen ›negativer Freiheit‹ und ›positiver Freiheit‹ siehe I. Berlin, *Four Essays on Liberty*, Oxford 1969 (*Freiheit. Vier Versuche,* Frankfurt a.M. 1995); vgl. auch N. Bobbio, *Politica e cultura,* Turin 1953, S. 160-194. Zu einer kürzlichen Diskussion über das Thema und einer Kritik an Berlins Standpunkt siehe T. Gray, *Freedom*, London 1991.
124 Vgl. J. Schumpeter, *Kapitalismus, Sozialismus und Demokratie*, zit., S. 270, 259.
125 Ebd., S. 269 f.
126 Ebd., S. 270. Für eine marxistische Kritik des Schumpeterschen Modells des ›politischen Marktes‹ vgl. C. B. Macpherson, *The Life and Times of Liberal Democracy*, zit., S. 90 f. Macphersons Kritik an dem, was er »the pluralist elitist equilibrium model« nennt, ist leider stellenweise unscharf, weil er Schumpeter unrichtigerweise die Absicht unterstellt, ein Theorem der bestmöglichen Verteilung der politischen Ressourcen und Güter zu erarbeiten.

IV. DIE EVOLUTIVEN RISIKEN DER DEMOKRATIE

1 Vgl. N. Bobbio, *Il futuro della democrazia*, zit., S. 25 f.
2 Ebd., S. 6 f.
3 Vgl. N. Bobbio, *La crisi della democrazia e la lezione dei classici*, zit., S. 17 f.
4 Vgl. N. Bobbio, *Quale socialismo?*, zit., S. 42 f., 73 f.; N. Bobbio, *Democrazia*, in N. Bobbio, N. Matteucci, G. Pasquino (Hg.), *Dizionario di politica,* Turin 1983; N. Bobbio, *Il futuro della democrazia*, zit., S. 4 ff.
5 Ebd., S. 14.
6 Ebd., S. 29 ff.; N. Bobbio, *Quale Socialismo?*, zit., S. 58 ff.
7 Vgl. N. Bobbio, *Il futuro della democrazia*, zit., S. 10 f., 33 ff.
8 Ebd., S. 59 ff.
9 Vgl. N. Bobbio, *Quale socialismo?*, zit., S. 95. Bobbio zitiert aus K. Kautsky, *Die Agrarfrage*, Berlin 1899.
10 Vgl. N. Bobbio, *Il futuro della democrazia*, zit., S. 57 f.; siehe auch N. Bobbio, *La regola di maggioranza. Limiti ed aporie*, in N. Bobbio, C. Offe, S. Lombardini, *Democrazia, maggioranza e minoranza*, Bologna 1981.
11 Vgl. N. Bobbio, *Quale socialismo?*, zit., S. 73 f.
12 Vgl. dagegen R. D'Alimonte, *Democrazia e competizione*, zit., S. 301-319, der von einer ›Minimaldefinition‹ der Demokratie als eines ›offenen politischen Wählermarkts‹ ausgeht und aus ›logischen Gründen‹ ausschließt, daß das Element des Wettbewerbs und das des differenzierten politischen Angebots notwendige Komponenten der Demokratie sind. Dennoch negiert D'Alimonte nicht die funktionelle Nützlichkeit des Wettbewerbs als einer Bedingung für die Responsivität einer demokratischen Führung und für die Bedeutung politischer Wahlen.
13 Vgl. N. Bobbio, *Quale socialismo?*, zit., S. 74 f.
14 Vgl. N. Bobbio, *Il futuro della democrazia*, zit., S. 7 f.
15 Ebd., S. 64. Zum nicht nur praktischen, sondern auch theoretischen Thema der Korruption der Demokratie, mit besonderem Hinblick auf die Situation in Italien, siehe F. Cazzola, *Della corruzione*, Bologna 1988; S. Belligni, *Corruzione e scienza politica. Una riflessione agli inizi,* Teoria politica, 3 (1987), 1.
16 Siehe V. Pareto, *Trasformazione della democrazia*, Mailand 1921; J. Agnoli, P. Brückner, *Die Transformation der Demokratie,* Frankfurt a.M. 1968.
17 Siehe die folgenden Aufsätze: *Quali alternative alla democrazia socialista?*, erschienen zuerst in Mondooperaio, 1975, Nr. 10, S. 40-47, später veröffentlicht in *Quale socialismo?*, zit., S. 42-65; *La crisi della democrazia e la lezione dei classici*, eine Umarbeitung der Rede, die Bobbio 1980 auf einem Kolloquium des Centro Mario Rossi in Siena gehalten hat und dann Aufnahme fand in N. Bobbio, G. Pontara, S. Veca, *Crisi della democrazia e neocontrattualismo*, zit., S. 9-73; *Il futuro della democrazia*, ursprünglich ein Redebeitrag, später in überarbeiteter und erweiterter Form

veröffentlicht in *Il futuro della democrazia*, zit., S. 3–28. Die Ausarbeitung ist bei Bobbio nicht streng systematisch, und häufig sind die nicht nur terminologischen Varianten und Überlagerungen. In *La crisi della democrazia e la lezione dei classici* vor allem stellt Bobbio neben die ›vier Paradoxa‹ der Demokratie die im vorhergehenden Aufsatz aufgezeigt wurden (Gegensatz der Demokratie zu: den großen Organisationen, dem Verwaltungsapparat des Staates, der Inkompetenz des Bürgers, der Massengesellschaft) drei »perverse Auswirkungen«: die Unregierbarkeit, die Privatisierung der Öffentlichkeit, die unsichtbare Macht. Im dritten Aufsatz läßt er diese Unterscheidung fallen und listet sechs »nicht eingehaltene Versprechungen« auf.

18 Vgl. N. Bobbio, *Quale socialismo?*, zit., S. 47 ff.; N. Bobbio, *La crisi della democrazia e la lezione dei classici*, zit., S. 19.
19 Vgl. N. Bobbio, *Quale socialismo?*, zit., S. 46; N. Bobbio, *La crisi della democrazia e la lezione dei classici*, zit., S. 19; N. Bobbio, *Il futuro della democrazia*, zit., S. 8 ff.
20 Vgl. N. Bobbio, *Quale socialismo?*, zit., S. 49 f.; N. Bobbio, *La crisi della democrazia e la lezione dei classici*, zit., S. 19.
21 Vgl. N. Bobbio, *Quale socialismo?*, zit., S. 50 ff.; N. Bobbio, *La crisi della democrazia e la lezione dei classici*, zit., S. 19; N. Bobbio, *Il futuro della democrazia*, zit., S. 18 ff.
22 Ebd., S. 10 ff.
23 Ebd., S. 14 ff., 43 ff.; vgl. auch N. Bobbio, *Quale socialismo?*, zit., S. 62 ff. Im Unterschied zum ›neopluralistischen‹ Dahl entwickelt Bobbio das Thema der ›ökonomischen Demokratie‹ nicht analytisch und zeigt sich immerhin sehr vorsichtig gegenüber der Möglichkeit einer demokratischen Reform der kapitalistischen Produktionsorganisation. Zum Thema ›industrielle Demokratie‹ siehe M. Kiloh, *Industrial Democracy*, in D. Held, C. Pollitt (Hg.), *New Forms of Democracy*, zit., S. 14–50.
24 Bobbio bezieht sich auf Alan Wolfes Analysen in *The Limits of Legitimacy*, New York 1977.
25 Vgl. N. Bobbio, *Il futuro della democrazia*, zit., S. 33 ff., 79–97; vgl. auch N. Bobbio, *La crisi della democrazia e la lezione dei classici*, zit., S. 27–33. Zu der großartigen Machtmetapher des *Panopticon* siehe P. Costa, *Il progetto giuridico*, Mailand 1974; M. Foucault, *Surveiller et punir. Naissance de la prison* (*Überwachen und Strafen. Die Geburt des Gefängnisses*, zit., S. 251 ff.).
26 Bobbio äußert sich zu diesem Punkt nicht völlig eindeutig. Während in dem Aufsatz *Il futuro della democrazia*, die Sichtbarkeit der Macht als eine der ›Versprechungen‹ angesehen wird, die nicht eingehalten werden konnten, vertritt Bobbio im Vorwort der gleichnamigen Aufsatzsammlung die Ansicht, daß die Sichtbarkeit der Macht die einzige ›Versprechung‹ ist, die eingehalten werden mußte.
27 Vgl. N. Bobbio, *Il futuro della democrazia*, zit., S. VIII.
28 Ebd., S. 21.
29 Ebd., S. 22.
30 Siehe R. Rose (Hg.), *Challenge to Governance. Studies in the Overloaded Polities*, Beverly Hills (Ca) 1975; M. J. Crozier, S. P. Hungton, J. Watanuki, *The Crisis of Democracy. Report on the Governability of Democracy to the Trilateral Commissions*, New York 1975.
31 Vgl. N. Bobbio, *Il futuro della democrazia*, zit., S. 23 f.
32 Ebd., S. 25.
33 Ebd., S. 25 f.
34 Perry Anderson zufolge gibt es bei Bobbio eine »ungelöste Antinomie« zwischen den Versuchungen des konservativen Realismus, der bei ihm vom italienischen Elitismus herrührt (den er ausgiebig erforscht hat) und den drängenden Forderungen eines Radikalismus sozialistischer Prägung, die auf Erfahrungen mit dem Antifaschismus und der Resistenza wie auch auf den ununterbrochenen Dialog mit den italienischen Kommunisten zurückzuführen sind. Aus diesem Grunde unterziehe Bobbio die liberale Demokratie zweier Formen der Kritik, die im Gegensatz zu einander stehen, ohne sich jemals völlig darüber im klaren zu sein, welche zentrale Stellung diese Antinomie in seiner politischen Philosophie einnimmt; vgl. P. Anderson, *The Affinities of Norberto Bobbio*, New Left Review, 170 (1988), 4, S. 3–36.
35 Vgl. N. Bobbio, *Il futuro della democrazia*, zit., S. 138.

36 Doch an anderen Textstellen enthüllt Bobbio die Pflichtverletzung durch die unsichtbare Macht schonungslos; vgl. N. Bobbio, *La crisi della democrazia e la lezione dei classici,* zit., S. 30 ff.
37 Ebd., S. 27 f.
38 Vgl. N. Bobbio, *L'utopia capovolta,* Turin 1990, S. XV.
39 Vgl. R. Dahl, *Democracy and Its Critics,* zit., S. 223.
40 Vgl. D. Held, *Models of Democracy,* zit., S. 201 ff. Held hebt die neue Aufmerksamkeit hervor, die Dahl dem Thema der ökonomischen Demokratie widmet. Der Begriff ›Neopluralismus‹ wurde bereits in der deutschen politischen Kultur ausgiebig verwendet, um die theoretische Position von Ernst Fraenkel und seiner Anhänger zu beschreiben; vgl. W. Stefani, *Pluralismus – Neopluralismus. Konzeptionen, Positionen und Kritik,* in H. Oberreuter (Hg.), *Pluralismus. Grundlegung und Diskussion,* München 1979, S. 31–65.
41 Vgl. R. Dahl, *Democracy and Its Critics,* zit., S. 252.
42 Ebd., S. 251 f. (»Eine moderne, dynamische und pluralistische Gesellschaft vollbringt eine Dezentralisierung der Macht, des Einflusses, der Autorität und der Kontrolle zu Gunsten einer Vielzahl von Individuen, Gruppen, Vereinigungen und Organisationen; sie ermutigt die Entwicklung zu Haltungen und Meinungen, die für die demokratischen Vorstellungen eintreten«). Zu ›corporate pluralism‹ und ›democratic corporatism‹ vgl. ebd., S. 296 f.
43 Ebd., S. 251 f.
44 Ebd., S. 251 (»Auch wenn die Regierung des Staates auf Eliten beschränkt ist, ist es sehr wahrscheinlich, daß in einer modernen, dynamischen und pluralistischen Gesellschaft ein wettbewerbsfähiges politisches System entsteht, in welchem der Kompromiß ein normales Element darstellt.«)
45 Ebd., S. 251 f.; an anderem Ort: »Die Verbreitung des Reichtums, des Einkommens, der Bildung, der Statuspositionen und der Macht läßt verschiedene Personengruppen entstehen, die sich vom Standpunkt der Rechte und der Möglichkeiten, für deren Inhaber sich jeder hält, einander als grundlegend ähnlich erkennen, während diese Verbreitung gleichzeitig die Grenzen abschwächt und oftmals modifiziert, welche die Mitglieder einer Gruppe von denen einer anderen trennt« ebd., S. 252.
46 Vgl. C. E. Lindblom, *The Intelligence of Democracy,* New York 1965. Außerdem wird gesagt, daß die Verhandlungsrepräsentation der Interessen dank ihrer Informalität eine Befriedigung der Erwartungen ermöglicht, die nicht nur an die Anzahl, sondern auch an die Intensität der Präferenzen denkt. Und zu den allen kämme noch eine wirksame garantistische Funktion hinzu. Die Garantie der persönlichen Rechte, die schwierig ist, wenn man sie dem einzelnen Individuum und den juristischen Instrumenten überläßt, die es formell zu seiner Verfügung hat, wird zu einer realistischen Perspektive, wenn es von einer Gruppe geschützt wird, die die Macht hat, Forderungen zu stellen; vgl. V. Mura, *Democrazia ideale e democrazia reale,* zit., S. 69.
47 R. Dahl, *Democracy and Its Critics,* zit., S. 295 ff.
48 R. Dahl, *Dilemmas of Pluralist Democracy. Autonomy versus Control,* New Haven 1982, S. 52. Dahl fügt hinzu: »Nach und nach wie die Komplexität in einem zentral kontrollierten System zunimmt, brauchen diejenigen, die leitende Positionen innehaben, eine wachsende Anzahl von Informationen, um eine Katastrophe zu vermeiden und das um so mehr, wenn sie die Absicht hegen, die Ziele zu verwirklichen, die man sich vorgenommen hat. Gleichwohl hat in den modernen demokratischen Ländern die Komplexität der Strukturen, der Prozesse und der Aktivitäten einer großen Zahl von relativ autonomen Organisationen die Theorie, die verfügbare Information, die Fähigkeit des Systems, diese Information weiterzuleiten, und die Tauglichkeit der politischen Repräsentanten, diese Information zu verstehen, auf breiter Front weiter übertroffen.« (ebd.)
49 Vgl. R. Dahl, *Democracy and Its Critics,* zit., S. 336; zum Thema der Beziehung zwischen demokratischem Prozeß und gesellschaftlicher Komplexität vgl. ebd., S. 335–341.
50 Ebd., S. 311.
51 Ebd., S. 338. Zu einer optimistischen Deutung des Verhältnisses zwischen Komplexität, Technologie und Demokratie siehe H. D. Forbes, *Dahl, Democracy and Technology,* in B. R. Day, R. Beiner, J. Masciulli (Hg.), *Democratic Theory and Technological Society,* Armonk (NY) 1988, S. 227–247.

52 Vgl. R. Dahl, *Democracy and Its Critics*, zit., S. 338 ff.
53 Ebd., S. 336 ff.
54 Siehe E. E. Schattschneider, *The Semosovereign People*, zit.; S. Kariel, *The Decline of American Pluralism*, Stanford 1961; H. Marcuse, *One Dimensional Man*, Boston 1964 (*Der eindimensionale Mensch*, München 1994); G. McConnell, *Private Power and American Democracy*, New York 1966; P. Bachrach, *The Theory of Democratic Elitism. A Critique*, Boston 1967; T. Lowi, *The End of Liberalism*, New York 1968; S. Halebsky, *Mass Society and Political Conflict*, Cambridge 1976, S. 182–233.
55 J. Agnoli, P. Brückner, *Die Transformation der Demokratie*, zit.; F. Naschold, *Organisation und Demokratie*, Stuttgart 1969; F. Scharpf, *Demokratietheorie zwischen Utopie und Anpassung*, Kronberg/Ts. 1970; W.-D. Narr, F. Naschold, *Theorie der Demokratie*, Stuttgart 1971; C. Offe, *Strukturprobleme des kapitalistischen Staates*, Frankfurt a.M. 1972; R. Eisfeld, *Pluralismus zwischen Liberalismus und Sozialismus*, zit.; F. Nuscheler, W. Stefani (Hg.), *Pluralismus. Konzeptionen und Kontroversen*, München 1972; H.-G. Assel (Hg.), *Demokratischer Sozialpluralismus*, München, Wien 1975.
56 Vgl. C. Offe, *Strukturprobleme des kapitalistischen Staates*, zit., S. 65–105.
57 Vgl. R. Dahl, *Democracy and Its Critics*, zit., S. 95–107; über das Verhältnis zwischen Autonomie, Responsivität und Konsens siehe V. Mura, *Democrazia ideale e democrazia reale*, zit., S. 70–76.
58 Das ›Westminstermodell‹ bezeichnet demnach die pluralistischen Systeme, die das Prinzip des Mehrheitsbeschlusses respektieren, wohingegen das Vereinsmodell dieses Prinzip abschwächen oder in der Tat negieren würde; vgl. A. Lijphart, *Democracies. Patterns of Majoritarian an Consensus Government in Twenty-One Countries*, London 1984.
59 Siehe N. Luhmann, *Klassische Theorie der Macht. Kritik ihrer Prämissen*, Zeitschrift für Politik, 16 (1969), 2; N. Luhmann, *Macht*, zit.; J. Habermas, N. Luhmann, *Theorie der Gesellschaft oder Sozialtechnologie*, zit.; J. Habermas, *Legitimationsprobleme im Spätkapitalismus*, Frankfurt a.M. 1973, S. 105–112, 144–159.
60 L. Morlino: »Wenn die Berufsverbände, die Pressure Groups, die Parteien eine wirkliche Autonomie erlangen, wenn sie immer mehr in der Lage sind, die Alternativen vorauszubestimmen und die Auswahlentscheidungen einer immer mehr fragmentierten Gesellschaft zu beeinflussen, die ihre Solidaritätsformen und ihre Identität verloren hat, wenn es vor allem die Notwendigkeiten und die Fragen der Selbsterhaltung sind, die die Priorität vor allen anderen einnehmen, dann verliert die Repräsentation an realer Bedeutung.« *Individui, gruppi e rappresentanza nelle democrazie attuali*, Rassegna dell'economia lucana, 26 (1988), 1, S. 33.
61 Virgilio Mura hebt den Unterschied zwischen den Begriffen ›präventiver Konsens‹ und ›konsekutiver Konsens‹ hervor: nur der erste soll demnach als eine den demokratischen Systemen eigene Legitimationsquelle angesehen werden, während der zweite eher eine Ressource des politischen Systems ist, die ausgiebig auch von nicht-demokratischen Systemen verwendet wird; vgl. V. Mura, *La democrazia*, unveröffentlichtes Typoskript, Sassari 1990, S. 48 ff.
62 L. Morlino drückt in dem Aufsatz *Individui, gruppi e rappresentanza nelle democrazie attuali*, zit., S. 27, einen ganz ähnlichen Gedanken aus, wenn er die Ansicht vertritt, daß die »konsolidierten demokratischen Institutionen sich nicht unter den Wirkungen äußerer Anreize ganz stufenweise und kontrolliert selbst verwandeln, sondern auf der Grundlage von Bedürfnissen, die sie selbst hervorgebracht haben. [...] Einerseits zieht immer größere Legitimation weitere Legitimation nach sich, die Autonomie fördert sich selbst, die Organisation wird mit neuen Strukturen vergrößert; andererseits wird der Repräsentationsmechanismus von der Priorität gestört, die inneren Fragen eingeräumt wird.«
63 Vgl. H. Kelsen, *Vom Wesen und Wert der Demokratie*, zit., S. 75 ff.
64 Dies geht weit über die funktionelle Notwendigkeit hinaus, die jede Regierungsmehrheit haben kann, nämlich vertrauenswürdigem und kompetentem politischen Personal die administrative Umsetzung ihrer Programme anzuvertrauen. Hier haben wir es mit Phänomenen zu tun, denen die kontinentale Literatur bezeichnenderweise die Namen ›institutionelle Kolonisierung‹, ›Aufteilung‹, ›Parzellierung‹ gegeben hat; für die italienische Situation, die in dieser Hinsicht beispielhaft ist, siehe z. B. G. Pasquino, *Restituire lo scettro al principe*, Rom, Bari 1985.

65 Vgl. N. Luhmann, *Soziologische Aufklärung*, I., zit., S. 9–53, 154–177.
66 Vgl. N. Luhmann, *Grundrechte als Institution*, Berlin 1965, S. 16 ff., 186 ff.
67 Vgl. N. Luhmann, *Legitimation durch Verfahren*, zit., S. 33 ff.; N. Luhmann, *Politische Planung*, zit., S. 9–34.
68 Vgl. G. Leibholz, *Das Wesen der Repräsentation unter besonderer Berücksichtigung des Repräsentativsystems*, Berlin, Leipzig 1929.
69 Für eine genaue soziologische Begriffsbestimmung von Partei und Bewegung vgl. A. Melucci, *Sistema politico, partiti e movimenti*, Mailand 1977, S. 57–68, 102–120.
70 Vgl. H. Kelsen, *Vom Wesen und Wert der Demokratie*, zit., S. 20.
71 Zu diesem Thema siehe A. Mastropaolo, *Saggio sul professionismo politico*, Mailand 1984.
72 Zum Thema der Entwicklung und der Transformationen der Parteiensysteme siehe S. Neumann (Hg.), *Modern Political Parties*, Chicago 1956; M. Duverger, *Les partis politiques*, Paris 1951; K. von Beyme, *Parteien in westlichen Demokratien*, München 1984; L. Maisel, P. M. Sacks (Hg.), *The Future of Political Parties*, London 1975; L. Maisel, J. Cooper (Hg.), *Political Parties. Development and Decay*, London 1978; W. J. Crotty, G. C. Jacobson, *American Parties in Decline*, Boston 1984; G. Sivini, *Sociologia dei partiti. Le trasformazioni nelle democrazie rappresentative*, Bologna 1982; P. Pombeni, *Introduzione alla storia dei partiti politici*, Bologna 1985.
73 Die öffentliche Finanzierung ist ja nur eine von vielen finanziellen Ressourcen der politischen Parteien, angefangen bei den ›Schenkungen‹ bis hin zur Geldspekulation sowie heimlichen und illegalen Wirtschaftsaktivitäten; siehe A. J. Heidenheimer, F. C. Langdon, *Business Associations and the Financing of Political Parties. A Comparative Study*, Den Haag 1968; R. Kraehe, *Le financement des partis politiques*, Paris 1972; H. E. Alexander, *Financing Politics. Money, Elections, and Political Reform*, Washington (DC) 1980; K. Z. Paltiel, *Campaign Finance. Contrasting Practices and Reforms*, in D. Butler, H. R. Penniman, A. Ranney (Hg.), *Democracy and the Polls*, Washington, London 1981. Zur italienischen Situation siehe G. Pasquino, *Restituire lo scretto al principe*, zit., *passim*; meinen Aufsatz *Una legge per i partiti politici*, Micromega, 1 (1986), 2, S. 34–49.
74 Vgl. A. Manzella, *La casa comune partitocratica*, Micromega, 5 (1990), 4, S. 48. Siehe auch G. Pasquino, *Partitocrazia* in *Dizionario di politica*, zit., S. 801 ff.
75 Vgl. L. Morlino, *Individui, gruppi e rappresentanza nelle democrazie attuali*, zit., S. 37 ff.
76 Siehe S. N. Eisenstadt, *Traditional Patrimonialism and Modern Neopatrimonialism*, Beverly Hills 1973; G. Roth, *Politische Herrschaft und persönliche Freiheit*. Teil I: *Charisma und Patrimonialismus heute*, Frankfurt a.M. 1987; siehe auch den Einleitungsaufsatz von P. P. Portinaro zur italienischen Ausgabe, *Personalismo senza carisma*, S. VII ff.
77 Siehe G. Pasquino, *Crisi dei partiti e governabilità*, Bologna 1980.
78 Vgl. A. Manzella, *La casa comune partitocratica*, zit., S. 44–55. Manzella ist der Ansicht, daß in Italien ein fließender Übergang in einer im Grunde institutionellen Kontinuität stattgefunden hat, und zwar von der einzigen Faschistenpartei zum einzigen Organismus des ›post-faschistischen‹ Parteiensystems; vgl. außerdem C. Pacifici, *Il partito italiano*, Rom 1990, S. 9 ff.
79 Absolut exemplarisch ist in dieser Hinsicht die Lage in Italien, die sowohl durch die Aufteilung (›Parzellierung‹) des öffentlich-rechtlichen Fernsehens durch die Regierungs- und Oppositionsparteien als auch durch Klientelverbindungen der politischen Parteien mit dem privaten Fernsehmarkt gekennzeichnet ist. Dieser letztere wird durch das Monopol der Gruppe Fininvest beherrscht, die eng mit der Sozialistischen Partei verbunden ist; diese wiederum ist bereits de facto die Inhaberin eines der drei staatlichen Fernsehkanäle.
80 Siehe L. D. Epstein, *Political Parties: Organization*, in D. Butler, H. R. Penniman, Al Ranney (Hg.), *Democracy and the Polls*, zit., S. 52–74; G. Benjamin (Hg.), *The Communication Revolution in Politics*, New York 1982; J. B. Abramson, F. C. Arterton, G. R. Orren, *The Electronic Commonwealth. The Impact of New Media Technologies on Democratic Politics*, New York 1988; siehe außerdem, mit unmittelbarem Bezug auch auf die Lage in Italien: G. Grossi, *Rappresentanza e rappresentazione. Percorsi di analisi dell'interazione tra mass media e sistema politico in Italia*, Mailand 1985; G. Pasquino, *Mass media, partito di massa e trasformazioni della politica*, Il Mulino, 32 (1983), 4, S. 559–579; G. Pasquino, *Alto sgradimento. La comunicazione politica dei partiti*, Problemi dell'informazione, 13 (1988), 4, S. 477–497.

81 Vgl. R. Dahrendorf, *Declino delle opposizioni e minoranze morali*, Micromega, 3 (1988), 2, S. 77–100; M. Cauchet, C. Castoriadis, *L'idea di rivoluzione ha ancora senso?*, Micromega, 5 (1990), 1, S. 197–202. In einigen europäischen Ländern wie England, Frankreich, Deutschland, Italien, der Schweiz oder Belgien – behauptet Dahrendorf – ist die Opposition entweder an den Rand gedrängt, oder sie ist ratlos und ohne jedes Programm. Wer anderer Meinung ist, zieht sich ins Privatleben zurück und läßt allenfalls Formen »moralischer Opposition« entstehen. Für Castoriadis ist die unbegrenzte Ausweitung von Produktion und Konsum nicht nur das alternativlose Paradigma für die kollektive Phantasievorstellung, sondern auch für die politischen Auswahlentscheidungen der ›liberalen Oligarchien‹, welche die industriell fortgeschrittenen Länder beherrschen. Ein tiefgehender und verbreiteter Konformismus erstickt die Autonomie der Subjekte und entleert die Gegensatzbestimmung zwischen rechts und links jeden realen Inhalts.
82 Ein gutes Beispiel für die brillante Präsidentialrhetorik bietet der italienische Journalist Giuliano Ferrara in *Chi ha paura del presidenzialismo?*, Micromega, 5 (1990), 4, S. 56 ff.
83 Siehe H. Daalder, P. Mair (Hg.), *Western European Party Systems. Continuity and Change*, London 1983; I. Crewe, D. Denver, *Electoral Change in Western Democracies. Patterns and Sources of Electoral Volatility*, London 1985; S. Bartolini, *La volatilità elettorale*, Rivista italiana di scienza political, 16 (1986), 3, S. 363–400.
84 Siehe S. Bartolini, P. Mair, *Identity, Competition, and Electoral Availability*, Cambridge 1990.
85 Diese Definition stammt von Otto Kirchheimer, in dem Aufsatz *The Transformation of the Western European Party Systems*, in J. La Palombara, M. Weiner (Hg.), *Political Parties and Political Development*, Princeton 1966.
86 Vgl. H. Kelsen, *Vom Wesen und Wert der Demokratie*, zit., S. 57; H. Kelsen, *Das Problem des Parlamentarismus*, Wien, Leipzig 1924.
87 Vgl. R. J. Harrison, *Pluralism and Corporatism. The Political Evolution of Modern Democracies*, London 1980, S. 64–73.
88 Siehe P. C. Schmitter, G. Lehmbruch (Hg.), *Trends Toward Corporatist Intermediation*, Beverly Hills (Ca) 1979; P. C. Schmitter, *Democratic Theory and Neocorporatist Practice*, Social Research, 50 (1983), 4, S. 885–928; P. C. Schmitter, *Neo-corporatism and the State*, in W. Grant (Hg.), *The Political Economy of Corporativism*, London 1985, S. 32–62; R. Benjamin, *The Limits of Politics. Collective Goods and Political Change in Postindustrial Societies*, Chicago 1980; C. Offe, *The Attribution of Public Status to Interest Groups*, in S. D. Berger (Hg.), *Organizing Interests in Western Europe. Pluralism, Corporatism and the Transformation of Politics*, Cambridge 1981, S. 123–158; W. Grant, *Introduction* zu W. Grant (Hg.), *The Political Economy of Corporativism*, London 1985, S. 1–31.
89 Vgl. F. Scharpf, *Politischer Immobilismus und Ökonomische Krise*, Kronberg/Ts. 1977; auch C. Donolo, F. Fichera, *Il governo debole. Forme e limiti della razionalità politica*, Bari 1981, S. 74–82; N. Bobbio, *Il futuro della democrazia*, zit., S. 136 (»Unter diesen gleichsam souveränen Potentaten [den großen Organisationen zum Schutz wirtschaftlicher Interessen] finden ständig Verhandlungen statt, die das eigentliche Spiel der Machtbeziehungen in der zeitgenössischen Gesellschaft darstellen, bei dem die Regierung, der ›Souverän‹ im traditionellen Sinn des Wortes, dessen Stellung *super partes* sein sollte, als ein Potentat unter anderen erscheint und nicht immer als der stärkste.«)
90 Vgl. T. Parsons, *On the Concept of Political Power*, in Proceedings of the American Philosophical Society, 1963, Bd. 197, Nr. 3; N. Luhmann, *Soziologie des politischen Systems*, in N. Luhmann, *Soziologische Aufklärung*, I, zit., S. 154–177; N. Luhmann, *Macht*, zit., S. 81–89. Siehe außerdem S. Scamuzzi, *Luhmann: i rischi del potere nelle società avanzate*, in M. Bovero (Hg.), *Ricerche politiche*, Mailand 1982.
91 Vgl. P. C. Schmitter, *Democratic Theory and Neocorporatist Practice*, zit., S. 886.
92 Siehe D. Easton, *The Political System*, zit.; D. Easton, *A Framework for Political Analysis*, zit.; K. Deutsch, *The Nerves of Government*, zit. Für eine vergleichende Bewertung des politischen Denkens von Easton und Luhmann siehe meinen Aufsatz *Teoria dei sistemi e analisi politica* in meiner Aufsatzsammlung *Complessità e democrazia*, Turin 1987, S. 51–67.

93 Siehe H. Simon, *Bounded Rationality*, in C. B. McGuire, R. Radner (Hg.), *Decision and Organization*, Amsterdam 1971; R. Boudon, *Effets pervers et ordre social*, Paris 1977.
94 Siehe N. Luhmann, *Klassische Theorie der Macht. Kritik ihreer Prämissen*, zit., passim.
95 In diesem Sinn entstand auch eine Theorie der Nullsumme der Macht; vgl. H. D. Lawell, A. Kaplan, *Power and Society*, New Haven 1950.
96 Vgl. N. Luhmann, *Klassische Theorie der Macht. Kritik ihrer Prämissen*, zit.; N. Luhmann, *Macht*, zit., S. 83 f.
97 Vgl. G. Germani, *Democrazia e autoritarismo nella società moderna*, Storia contemporanea, 11 (1980), 2, S. 212–217.
98 Vgl. R. Dahrendorf, *Declino delle opposizioni e minoranze morali*, zit., S. 85 f.; C. Offe, *Politische Herrschaft und Klassenstrukturen*, in G. Kress, D. Senghaas (Hg.), *Politikwissenschaft*, Frankfurt a.M. 1969.
99 Vgl. N. Luhmann, *Opportunismus und Programmatik in der öffentlichen Verwaltung*, in N. Luhmann, *Politische Planung*, zit., S. 165–180. Zur Bedeutung von Wachstumspolitik und Politik des Nebensächlichen im Sinn eines Entscheidungsprozesses, der sich über eine Abfolge kleiner Schritte entwickelt, von denen jeder eine leichte Verschiebung zum Nebensächlichen mit sich bringt, siehe D. Braybrooke, C. E. Lindblom, *A Strategy of Decision. Policy Evaluation as a Social Process*, New York 1963; außerdem C. Donolo, F. Fichera, *Il governo debole*, zit., S. 79 ff.
100 Siehe F. Scharpf, *Politische Planung zwischen Anspruch und Realität*, in M. Linder (Hg.), *Politische Planung in Theorie und Praxis*, Bern, Stuttgart 1980; F. Scharpf, *Politikverflechtung*, II, Kronberg/Ts. 1977; C. Donolo, F. Fichera, *Il governo debole*, zit., S. 47–82.
101 Siehe beispielsweise G. Teubner (Hg.), *Dilemmas of Law in the Welfare State*, Berlin, New York 1984; G. Teubner, H. Willke, *Kontext und Autonomie: Gesellschaftliche Selbststeuerung durch reflexives Recht*, Zeitschrift für Soziologie, 6 (1964), 1, S. 4–35.
102 Siehe R. Maintz (Hg.), *Implementation politischer Programme. Empirische Forschungsberichte*, Königstein/Ts. 1980; E. Bardach, *The Implementation Game. What Happens After a Bill Becomes a Law*, Cambridge (Ma) 1977.
103 Vgl. A. Cassese, *Il diritto internazionale nel mondo contemporaneo*, Bologna 1985, S. 21–29; über die Beziehungen des ›Globalisierungsprozesses‹ und der daraus folgenden Souveränitätseinschränkungen der nationalen Staaten vgl. D. Held, *Political Theory and the Modern State*, Stanford (Ca) 1989, S. 214–242.
104 Siehe L. Ferrajoli, *La crisi dello Stato di diritto nella crisi dello Stato sociale*, in E. Fano, S. Rodotá, G. Marramao (Hg.), *Trasformazioni e crisi del Welfare State*, Bari 1983, S. 419–429; L. Ferrajoli, *Diritto e ragione*, Rom, Bari 1989, *passim*, mit besonderem Bezug auf das Strafrecht. Andererseits sind die immer häufiger auftretenden Fälle der Verletzung des expliziten Gesetzesdiktats von seiten des Interpreten die Voraussetzung dafür, daß sie irgendeine administrative Wirkung haben kann. In anderen Fällen ist eine mehr oder weniger entschlossene *ignorantia legis*, wie *a contrario* die Sitzstreiks beweisen, die Bedingung für das Funktionieren ganzer administrativer Apparate. Aus diesem Grund könnte die Versuchung groß sein, gegen das Legalitätsprinzip die realistischen Einwände des Dezisionismus und der Staatsräson geltend zu machen.
105 Ich beziehe mich auf die unbegrenzte Macht, Bedingungen stellen zu können, wie sie in Italien von Fiat im Bereich der Verkehrsmittelpolitik und im Bereich der Telekommunikation von der monopolistischen Fininvest-Gruppe und ihrem Manager Silvio Berlusconi ausgeübt werden. Die Fininvest beherrscht einen ungeheuer großen Teil des italienischen Fernsehmarktes (und hat potente Ableger in Frankreich und Spanien), erfreut sich größter Unterstützung der Regierungsparteien, insbesondere der Sozialistischen Partei, und bietet den Regierungsparteien beachtliche Geschenke an, wenn für Wahlpropagandazwecke auf die Werbetarife Rabatte eingeräumt werden. Als das Parlament 1990 endlich ein Gesetz über die Regulation privater Fernsehsender verabschiedet hat, hat es das Inkrafttreten der Normen, die die Unterbrechung von Filmen durch Werbespots beschränken, um zwei Jahre hinausgezögert, um die Interessen der Fininvest nicht zu verletzen, die über einen gewaltigen Vorrat an noch abzusetzenden Filmrollen verfügte.

106 Vgl. J. O'Connor, *The Fiscal Crisis of the State*, New York 1973 (*Die Finanzkrise des Staates*, Frankfurt a.M. 1974).
107 Philippe Schmitter erkennt an, daß die korporative Konditionierung der Macht die Erwartungen der einfachen Bürger als »consumers, taxpayers, youths, feminists, irregular workers, foreigners, cultural minorities, nature lovers, pedestrians« usw. an den Rand drängt; vgl. P. Schmitter, *Democratic Theory and Neocorporatist Practice*, zit., S. 915 ff.
108 Zum Thema der Abweichung der funktionellen Schnelligkeit zwischen dem politischen Subsystem und den anderen primären Subsystemen erlaube ich mir, auf meinen Aufsatz *Il tempo della politica* hinzuweisen, Iride, 1, (1989), 2, S. 141–148.
109 Siehe M. J. Crozier, S. P. Huntington, J. Watanuki, *The Crisis of Democracy. Report on the Governability of Democracy to the Trilateral Commission*, New York 1975; W. Hennis et al., *Regierbarkeit*, Stuttgart 1977; zum Thema siehe außerdem C. Offe, *Unregierbarkeit. Zur Renaissance konservativer Krisentheorien*, in J. Habermas (Hg.), *Stichworte zur geistigen Situation der Zeit*, Frankfurt a.M. 1973.
110 Vgl. J. Habermas, N. Luhmann, *Theorie der Gesellschaft oder Sozialtechnologie*, zit., S. 260–269; J. Habermas, *Legitimationsprobleme im Spätkapitalismus*, zit.; J. Habermas, *Zur Rekonstruktion des Historischen Materialismus*, zit.; in dem zuletzt genannten Werk kritisiert Habermas Schumpeter, weil dessen Demokratiemodell die Bedeutung der Verfahren und der Prämissen der »freien Vereinbarung und der diskursiven Willensbildung« ausschließt (ebd., S. 280).
111 Ebd., S. 279 ff.
112 Vgl. J. Habermas, *Legitimationsprobleme im Spätkapitalismus*, zit., S. 157 ff.; zu diesem Thema siehe auch L. Baccelli, *Praxis e poiesis nella filosofia politica moderna*, Mailand 1991.
113 Vgl. N. Luhmann, *Positivität des Rechts als Voraussetzung einer modernen Gesellschaft*, Jahrbuch für Rechtssoziologie und Rechtstheorie, 1 (1970), S. 175–202; N. Luhmann, *Soziologische Aufklärung*, I, zit.
114 Vgl. N. Luhmann, *Legitimation durch Verfahren*, zit., S. 32; N. Luhmann, *Rechtssoziologie*, zit., S. 72, 259–266.
115 Über die Mechanismen der freiwilligen Aufmerksamkeit (oder beständigen Konzentration) siehe A. Bale, *L'attention*, Paris 1970.
116 Vgl. N. Luhmann, *Rechtssoziologie*, zit., S. 72 (»Man weiß nicht, welche Richtung der Hochschulreform die Bauern, welche Gerichtsverfassung die Hausfrauen, welche Großhandelskonditionen die Studienräte bevorzugen würden. Man muß bei realistischer Betrachtung davon ausgehen, daß solche Meinungen gar nicht existieren und auch nicht erzeugt werden können, sondern daß nur noch die institutionelle Fiktion der Meinungen hergestellt werden kann.«); N. Luhmann, *Politische Planung*, zit., S. 15 ff.
117 Vgl. N. Luhmann, *Legitimation durch Verfahren*, zit., S. 171 ff.
118 Vgl. C. Offe, *Krisen des Krisenmanagements. Elemente einer politischen Krisentheorie*, in M. Jänicke (Hg.), *Herrschaft und Krise*, Opladen 1973, S. 197–223.
119 Vgl. N. Luhmann, *Politische Planung*, zit., S. 12 ff., 24 ff.

V. DIE MULTIMEDIALE FÜRSTENHERRSCHAFT

1 Vgl. J. Schumpeter, *Kapitalismus, Sozialismus und Demokratie*, zit., S. 430; J. Plamenatz, *Democracy and Illusion*, zit., S. 117 ff.
2 Vgl. R. Dahl, *Democracy and Its Critics*, zit., S. 97–105.
3 Ebd., S. 83–96, 106–118.
4 Ebd., S. 220 ff.
5 Vgl. G. Sartori, *Elementi di teoria politica*, zit., S. 166; G. Sartori, *Demokratietheorie*, zit.
6 Vgl. J. Schumpeter, *Kapitalismus, Sozialismus und Demokratie*, zit., S. 431.
7 Ebd., S. 409.
8 Ebd., S. 413.
9 Vgl. G. Sartori, *Elementi di teoria politica*, zit., S. 188.
10 Arnold Gehlen zitiert mit lebhafter Zustimmung diese Ansicht Schumpeters: vgl. *Die Seele im technischen Zeitalter*, zit., S. 51.

11 Vgl. J. Schumpeter, *Kapitalismus, Sozialismus und Demokratie*, zit., S. 420.
12 Ebd., S. 419.
13 Ebd.
14 Ebd., S. 428.
15 Ebd., S. 433 f. Nach F. Bealey liegt die deutlichste Grenze der Schumpeterschen Demokratietheorie in der Unterschätzung der Gefährlichkeit der Macht und der Notwendigkeit ihrer ständigen Überwachung; vgl. F. Bealey, *Democracy in the Contemporary State*, Oxford 1988, S. 53 ff.
16 Downs vertritt die Ansicht, daß es unsinnig sei, über Politik gut informiert zu sein, weil der schwache Nutzen, der aus der Information hervorgeht, nicht die Kosten hinsichtlich des Zeitaufwands und anderer knapper Ressourcen rechtfertigt. Deshalb muß man davon ausgehen, daß ein breiter Teil der Bevölkerung seine Stimme ohne entsprechende Information und klare Beweggründe abgibt (vgl. A. Downs, *An Economic Theory of Democracy*, zit., S. 207-219, 298 ff.)
17 Vgl. J. Plamenatz, *Democracy and Illusion*, zit., S. 126.
18 Vgl. G. Sartori, *Demokratietheorie*, zit.; vgl. auch V. Mura, *Democrazia ideale e democrazia reale*, zit., S. 71 ff.
19 Vgl. G. Sartori, *Elementi di teoria politica*, Bologna 1987, S. 175; G. Sartori, *Demokratietheorie*, zit.
20 Vgl. R. Dahl, *Democracy and Its Critics*, zit., S. 221 f.; siehe auch die Definition der Mindesterfordernisse für die Demokratie, wie Bobbio sie in *Quale socialismo?* gegeben hat, zit., S. 42 f.
21 Vgl. J. Plamenatz, *Democracy and Illusion*, zit., S. 122-129.
22 Vgl. G. Sartori, *Elementi di teoria politica*, zit., S. 176-182; G. Sartori, *Demokratietheorie*, zit.; R. Aron, *Démocratie et totalitarisme*, zit.; R. Aron, *Catégories dirigeantes ou classe dirigeante?*, Revue française de science politique, 15 (1965), 1, S. 7-27.
23 Was das nicht wesentliche Merkmal eines diffusen Interesses der Bürger an politischen Fragen hinsichtlich des guten Funktionierens eines demokratischen Systems angeht, liegt Dahls Ansicht nicht weit von der Berelsons entfernt, der bekanntlich die politische Apathie mit Wohlwollen betrachtet: vgl. R. Dahl, *A Preface to Democratic Theory*, zit., S. 81; R. Dahl, *Who Governs?*, zit., S. 71, 279 f.
24 Vorausgesetzt, es handelt sich um politische Nachfragen, die von organisierten Gruppen zum Ausdruck gebracht werden; vgl. R. Dahl, *A Preface to Democratic Theory*, zit., S. 131; R. Dahl, *Who Governs?*, zit., S. 164; vgl. außerdem C. B. Macpherson, *The Life and Times of Liberal Democracy*, zit., S. 81 f.
25 Über die Art der von den Bürgern verlangten ›politischen Erkenntnis‹ in einem System pluralistischer Demokratie siehe J. Plamenatz, *Democracy and Illusion*, zit., S. 194 f.; vgl. außerdem D. Miller, *The Competitive Model of Democracy*, zit., S. 139 f.; G. Parry, *Citizenship and Knowledge*, in P. Birnbaum, J. Lively, G. Parry (Hg.), *Democracy, Consensus and Social Contract*, zit., S. 37-57; G. Parry, *Democracy and Amateurism – the Informed Citizen*, Government & Opposition, 24 (1989), 4, S. 490 ff.
26 Vgl. G. Sartori, *Elementi di teoria politica*, zit., S. 195 f.
27 Vgl. D. Held, *Models of Democracy*, zit., S. 179 f.
28 Vgl. D. F. Thompson, *The Democratic Citizen*, Cambridge 1970, S. 22 ff.
29 Siehe J. Habermas, *Strukturwandel der Öffentlichkeit*, Neuwied, Berlin 1962, S. 112-143.
30 Vgl. T. H. Qualter, *Opinion Control in the Democracies*, London 1985, S. 1-29; N. Matteucci, *Opinione pubblica*, in N. Bobbio, N. Matteucci, G. Pasquino, *Dizionario di politica*, Turin 1983.
31 Vgl. J. Habermas, *Strukturwandel der Öffentlichkeit*, zit., S. 158-171.
32 Vgl. S. Sighele, *La folla delinquente*, Turin 1891 (*Psychologie des Auflaufs und der Massenverbrechen*, Dresden 1897).
33 Siehe G. Le Bon, *La psychologie des foules*, Paris 1895 (*Psychologie der Massen*, Stuttgart 1982).
34 Siehe G. Wallas, *Human Nature in Politics*, London 1908 (*Politik und menschliche Natur*, Jena 1911); vgl. M. Margolis, *Viable Democracy*, London 1979, S. 103 ff.
35 Siehe J. Ortega y Gasset, *La Rebeliùn de las masas*, Madrid 1930.
36 Siehe F. A. Allport, *Toward a Science of Public Opinion*, Public Opinion Quarterly, 1 (1937), 1, S. 7-23.

37 Siehe W. Lippmann, *Public Opinion*, London 1922 (*Die öffentliche Meinung*, München 1990); W. Lippmann, *The Phantom Public*, New York 1925; W. Kornhauser, *The Politics of Mass Society*, London 1960; V.O. Key, *Public Opinion and American Democracy*, New York 1961.
38 Vgl. J. Schumpeter, *Kapitalismus, Sozialismus und Demokratie*, zit., S. 286.
39 In seinem letzten Buch, *Democracy and Its Critics*, zit., das die Quintessenz seines Denkens darstellt, widmet Dahl dem Thema über die Beziehung zwischen Demokratie, öffentlicher Meinung und Massenkommunikationsmitteln keine Beachtung. In seinem umfangreichen Werk *Demokratietheorie*, zit., in dem Giovanni Sartori heute seine Demokratietheorie neuerlich vorstellt, findet sich lediglich der eine oder andere allgemeine Hinweis auf das Problem.
40 Siehe D. D. Nimmo, K. R. Sanders (Hg.), *Handbook of Political Communication*, Beverly Hills (Ca) 1981; J. B. Thompson, *Ideology and Modern Culture*, Cambridge 1990, S. 20–27, 272–327; siehe außerdem M. Livolsi, F. Rosti (Hg.), *La ricerca sull'industria culturale*, Rom 1988.
41 Siehe D. J. O'Keefe, *Logical Empiricism and the Study of Human Communication*, Speech Monographs, 42 (1975), S. 169–183.
42 Siehe K. Deutsch, *The Nerves of Government*, zit.
43 Vgl. P. F. Lazarsfeld, B. Berelson, H. Gaudet, *The People's Choice*, New York 1940 (*Wahlen und Wähler. Soziologie des Wahlverhaltens*, Neuwied 1969). 53 % der Mitglieder der analysierten Gemeinschaft, die einige Monate lang der Wahlpropaganda ausgesetzt war, hatten sich auf eine Bestärkung ihrer anfänglichen Orientierungen beschränkt, und nur in einem beschränkten Verhältnis (5 %) hatten sie auf den Mediendruck mit einer politischen ›Bekehrung‹ reagiert. In einer Reihe von nachfolgenden und unter analogen Kriterien durchgeführten Untersuchungen kommen Lazarsfeld, Berelson und ihre Mitarbeiter zu dem Schluß, daß die Wahrnehmung und Speicherung der beförderten Botschaften von ihrer Natur aus selektiv und indirekt ist (siehe B. Berelson, P. Lazarsfeld, W. McPhee, *Voting*, Chicago 1954).
44 Siehe J. T. Klapper, *The Effects of Mass Communication*, New York 1960.
45 Über die Theorie der Verwendungen und der Befriedigungen siehe J. G. Blumler, D. McQuail, *Television in Politics*, Chicago 1969; J. G. Blumler, E. Katz (Hg.), *The Uses of Mass Communications. Current Perspectives on Gratifications Research*, Beverly Hills (Ca) 1974.
46 Vgl. B. Berelson, P. Lazarsfeld, W. McPhee, *Voting*, zit., S. 306–323.
47 Vgl. M. Wolf, *Teorie delle comunicazioni di massa*, Mailand 1985, S. 12 ff.
48 Siehe K. Lang, G. E. Lang, *The Mass Media and Voting*, in W. Schramm, D. Roberts (Hg.), *The Process and Effects of Mass Communication*, Chicago 1972.
49 Siehe die Introduction in D. D. Nimmo, K. R. Sanders (Hg.), *Handbook of Political Communication*, zit., S. 11–36.
50 Einen interessanten Versuch in jüngerer Zeit, den Einfluß der Massenkommunikation auf die tägliche Erfahrung nach den Regeln der Hermeneutik darzustellen, hat J. B. Thompson unternommen, in *Ideology and Modern Culture*, zit., S. 274–303.
51 Vgl. I. Glasser, *Television and the Construction of Reality*, Review of General Semantics (1988), 2.
52 Siehe P. Elliot, *The Making of a Television Series. A Case Study in the Production of Culture*, London 1972; P. Elliot, *Uses and Gratifications Research. A Critique and a Sociological Alternative*, in J. G. Blumler, E. Katz (Hg.), *The Uses of Mass Communications*, zit.; P. Eliott, *Intellectuals, the Information Society and the Disappearance of the Public Sphere*, in R. Collins et al. (Hg.), *Media, Culture and Society. A critical Reader*, London 1986; J. B. Thompson, *Ideology and Modern Culture*, zit., S. 19, 182–215.
53 Siehe R. L. Lanigan, *A Critical Theory Approach*, in D. D. Nimmo, K. R. Sanders (Hg.), *Handbook of Political Communication*, zit., S. 141–167; J. Curran, M. Gurevitch, J. Woollacott, *The Study of the Media. Theoretical Approaches*, in O. Boyd-Barret, P. Braham (Hg.), *Media, Knowledge and Power*, London 1987, S. 60 ff.; M. Wolf, *Teorie delle comunicazioni di massa*, zit., S. 79–100; eine Analyse der Beziehung zwischen Ideologieübertragung und Massenkommunikation findet sich in J. B. Thompson, *Ideology and Modern Culture*, zit., S. 12–20, 216–271.
54 Siehe D. L. Swanson, *A Constructivist Approach*, in D. D. Nimmo, K. R. Sanders (Hg.), *Handbook of Political Communication*, zit., S. 169–191; M. Wolf, *Teorie delle comunicazioni di massa*, zit., S. 137–429.

55 Vgl. C. R. Wright, *Functional Analysis and Mass Communication*, Public Opinion Quarterly, 24 (1960), 4, S. 605-628.
56 Vgl. M. Wolf, *Teorie delle comunicazioni di massa*, zit., S. 58-79.
57 Ebd., S. 177-254.
58 Siehe K. Lang, G. E. Lang, *The Mass Media and Voting*, in W. Schramm, D. Roberts (Hg.), *The Process and Effects of Mass Communication*, zit.; M. E. McCombs, *The Agenda Setting Approach*, in D. D. Nimmo, K. R. Sanders (Hg.), *Handbook of Political Communication*, zit.; M.E. McCombs, D. L. Shaw, *The Agenda-Setting Function of the Mass Media*, Public Opinion Quarterly, 36 (1972), 2, S. 176-187.
59 Siehe E. Noelle-Neumann, *Return to the Concept of Powerful Mass Media*, Studies of Broadcasting, 9 (1973), 1, S. 67-112; *Kumulation, Konsonanz und Öffentlichkeitseffekt. Ein neuer Ansatz zur Analyse der Wirkung der Massenmedien*, Publizistik, 18 (1973), S. 26-55.
60 Vgl. M. Wolf, *Teorie delle comunicazioni di massa*, zit., S. 142.
61 Siehe J. D. Steinbruner, *The Cybernetic Theory of Decision. New Dimensions of Political Analysis*, Princeton 1974.
62 Siehe K. Deutsch, *The Nerves of Government. Models of Political Communication and Control*, zit.; K. Deutsch, *Toward a Cybernetic Model of Man and Society*, in W. Buckley (Hg.), *Modern Systems Research for the Behavioral Scientist*, Chicago 1968; K. Deutsch, *On Political Theory and Political Action*, The American Political Science Review, 65 (1971), 1, S. 11-27.
63 Der einzige Versuch, den kybernetischen Ansatz von Deutsch auf ein konkretes politisches System anzuwenden, ist die Untersuchung von I. Galnoor, *The Israeli Political System*, Beverly Hills (Ca) 1981.
64 Siehe R.R. Fagen, *Politics and Communication*, Boston 1966; S. H. Chaffee (Hg.), *Political Communication*, Beverly Hills (Ca) 1975.
65 Siehe D.V. J. Bell, *Power, Influence and Authority*, New York 1975; C. Mueller, *The Politics of Communication*, New York 1973 (*Politik und Kommunikation*, München 1975).
66 Siehe L. L. Kaid, *Political Advertising*, in D. D. Nimmo, K. R. Sanders (Hg.), *Handbook of Political Communication*, zit., S. 249-271; C. Marletti, *Media e politica. Saggi sull'uso simbolico della politica e della violenza nella comunicazione*, Mailand 1984; G.Grossi, *Rappresentanza e rappresentazione. Persorsi di analisi dell'interazione tra mass media e sistema politico in Italia*, Mailand 1985.
67 Vgl. T. Luke, *Televisual Democracy and the Politics of Charisma*, Telos, 19 (1986), 4, S. 59-79; F. C. Arterton, *Teledemocracy. Can Technology Protect Democracy?*, Newbury Park (Ca) 1987; S. Fabbrini, *La leadership politicanella democrazia delle comunicazioni di massa*, Democrazia e diritto, 30 (1990), 2, S. 161-196.
68 Siehe M. Edelman, *Constructing the Political Spectacle*, Chicago 1988. Zum allgemeineren Thema der politischen Manipulation siehe E. Etzioni-Halevy, *Political Manipulation and Administrative Power*, London 1979; R. E. Goodin, *Manipulatory Politics*, New Haven (Ct) 1980.
69 J. B. Thompson ist der Ansicht, daß die modernen Massenkommunikationsmittel einerseits die Fähigkeit der politischen Führungspersönlichkeiten erhöhen, auf immer größer werdende Öffentlichkeiten einzuwirken, und sie anderseits aber ›verletzbarer‹ machen, weil sie ›sichtbarer‹ und der Kritik der Bürger ausgesetzt sind, die heute über größere Information und größere Macht als früher verfügen (*Ideology and Modern Culture*, zit., S. 115).
70 Vgl. G. Sartori, *Video-Power*, Government and Opposition, 24 (1989), 1, S. 52.
71 Siehe L. J. Martin (Hg.), *Polling and the Democratic Consensus*, Beverly Hills (CA) 1984; D. Kavanagh, *Public Opinion Polls*, in D. Butler, H.R. Penniman, A. Ranney (Hg.), *Democracy and the Polls*, zit., S. 196-215.
72 Vgl. C. Zukin, *Mass Communication and Public Opinion*, in D. D. Nimmo, R. K. Sanders (Hg.), *Handbook of Political Communication*, zit., S. 359-390.
73 Vgl. C. H. Cooley, *Social Organization*, Glencoe (Il) 1956; siehe außerdem R. E. Park, *Society, Collective Behaviour, News and Opinion, Sociology and Modern Society*, Glencoe (Il) 1955.
74 Siehe G. Gallup, S. F. Rae, *The Pulse of Democracy. The Public-Opinion Poll and How it Works*, New York 1940; H.D. Lasswell, *Democracy Through Public Opinion*, Menasha (Wi) 1941, S. 15.

75 Vgl. K. C. Laudon, *Communication, Technology and Democratic Participation*, New York 1977, S. 1–48; M. Traber, *The Myth of the Informatic Revolution*, London 1986, S. 1–6. Siehe außerdem C. Marletti, *Agorà elettronica o democrazia campionaria?*, Teoria politica, 5 (1989), 1, S. 85–91.
76 Vgl. N. Luhmann, *Öffentliche Meinung*, Politische Vierteljahresschrift, 11 (1970), 1, S. 2–28.
77 Siehe P. Bachrach, M. S. Baratz, *Power and Poverty*, zit., passim.
78 Man könnte die Ansicht vertreten, daß eine Bestätigung für diese These in jüngerer Zeit von der DDR geliefert wurde. Hier wurden die alten Methoden der marxistisch-leninistischen Despotie von den westdeutschen Kommunikationsmitteln besiegt, welche über Jahre in aller Stille ihren Überredungseinfluß auf die Bewohner des »demokratischen Deutschlands« ausgeübt haben. Auch der überwältigende Erfolg der konservativen Parteien bei den ersten »pluralistischen« deutschen Wahlen in Ostdeutschland (März 1990) wird von vielen Beobachtern dem Einfluß des »konsumistischen Modells« zugeschrieben.
79 Obgleich J. B. Thompson den asymmetrischen und wenig interaktiven Charakter der Massenkommunikation einräumt, wendet er sich gegen das, was er den »Mythos der passiven Rezeption« der Medienbotschaften nennt. Meiner Ansicht nach können keine Zweifel an der Schwierigkeit bestehen, welche die elektronischen Medien bei der unmittelbaren Übermittlung der ideologischen Inhalte auf Grund der selektiven Mechanismen begegnen, die in der Psyche der Adressaten wirksam sind. Allerdings darf man nicht vergessen, daß eine der wirksamsten Techniken überredender Kommunikation gerade im Überspringen der kritisch-selektiven Fähigkeit des Rezipienten durch im weitesten Sinn unterschwellige Botschaften besteht (vgl. J. B. Thompson, *Ideology and Modern Culture*, zit., S. 24 f., 114 f., 319).
80 Siehe D. D. Nimmo, J. E. Combs, *Subliminal Politics*, Englewood Cliffs (NJ) 1980.
81 Vgl. E. Noelle-Neumann, *Die Schweigespirale. Öffentliche Meinung, unsere soziale Haut*, München 1980, S. 244 ff.
82 Gianni Vattimo ist demgegenüber der Ansicht, daß »die verbreitete Welt der Kommunikation eine Erlösung von den Unterschieden« bedingt, weil die Verwitterung des Realitätsprinzips, das die Medien hervorgebracht haben, die Explosion einer »Vielfältigkeit ›lokaler‹ Vernunft zuläßt – ethnische, sexuelle, religiöse, kulturelle oder ästhetische Minderheiten –, die das Wort ergreifen, endlich nicht mehr zufrieden und von der Vorstellung unterdrückt, daß es nur eine Form von wirklicher Humanität gebe, die es zu verwirklichen gelte« (*La società trasparente*, zit., S. 16 f.). Die Auswirkung der Orientierungslosigkeit, die viele Analytiker mit dem Übermaß an selektiven Leistungen in Verbindung bringen, die von der Überfrachtung einer nicht-interaktiven Kommunikation verlangt wird, wird von Vattimo sehr eindrucksvoll als emanzipatorische Leistung gedeutet, ist jedoch meiner Meinung nach nicht überzeugend.
83 Vgl. E. Noelle-Neumann, *Die Schweigespirale*, zit., S. 59–83.
84 Vgl. E. E. Schattschneider, *The Semisovereign People*, zit., S. 68 (»the definition of the alternatives is the supreme instrument of power«); P. Bachrach, M. S. Baratz, *Power and Poverty*, zit., S. 38–51 (*Macht und Armut*, zit., S. 74–86); N. Luhmann, *Macht*, zit., passim.
85 Zum Thema der Politikverdrossenheit innerhalb komplexer Gesellschaften siehe stellvertretend G. di Palma, *Apathy and Participation. Mass Politics in Western Societies*, New York 1970. Eine meiner Ansicht nach nicht überzeugende, völlig gegenteilige Hypothese trägt R. Inglehart in *Culture Shift in Advanced Industrial Societies*, Princeton 1990, vor. Nach Ingleharts Ansicht würden die immer höheren Bildungsstandards, die Verflachung der sexuellen Unterschiede vom Standpunkt der Politisierung aus und die Verbreitung post-materialistischer Werte zu einer zunehmenden ›kognitiven‹ politischen Mobilisierung der neuen Generationen führen. Siehe auch R. Inglehart, *La nuova partecipazione nelle società post-industriali*, Rivista italiana di scienza politica, 18, (1988), 3, S. 403–445.
86 In diesem Punkt scheint auch Giovanni Sartori heute zuzustimmen: siehe *Video-Power*, zit.

Schlussbetrachtung

1 Auf dem Gebiet der Sozialtechnologie könnte man einige institutionelle Lösungen ins Auge fassen, die vielleicht auf die eine oder andere Weise den evolutiven Risiken der Demokratie begegnen können. Da kommt mir zunächst der Gedanke der Konstituierung von politischen

Parteien. Diese formelle Anerkennung mußte von einer strengen Definition (und Begrenzung) der Parteifunktionen begleitet werden, die in einem ›Öffentlichen Statut der Parteien und politisch Tätigen‹ von verfassungsmäßiger Bedeutung umgesetzt werden sollte. Zweitens muß man die Notwendigkeit einer neuen Aufteilung der Gewalten im Bewußtsein behalten, die den funktionellen Verfall der legislativen Versammlungen zur Kenntnis nimmt. Die Macht, gewöhnliche Gesetze zu erlassen, sollte der Regierung zugesprochen werden, während den gewählten Organen umfangreiche Machtbefugnisse für die Überprüfung und Kontrolle der Verwaltungstätigkeiten eingeräumt werden sollten. Die Direktwahl für die Führungsspitzen der Verwaltung könnte zudem dazu beitragen, die Vermittlungsmacht der Parteien zu beschränken und der Funktion der Regierung größere Stabilität zu sichern. Eine dritte und wahrscheinlich die entscheidende Instanz müßte die Förderung der Verbreitung demokratisch-politischer Kommunikation sein. Trotz der extremen Schwierigkeit dieser Aufgabe wäre der Versuch notwendig, die multimediale Kommunikation aus ihrer Abhängigkeit sowohl vom politischen wie vom produktiven System herauszulösen und sie vom Werbungsparadigma zu befreien, das diese beiden Subsysteme immer mehr miteinander verbindet.

Auswahlbibliographie

I. Theorien der Komplexität und der gesellschaftlichen Komplexität

Anderson, C.W., ›Public Policy and the Complex Organization‹, in L.N. Lindberg (Hg.), *Politics and the Future of Industrial Society*, New York 1976 (*Systemtheorie*, Berlin 1972).

Ashby, W.R., ›Principles of the Self-Organizing System‹, in W. Buckley (Hg.), *Modern System Research for the Behavioral Scientist*, Chicago 1968.

Atlan, H., *Entre le cristal et la fumée. Essai sur l'organization du vivant*, Paris 1979.

Bertalanffy, L. von, *General System Theory*, New York 1968.

Boudon, R., *Effets perverses et ordre social*, Paris 1977 (*Widersprüche sozialen Handelns*, Darmstadt 1979).

Buckley, W., *Sociology and Modern System Theory*, Englewood Cliffs (NJ) 1967.

Casti, J., *Connectivity, Complexity and Catastrophe in Large-scale Systems*, New York 1979.

Delattre, P., *Théorie des systèmes et épistémologie*, in J. Lesourne, *La notion de système dans les sciences contemporaines*, II, Aix-en-Provence 1982.

Emery, F.E. (Hg.), *Systems Thinking*, Harmondsworth 1969.

Gottinger, H.W., *Coping with Complexity*, Dordrecht, Boston 1983.

Hayek, F.A., ›The Theory of Complex Phenomena‹, in M. Bunge (Hg.), *The Critical Approach to Science and Philosophy*, New York 1964.

Hofstadter, D.R., *Gödel, Escher, Bach*, Harmondsworth 1979.

Klages, G. und Nowak, J., ›The Mastering of Complexity as a Problem of the Social Sciences‹, *Theory and Decision*, 2 (1971), 2.

La Porte, T.R. (Hg.), *Organized Social Complexity. Challenge to Politics and Policy*, Princeton 1975.

Loasby, B.J., *Choice, Complexity and Ignorance*, New York 1976.

Luhmann, N., *Soziologische Aufklärung*, I., Opladen 1970.
---, *The Differentiation of Society*, New York 1981.
---, (Hg.), *Soziale Differenzierung*, Opladen 1985.

Prigogine, I. und Stengers, I., *La Nouvelle Alliance. Métamorphose de la science*, Paris 1979 (*Dialog mit der Natur. Neue Wege naturwissenschaftlichen Denkens*, München 1993).

Scharpf, F., ›Komplexität als Schranke der politischen Planung‹, *Politische Vierteljahresschrift*, Sonderheft 4, 1972.

---, ›Komplexe Demokratietheorie‹, in F. Nuscheler und W. Steffani (Hg.), *Pluralismus. Konzeptionen und Kontroversen*, München 1972.

Scott, R.W., *Organizations. Rational, Natural and Open Systems*, Englewood Cliffs 1981.

Simmel, G., *Über Soziale Differenzierung. Soziologische und psychologische Untersuchungen*, Leipzig 1890.

Simon, H. A., ›The Architecture of Complexity‹, in H. A. Simon, *The Sciences of the Artificial*, Cambridge (Ma) 1981 (*Die Wissenschaft vom Künstlichen*, Wien 1994).

---, ›Bounded Rationality‹, in C.B. McGuire und R. Radner (Hg.), *Decision and Organization*, Amsterdam 1971.

Thom, R., *Stabilité structurelle et morphogénèse*, Paris 1972.

Tyrell, H., ›Anfragen an die Theorie der gesellschaftlichen Differenzierung‹, *Zeitschrift für Soziologie*, 7 (1978), 2.

Zeeman, C., *Catastrophe Theory*, Reading (Ma) 1977.

Zolo, D., ›Reflexive Selbstbegründung der Soziologie und Autopoiesis‹, *Soziale Welt*, 36 (1985), 4.

---, ›Function, Meaning, Complexity‹, *Philosophy of the Social Sciences*, 16 (1986), 1.

---, *Reflexive Epistemology*, Boston Studies in the Philosophy of Science, Dordrecht, Boston, London 1989.

---, ›The Epistemological Status of the Theory of Autopoiesis and Its Applications to the Social Sciences‹, in A. Febbrajo und G. Teubner (Hg.), *State, Law, Economy as Autopoietic Systems. Regulation and Autonomy in a New Perspective*, Mailand, München, London 1990.

---, ›Reflexive Epistemology and Social Complexity. The Philosophical Legacy of Otto Neurath‹, *Philosophy of the Social Sciences*, 20 (1990), 2.

II. POLITISCHE ERKENNTNIS

Almond, G. A. und Genco, S. J., ›Clouds, Clocks, and the Study of Politics‹, *World Politics*, 29 (1977), 4.

Berlin, I., ›Does Political Theory Still Exist?‹, in P. Laslett und W. G. Runciman (Hg.), *Philosophy, Politics and Society*, Oxford 1962.

Dahl, R.A., ›The Behavioral Approach in Political Science. Epitaph for a Monument to a Successful Protest‹, *American Political Science Review* 55 (1961), 4.

Deutsch, K., ›Recent Trends in Research Methods‹, in J. Charlesworth (Hg.), *A Design for Political Science. Scope, Objectives, and Methods*, Philadelphia 1966.

Downs, A., *An Economic Theory of Democracy*, New York 1957 (*Ökonomische Theorie der Demokratie*, Tübingen 1968).

Easton, D., ›The Current Meaning of »Behavioralism«‹, in G. C. Charlesworth (Hg.), *The Limits of Behavioralism in Political Science*, Philadelphia 1962.

---, ›Political Science in the United States. Past and Present‹, *International Political Science Review*, 6 (1985), 1.

Euben, P. J., ›Political Science and Political Silence‹, in P. Green und S. Levinson (Hg.), *Power and Community. Dissenting Essays in Political Science*, New York 1970.

Eulau, H., *The Behavioral Persuasion in Politics*, New York 1963.

Falter, J. F., *Der »Positivismusstreit« in der amerikanischen Politikwissenschaft*, Opladen 1962.

Hayward, J., ›The Political Science of Muddling Through: The *de facto* Paradigm?‹, in J. Hayward und P. Norton (Hg.), *The Political Science of British Politics*, Brighton 1986.

Lerner, D. und Lasswell, H. D. (Hg.), *The Policy Sciences. Recent Developments in Scope and Method*, Stanford 1951.

Lindblom, C. E., ›Still Muddling, not yet Through‹, *Public Administration Review*, 39 (1979), 6.

MacIntyre, A., ›Is a Science of Comparative Politics Possible?‹, in P. Laslett, W. G. Runciman und Q. Skinner (Hg.), *Philosophy, Politics and Society*, Oxford 1972.

---, ›The Indispensability of Political Theory‹, in D. Miller und L. Siedentop (Hg.), *The Nature of Political Theory*, Oxford 1983.

Plamenatz, J., ›The Use of Political Theory‹, in A. Quinton (Hg.), *Political Philosophy*, Oxford 1967.

Ricci, D. M., *The Tragedy of Political Science*, New Haven 1984.

Ryan, A., ›'Normal' Science or Ideology?‹, in P. Laslett, W.G. Runciman und Q. Skinner (Hg.), *Philosophy, Politics and Society*, Oxford 1972.

Strauss, L., ›What is Political Philosophy?‹, in L. Strauss, *What is Political Philosophy and Other Studies*, Glencoe (Il) 1959.

Taylor, C., ›Neutrality in Political Science‹, in P. Laslett und W. G. Runciman (Hg.), *Philosophy, Politics and Society*, New York 1967.

---, ›Political Theory and Practice‹, in C. Lloyd (Hg.), *Social Theory and Political Practice*, Oxford 1983.

Wolin, S. S., ›Political Theory as a Vocation‹, *American Political Science Review*, 63 (1969), 4.

Zolo, D., ›Theoretical Language, Evaluations and Prescriptions. A Postempiricist Approach‹, in E. Pattaro (Hg.), *Reason in Law*, Mailand 1988.

III. Die zeitgenössische Diskussion über Demokratie

Arblaster, A., *Democracy*, Milton Keynes 1987.

Aron, R., *Démocratie et totalitarisme*, Paris 1965 (*Demokratie und Totalitarismus*, Hamburg 1970).

Assel, H.-G., *Demokratischer Sozialpluralismus*, München, Wien 1975.

Bachrach, P. und Baratz, M. S., *Power and Poverty*, New York 1970 (*Macht und Armut. Eine theoretisch-empirische Untersuchung*, Frankfurt a.M. 1977).

Barber, B. R., *Strong Democracy*, Berkeley 1984 (*Starke Demokratie. Über die Teilhabe am Politischen*, Hamburg 1994).

Benjamin, R., *The Limits of Politics. Collective Goods and Political Change in Postindustrial Societies*, Chicago 1980.

Bobbio, N., *Il futuro della democrazia*, Turin 1984 (*Die Zukunft der Demokratie*, Berlin 1988).

Bruckner, P., *La mélancolie démocratique*, Paris 1990.

Burnheim, J., *Is Democracy Possible?*, Cambridge 1985 (*Über Demokratie. Alternativen zum Parlamentarismus*, Berlin 1987).

Butler, D., Penniman, H. R. und Ranney, A. (Hg.), *Democracy and the Polls*, Washington, London 1981.

Cnudde, C. F. und Neubauer, D. E. (Hg.), *Empirical Democratic Theory*, Chicago 1969.

Crozier, M. J., Huntington, S. P. und Watanuki, J., *The Crisis of Democracy. Report on the Governability of Democracy to the Trilateral Commission*, New York 1975.

Dahl, R. A., *A Preface to Democratic Theory*, Chicago 1956 (*Vorstufen zur Demokratietheorie*, Tübingen 1976).

---, *Who Governs?*, New Haven 1961.

---, *Polyarchy*, London 1970.

---, *A Preface to Economic Democracy*, Cambridge 1985.

---, *Controlling Nuclear Weapons. Democracy versus Guardianship*, Syracuse (NY) 1985.

---, *Democracy and Its Critics*, New Haven 1989.

Day, B. R., Beiner, R. und Masciulli, J. (Hg.), *Democratic Theory and Technological Society*, Armonk (NY) 1988.

Edelman, M., *Constructing the Political Spectacle*, Chicago, London 1988.

Frei, D. (Hg.), *Überforderte Demokratie?*, Zürich 1978.

Grube, F. und Richter, G. (Hg.), *Demokratietheorien. Konzeptionen und Kontroversen*, Hamburg 1975.

Guggenberger, B. und Kempf, U. (Hg.), *Bürgerinitiativen und repräsentatives System*, Opladen 1978.

Habermas, J., *Legitimationsprobleme im Spätkapitalismus*, Frankfurt a.M. 1973.

---, und Luhmann, N., *Theorie der Gesellschaft oder Sozialtechnologie*, Frankfurt a.M. 1971.

Hättich, M., *Gefährdete Demokratie*, München 1988.

Held, D., *Models of Democracy*, Cambridge 1987.

---, *Political Theory and the Modern State*, Stanford 1989.

Kariel, H. (Hg.), *Frontiers of Democratic Theory*, New York 1970.

Kelsen, H., *Vom Wesen und Wert der Demokratie*, Tübingen 1929.

---, ›Foundations of Democracy‹, *Ethics*, 66 (1955-56), 1.

Key, W. O., *Public Opinion and American Democracy*, New York 1961.

Kornhauser, W., *The Politics of Mass Society*, London 1960.

Kremendahl, H., *Pluralismustheorie in Deutschland*, Leverkusen 1977.

Leca, J. und Papini, R. (Hg.), *Le démocraties sont-elle gouvernables?*, Paris 1985.

Lefort, C., *L'invention démocratique*, Paris 1981.

Lindblom, C., *The Intelligence of Democracy*, New York 1965.

Luhmann, N., ›Klassische Theorie der Macht. Kritik ihrer Prämissen‹, *Zeitschrift für Politik*, 16 (1969), 2.

---, *Legitimation durch Verfahren*, Neuwied, Berlin 1969.

---, *Politische Planung*, Opladen 1971.

---, *Macht*, Stuttgart 1975.

---, *Vertrauen*, Stuttgart 1973.

---, *Politische Theorie im Wohlfahrtsstaat*, München, Wien 1981.

---, *Rechtssoziologie*, Reinbek 1972, Bd. 1 und 2.

Macpherson, C. B., *Democratic Theory*, Oxford 1977 (*Demokratietheorie. Beiträge zu ihrer Erneuerung*, München 1977).

---, *The Life and Times of Liberal Democracy*, Oxford 1977 (*Vergangenheit und Zukunft der liberalen Demokratie*, Frankfurt a.M. 1983).

Massing, P., *Interesse und Konsensus*, Opladen 1979.

Matz, U. (Hg.), *Grundprobleme der Demokratie*, Darmstadt 1973.

Naschold, F., ›Demokratie und Komplexität‹, *Politische Vierteljahresschrift*, 9 (1968), 4.

---, ›Die systemtheoretische Analyse demokratischer politischer Systeme‹, *Politische Vierteljahresschrift*, Sonderheft 2, 1970.

Oberreuter, H. (Hg.), *Pluralismus. Grundlegung und Diskussion*, München 1979.

Offe, C., *Strukturprobleme des kapitalistischen Staates*, Frankfurt a.M. 1972.

---, ›Democracy against the Welfare State? Structural Foundations of Neoconservative Political Opportunities‹, *Political Theory*, 15 (1987), 4.

---, und Preuss, U. K., ›Democratic Institutions and Moral Resources‹, in D. Held (Hg.), *Political Theory Today*, Cambridge 1991.

Parry, G., *Political Elites*, London 1969.

Pateman, C., *The Problem of Political Obligation*, Chichester 1979.

Plamenatz, J., *Democracy and Illusion*, London 1973.

Rödel, U., Frankenberg, G. und Dubiel, H., *Die demokratische Frage*, Frankfurt a.M. 1989.

Sartori, G., *The Theory of Democracy Revisited*, Chatham (NJ) 1987, Bd. 1 und 2 (*Demokratietheorie*, Darmstadt 1992).

Schmitter, P. und Lehmbruch, G. (Hg.), *Trends Toward Corporatist Intermediation*, Beverly Hills (Ca) 1979.

Seurin, J.-L. (Hg.), *La démocratie pluraliste*, Paris 1980.

Steffani, W. (Hg.), *Parlamentarismus ohne Transparenz*, Opladen 1977.

Wolfe, A., *The Limits of Legitimacy*, New York 1977.

Zolo, D., ›The Evolutionary Risks of Democracy‹, *Praxis International*, 9 (1989), 3.

IV. Kommunikative Forschung und politische Kommunikation

Abramson, J. B., Arterton, F. C. und Orren, G .R., *The Electronic Commonwealth. The Impact of New Media Technologies on Democratic Politics*, New York 1988.

Arterton, F. C., *Teledemocracy. Can Technology Protect Democracy?*, Newbury Park (Ca) 1987.

Benjamin, G. (Hg.), *The Communication Revolution in Politics*, New York 1982.

Berelson, B., ›Democratic Theory and Public Opinion‹, in B. Berelson und M. Janowitz (Hg.), *Reader in Public Opinion and Communication*, New York 1966.

Blumler, J. G. und McQuail, D., *Television in Politics*, London 1968.

Chaffee S. H. (Hg.), *Political Communication*, Beverly Hills (Ca) 1975.

Deutsch, K.W., *The Nerves of Government*, New York 1966 (*Politische Kybernetik. Modelle und Perspektiven*, Freiburg/Br. 1970).

Diamond, E. und Bates, S., *The Spot. The Rise of Political Advertising on Television*, Cambridge (Ma) 1984.

Door, A., *Television and Children*, Beverly Hills (Ca) 1986.

Elliot, P., *The Making of a Television Series. A Case Study in the Production of Culture*, London 1972.

Entman, R. M., *Democracy without Citizens*, New York, Oxford 1989.

Gerber, C.-P. und Stosberg, M., *Die Massenmedien und die Organisation politischer Interessen*, Bielefeld 1969.

Golding, P., Murdock, G. und Schlesinger, P. (Hg.), *Communicating Politics. Mass Communications and the Political Process*, Leicester 1986.

Goodin, R. E., *Manipulatory Politics*, New Haven (Ct) 1980.

Habermas, J., *Strukturwandel der Öffentlichkeit*, Neuwied, Berlin 1962.

Klapper, J.T., *The Effects of Mass Communication*, New York 1960.

Kraus, S. und Davis, D., *The Effects of Mass Communication on Political Behavior*, University Park (Pa) 1976.

Laudon, K. C., *Communication, Technology and Democratic Participation*, New York 1977.

Lazarsfeld, P. F., Berelson B. und Gaudet, H., *The People's Choice*, New York 1940 (*Wahlen und Wähler. Soziologie des Wahlverhaltens*, o.O. 1969).

Lippmann, W., *Public Opinion*, London 1922 (*Die öffentliche Meinung*, München 1990).
---, *The Phantom Public*, New York 1925.

Luhmann, N., ›Öffentliche Meinung‹, *Politische Vierteljahresschrift*, 11 (1970), 1.

Luke, T., ›Televisual Democracy and the Politics of Charisma‹, *Telos*, 19 (1986), 4.

Lyon, D., *The Information Society. Issues and Illusions*, Cambridge 1988.

McCombs, M. E. und Shaw, D. L., ›The Agenda-Setting Function of the Mass Media‹, *Public Opinion Quarterly*, 36 (1972), 2.

Meadow, R. B., *Politics as Communication*, Norwood (NJ) 1980.

Mendelsohn, H. und Crespi, I., *Polls, Television and the New Politics*, Scranton (Pa) 1970.

Nimmo, D. D., *Political Communication and Public Opinion in America*, Santa Monica (Ca) 1978.

---, und Sanders, K. R. (Hg.), *Handbook of Political Communication*, Beverly Hills (Ca) 1981.

Noelle-Neumann, E., *Kumulation, Konsonanz und Öffentlichkeitseffekt. Ein neue Ansatz zur Analyse der Wirkung der Massenmedien*, in: *Publizistik*, 18 (1973)

---, *Die Schweigespirale. Öffentliche Meinung, unsere soziale Haut*, München 1980.

Paletz, D. und Entman R. M., *Media, Power, Politics*, New York 1981.

Plasser, F., Ulram, P. A. und Welan, M. (Hg.), *Demokratierituale. Zur politischen Kultur der Informationsgesellschaft*, Wien 1985.

Qualter, T. H., *Opinion Control in the Democracies*, London 1985.

Ranney, A., *Channel of Power. The Impact of Television on American Politics*, New York 1983.

Schatz, H. und Lange, K. (Hg.), *Massenkommunikation und Politik*, Frankfurt a.M. 1982.

Traber, M., *The Myth of the Informatic Revolution*, London 1986.

V. Soziale und politische Theorie

Arrow, K. J., *Social Choice and Individual Values*, New Haven 1963.

Bell, D., *The Coming Post-Industrial Society*, New York 1973.

Bobbio, N., *Quale socialismo?*, Turin 1976.

Dahrendorf, R., *Pfade aus Utopia. Arbeiten zur Theorie und Methode der Soziologie*, München 1967.

---, *Reflections on the Revolution in Europe. In a Letter Intended to Have Been Sent to a Gentleman in Warsaw, 1990*, London 1990.

Gehlen, A., *Die Seele im technischen Zeitalter*, Reinbek 1957.

---, *Der Mensch. Seine Natur und seine Stellung in der Welt*. Wiesbaden 1978.

Habermas, J., *Zur Rekonstruktion des Historischen Materialismus*, Frankfurt a.M. 1976.

Hirschman, A. O., *Exit, Voice and Loyalty*, Cambridge (Ma) 1970.

Kan Ori, R. B., *Tradition and Change in Postindustrial Japan*, New York 1981.

Leibholz, G., *Das Wesen der Repräsentation unter besonderer Berücksichtigung des Repräsentativsystems*, Berlin, Leipzig 1929.

Michels, R., *Zur Soziologie des Parteiwesens in der modernen Demokratie. Untersuchungen über die oligarchischen Tendenzen des Gruppenlebens*, Leipzig 1911.

Neurath, O., *Gesammelte philosophische und methodologische Schriften*, Wien 1981.

Offe, Claus, *Contradictions of the Welfare State*, London 1984.

---, *Disorganized Capitalism*, Cambridge 1985.

Pareto, V., *La trasformazione della democrazia*, Mailand 1921.

Parsons, T., ›On the Concept of Political Power‹, in T. Parsons, *Politics and Social Structure*, New York 1969.

Schattschneider, E. E., *The Semisovereign People*, New York 1960.

Schmitt, C., *Der Begriff des Politischen*, Berlin 1928.

---, *Geistesgeschichtliche Lage des heutigen Parlamentarismus*, Berlin 1979.

Schumpeter, J., *Kapitalismus, Sozialismus, Demokratie*, Tübingen 1996.